识干家

企業閱讀　學以致用

用企业文化
提升经营绩效

彭剑锋　尚艳玲　主编

北京燕山出版社
BEIJING YANSHAN PRESS

图书在版编目（CIP）数据

用企业文化提升经营绩效／彭剑锋，尚艳玲主编. --北京：北京燕山出版社，2021.7

ISBN 978-7-5402-5855-9

Ⅰ.①用… Ⅱ.①彭… ②尚… Ⅲ.①企业文化－研究 Ⅳ.①F272－05

中国版本图书馆 CIP 数据核字（2021）第 122430 号

书　　名：用企业文化提升经营绩效

作　　者：彭剑锋　尚艳玲

责任编辑：满　懿

出版发行：北京燕山出版社

地　　址：北京市丰台区东铁匠营苇子坑 138 号 C 座

邮　　编：100079

电　　话：（010）65240430

印　　刷：河北宝昌佳彩印刷有限公司

经　　销：新华书店

规　　格：170 毫米×240 毫米　16 开本　16.75 印张　218 千字

版　　次：2021 年 8 月第 1 版　2021 年 8 月第 1 次印刷

定　　价：149.00 元

编委会成员

主　编：彭剑锋　尚艳玲

学术顾问团队

文跃然　包　政　孙健敏　杨　杜　杨伟国
吴春波　张　维　施　炜　黄卫伟

专家作者团队

王祥伍　王智敏　邢　雷　全怀周　孙　波
孙建恒　杨德民　李志华　何　屹　宋杼宸
张小峰　张文锋　张百舸　陈　明　苗兆光
罗　辑　单　敏　朋　震　荆小娟　饶　征
夏惊鸣　高正贤　郭　伟　郭　星　黄健江
彭剑锋　程绍珊

导读

管理学在很大程度上，可以被视为一种道德学的学问。它要求管理当局能够成为一个道义集团，能够在利润之上有更高的追求。只有这样，才有可能让所有员工提高精神境界，从根本上唤起全体成员同心同德，为长期的奋斗目标而努力工作。——包政

企业家及其团队发挥领导力的核心在于：能不能把企业当作公器，把自己的利益融入组织利益，从而唤起更多的有才能的人来为这个组织做贡献，让更多的人认定这是一个共同事业，而不是老板一个人的事情。

企业是环境的产物，今天我们所处的世界，是与黑天鹅共舞的世界。2020 年初席卷全球的新冠肺炎疫情是当代最大的黑天鹅事件。它似乎触动了某个机关，让人们看到了繁荣表象下的暗流涌动——全球政治和经济的走势正变得不确定，全球市场规则与商业规则正在重构，大国关系正在改变……这些都为我国企业的发展增添了巨大的变数。

在新的环境下，我们如何提升文化竞争力？如何形成响应时代要求的新领导力，使企业全体更加坚定自信，在不确定性中把握确定性，上下同欲、力出一孔地走出企业的新繁荣之道呢？

本书给你答案。

深耕与创变，进化与守恒，混沌与秩序，沉淀与激活，是我们较为推崇的认识论与方法论。在某种意义上，它们既是对立的，又是统一的；既可分而治之，又需整体看待。正如禅宗的“不二法”，既要“不二法”，即建立整体观；又需要在操作时一分为二地去动态平衡。

《华夏基石管理评论》的价值主张是“从方法论到行动力”，所以本精选集系列均分为四个篇章。

“洞见篇”，提升认知、创新思维、研判环境。

“方法篇”，是华夏基石（华夏基石企业管理咨询有限公司，以下简称华夏基石）在上千家企业咨询案例中提炼出来的底层逻辑与一般原理。

“研讨篇”，实践永远是鲜活的，理论的灵魂也在于一个“活”字，研讨会在于激活思考、民主讨论、群体智慧，用思想启发思想，以观点激发观点。

“案例篇”精选标杆企业的优秀实践，不仅仅提供操作方法，更重要的是提供方法之后的原理——成功实践背后的假设系统与文化内涵。

本书内容主要来自《华夏基石管理评论》杂志2016—2020年原创文章精选，以及华夏基石管理评论公众号编辑文章，也收录了少量华夏基石专家作者团成员发表在其他媒介上的文章。

目录

第一篇 洞见篇

第二篇　方法篇

第三篇　研讨篇

第四篇 案例篇

第一篇　洞见篇

一、企业管理当局应是道义集团

文/包　政

管理学在很大程度上可以被视为一种道德学的学问。它要求管理当局能够成为一个道义集团，能够在利润之上有更高的追求。

彼得·德鲁克在《管理的实践》这本书的有关章节中，有几次谈到董事会。他讲得非常清楚。董事会重要的原则是关注员工的良知和良心，对良知和良心进行管理。

一家企业只能在最高员工和最低员工共同认定的精神境界范围内成长，不可能超越这个精神境界。如果你的精神境界高、拓展得好，你的企业规模就大、就能成长得好；如果你的境界低，那就很可怜，既发展不到多大规模，也不会持续太久。

管理学在很大程度上可以被视为一种道德学的学问。它要求管理当局能够成为一个道义集团，能够在利润之上有更高的追求。只有这样，才有可能让所有员工提高精神境界，从根本上唤起全体成员同心同德，为长期的奋斗目标而努力工作。

有了这个观念，有了对这个观念的理解，你的视角就完全转变，看到的素材就会不一样。比如，司马迁在《史记》中总结楚汉相争的时候讲得非常清楚。刘邦只是一个亭长，他带的那些人基本上都是农民，但为什么是他取得了最后的胜利，建立了汉王朝？而出身贵族、带领精英阶层、出身楚军的项羽却不能？司马迁在总结这段历史时进行了非常著名的概括，刘邦凡是攻城略地，都与人共享，包括分权、分利；他能够从善如流，把个人生死置之度外，为了能让兄弟们摆脱被追杀的困境，能将一切都放下。所以，他可以像一个帝王一样，去拜韩信为大将军，然后授予他兵权，而项羽刚愎自用，连亚父（范增，项羽主要的谋士）的话都听不进去。

五千年中华史里，有很多这样的故事，你用什么思想体系去解读，就会得出相应的结论。但是用彼得·德鲁克的思想体系，用他的视角、概念去解读，相比较而言更具有解释力。

任正非在很早的时候就理解了这一点。他曾引用古人所说的"钱散人聚，钱聚人散"，从一开始就有分享、分权的理念。他在华为能够不停地利用奖金、工资、股份来激励下属、员工，使更多有才能的人为这个组织做贡献，让更多的人认定华为是一个共同事业，而不是老板一个人的事情。这一点，任正非做到了。

任正非在内部讲话《一江春水向东流》中说，他只是一个组织者，他的职责是让那些更有能耐的人各司其职、努力工作，这是他要做的事情，也是领导者的核心能力。当然，有些专业性、技术性的问题，他也会花很大力气和代价向别人学习，这只是个次要问题。

老板能够超越自我、把自己放下，这才是核心。如果他不能超越自我，没有更高的追求，不能把自己跟整个组织分开，然后围绕组织的要求再去做，后面的事情都做不到。

当今中国很多企业做不大的原因就在于企业家不能自我超越。把企业当作公器，让自己真正成为组织中的一员，从而促使民众全心全意为公司的长期发展做贡献，这才是企业家应关注的核心问题。

二、文化和企业文化再认识

文/王祥伍　黄健江

文化本质上是社会或人类群体的某种惯性，把握住了这一点就把握住了文化的关键。

（1）文化是跟“人”有关的。

（2）文化一定是指某个特定人类群体所共有、带有普遍性，或居于主体、主导或主流的现象。

（3）文化是后天“习”得的。

企业文化必须服务于高效率地创造价值这一企业本质。任何与之相关的习惯，都可能成为企业家们追求的选项。反之，则不能引起企业家的关注！

（一）文化本质：人类习惯

古典物理学认为，在没有外力作用的情况下，物体的运动状态会保持不变，这就是著名的惯性定律，即牛顿第一定律。惯性不仅存在于自然界，在人类社会亦处处见其身影。我们认为文化就其表象而言，是一种惯性，是一种存在于社会领域的，属于人类群体共有的思维和行为惯性。

比如中国人好“静”，西方人好“动”。国人流行的运动有太极拳、围棋、麻将等，都属于“动中偏静”的类型。国人静到极致时，钓鱼都希望鱼儿自己能上钩！西方人运动的特点则可从古奥林匹克竞赛和罗马帝国的斗兽场中展现出来，强体力消耗的倾向突出。

比如国人习惯处于和平与和谐状态，争则闹心；西方人则崇尚竞争与斗争，认可物竞天择，优胜劣汰。国人依赖伟人及权威，西方人则强调规则与法治。儒家文化主张性善论，所谓“人之初，性本善”，故而教化以显“德”；欧美文化则以性恶论为前提，因此立制以避恶。这些被称为文化的东西实际上都是在描述人们在思维或者行为上的一种惯性。

文化本质上是社会或人类群体的某种惯性，把握住了这一点就把握住了文化的关键。若要更准确地定义，则可用以下四个字加以规范，即“人类习惯”。这四个字还可逐字拆解，每一字均有其特定内涵：

1. 文化是跟“人”有关的

所有的文化现象首先是与人有关的现象，离开“人”这个主体，就无所谓文化，中国汉语里有一个词“人文”即是在强调这一观点，动、植物再怎么威武雄壮、绚丽多姿，也不能说有文化。

2. 文化是与“类”有关的

一讲到文化，一定是指某个特定人类群体所共有，带有普遍性，或居于主体、主导或主流的现象。比如，与一个家庭相关的，叫家庭文化；与一家企业相关的，叫企业文化；与一个民族相关的，叫民族文化；与整个人类相关的，叫普适文化。如果，单独与一个人相关而不和其他人相关，就只能叫作个性心理特征，或个体价值观，而不能称之为文化。

3. 文化是后天“习”得的

人类的天性不属于文化，比如婴儿一生下来就会自己吮吸奶水；人们见到食物或者闻到食物的味道就会分泌唾液；年轻人到了青春期，就会对异性产生一种莫名的好感，等等。人类在这些方面都存在着行为惯性，但这种惯性属于人的天性，不属于文化。文化一定是非物质性，不能通过DNA遗传的，文化必须是后天养成的，是通过学习得来的，所谓“习惯”就是习得之惯性。

文化的上述三个特点再加其最本质的——惯性特征，就构成文化的基本定义——人类习惯。

（二）文化内核：假设与价值观

作为人类习惯的文化，涵盖了人类存在的难以数计的习得惯性。但这些习得的惯性对于人类生存与发展来讲并非同等重要，有一些是决定生死命运的，而有一些则是无关大局的。我们把那些决定人类生死命运的习惯进一步归结为文化的内核，或者叫核心，其包含了一些基本假设和价值观。

中国人好静，反映了国人主张顺应而非致力于改变环境、与其和谐共处以求得内心安宁的基本假设与价值观；西方人好动，是因为他们相信，人之身体与精神的真正价值，不仅在于适应自然，更在于改造环境，所以乐于挑战身心所能承受的各种极限状态。

基本假设与价值观是具有内在逻辑联系的一对范畴。准确地说，假设反映主体是对事物的认知，价值观则是基于认知的主体选择。总的来说，有什么样的假设就会有什么样的价值观，两者往往体现出高度的逻辑连贯性与内涵一致性。

假设和价值观从何处来？首先来自人类实践的成功经验与失败教训。因为众多的实践都需要在未来继续重复，故而人们会自觉地基于具体实践活动进行经验与教训的总结，并提升为具有一般和通用意义的基本判断，以及指导行为选择的普遍原则和导向。

现在我们周六、周日双休，但星期制并非国人的发明，而是标准的西方舶来品。不过因为大家感觉用星期制来安排工作与生活的节奏，是人类到现在为止所能发现的最适宜的节奏。所以，星期制就成为全人类共同接受的一种习惯。假设周六加班，很多人都会感觉不舒服，心理上抵触，生理上不适应。星期制已经成为大家的群体习惯。

但是，星期制又是怎么来的？它是人类祖先在寻找工作与学习最恰当的节奏过程中，一点点试验出来的。中国人原来是讲“旬”或“月”的，十天休息一次，或者是一个月休息一次。这种节奏刚开始发明的时候，肯定是比没有节奏好，于是大家约定俗成，就成为中国人最重要的生活节奏。后来西方的星期制被引进，大家按照这种节奏工作一段时间后发现，这种节奏更好，更利于工作提升效率和生活的幸福，于是星期制就被传承了下来。这种节奏是到目前为止，人类探索出来的最成功的一种工作和生活节奏，未来也许存在更适合的节奏。

研究者需要探究影响文化的基本假设大致有哪些。对此，埃德加·沙因提出了决定文化形态的假设系统维度，在学术界获得普遍的认可。本项研究亦将使用该方法论。

（三）文化结果：“人化”之世界

自人类出现之后，世界就已不复当初的模样。高山被填平，河水被改变流向，平地筑起了高楼，汽车奔驰于原野。人类的活动改造了整个世界，而支配人类活动的，则是由基本假设和价值观驱动而形成的人类惯性。

正是在这个意义上，一切受人类活动影响而形成的世界万物的面貌、形态及其精神实质，均是文化的产出物。所以，哲学上也将文化定义为“自然之人化”。正因为如此，才会出现茶文化、酒文化、建筑文化等。

例如建筑文化，其最终的体现形式就是各种各样的建筑。无论我们走到哪里，最先映入眼帘的必定是风格迥异的特色建筑。远近东西各不同，这是文化的结果层；对众多建筑进行比较分析可以看到，这些物质文化成果反映了不同人类群体独特的思维和行为惯性，这是文化的表象层；再进一步分析这些惯性形成的根源，则反映出人们在建筑和居住过程中针对环境带来的挑战，而做出的应对性假设与价值观，这是文化的核心层。

（四）企业文化："高效率地创造价值"的假设、价值观及习惯

纵观国内外专家学者的各式定义，可以发现，关于企业文化的定义正像文化的定义一样，要么过于宽泛，把企业文化描述成一个无所不包的箩筐；要么过于抽象，把企业文化描述成难以理解、难以捉摸的对象。对于大多数的企业文化定义，除了过于宽泛和过于抽象外，还存在另一个问题，那就是没有揭示企业文化与经营绩效及管理效率之间的相关性。

无论企业如何定义其使命，回归到本质，就是追求更好的经营绩效与更高的管理效率的经济组织。没有这两条，就不能称其为企业！由此，企业文化能脱身其外吗？不关注经营绩效与管理效率的文化，能称其为企业文化吗？

对于企业文化定义的困境直接影响企业文化建设的实践：过于艰涩难懂的定义使不少企业家感到自身没有"文化"，对之望而却步；过于宽泛的定义让很多企业家产生某种错觉，认为企业文化就是一个筐，什么东西都可以往里装；而与企业管理效率与经营绩效无关的所谓的企业文化，对于企业家来讲，基本没有价值和意义，让人提不起丝毫兴趣！上述三种情况是现实中企业文化建设的典型现状。

（五）华夏基石的企业文化观点及建设关键

企业文化必须服务于高效率地创造价值这一企业本质。任何与之相关的习惯，都可能成为企业家们追求的选项。反之，则不能引起企业家的关注！

（1）按照前面对文化的解释，企业文化可以定义为全体员工共同的，或占主导地位、发挥主流作用的思维与行为习惯。从逻辑上说，该定义没有问题。但是，它依然放大了企业文化的外延，难以聚焦和突出重点，也不能引起企业家及经营管理者的关注。因为企业中员工共同的思维和行为习惯有很多，比如大部分人都有“男大当婚，女大当嫁”的思维习惯，但这类习惯和企业的经营管理又没有太大的关系，这算不算企业文化？

所以，对于企业文化的定义，必须要回到原点加以思考。

企业是什么？它因何而来，又将何往？为什么要关注企业的文化？实现企业的宗旨需要文化来发挥作用吗？它又在企业发展过程中发挥什么作用呢？

（2）从文化的普遍作用来看，它是为了帮助其主体更好地适应甚至改造生存环境。那么企业文化也应该发挥这种作用，无非是文化的主体由一般的人类共同体改变为企业组织及其全体成员而已。

因此，我们要问的首要命题是，企业面临的是一种什么样的生存环境呢？借此，我们来探寻文化对于企业的价值。

从普遍意义上说，现代企业是市场经济的产物，竞争是其生存的基本环境。从理论上说，任何一家企业要想在市场竞争环境中生存下去，必须能够持续地适应竞争，在竞争中找到自己的独特价值定位并持续保持优势。这是企业生存的首要条件。

（3）企业在市场竞争环境中依靠什么胜出？首先，不能依靠垄断和特权。一家企业要想在自由、公平竞争的市场环境中长期生存下去，绝不可能离开以下两条。

第一，价值。企业必须能够为客户创造独特的价值，或者说只有当客户认为企业对他有所帮助时，企业才可能存在下去。

第二，效率。正如彼得·德鲁克指出的：产业社会唯一的法则是效率法则。所谓的效率，通俗地讲，就是用最少的资源（土地、资本、人力等）创造最大的价值。只有始终保持高效率的企业才能够在市场竞争中立于不败之地。

理想的情况是，企业兼具价值和效率的双重优势，由此能够表现出非凡的竞争力。除此之外，在价值和效率之间选择其一并培育成竞争优势，也能取得生存资格。例如，有的企业能够找到与同行相比迥然不同的价值定位，尽管其效率平平，但客户也能接受；企业善于模仿创新领先者的价值定位，并且表现出非同一般的效率水平，这种企业同样能够存活下去。

糟糕的情况是，如果企业在这两个方面的表现都不尽如人意，那么必然被客户抛弃。因其不能达到合理的利润水平与成长期望，终究被资本抛弃；不能提供有竞争力的薪酬，被人才抛弃；不能满足产业共赢的诉求，被合作伙伴抛弃……

（4）回到企业文化的问题上，结论只有一点，就是企业文化必须服务于高效率地创造价值这一企业本质。任何与之相关的习惯，都可能成为企业家们追求的选项。反之，则不能引起企业家的关注！

由此，我们给出的企业文化定义是，企业中与高效率地创造价值有关的假设、价值观及习惯。这个定义可能还不够严谨和缜密，但却可以使问题真正聚焦，回归到企业家深切关注的经营管理现实中。管理咨询机构唯有如此看待企业的文化，才能真正帮助自己的客户——企业家们，切实为他们创造价值！企业也只有如此看待文化，才能正确地发挥它的作用，成就企业应有的价值。

需要说明的是，这里的所有观点均基于“文化是企业中与高效率地创造价值有关的假设、价值观及习惯”这一基础定义。凡是我们认为有助于企业高效率地创造价值的假设、价值观和习惯，都可能涉及并展开论述，反之则恕不提及。由此衍生出的另一个推论是，这里所阐发的一切观点，仅与企业范围内的文化建设有关，切勿放大到企业之外的任何领域！

（5）围绕着高效率地创造价值，为什么每家企业会有纷繁溢彩的文化特色呢？原因众多，但归纳起来无非有二：一是每家企业所处的具体竞争环境千差万别，组织内部的情况也不一样；二是即使内外部环境完全一样，不同的企业也会有不同的假设与价值观，进而做出迥然不同的文化选择。

（6）尽管如此，在文化建设上，几乎所有的企业又都反映出共同的工作规律，即企业的文化建设涉及两大基本命题并由此构成文化建设的两个基本步骤。

第一，于企业而言，如何才能高效率地创造价值？所以，企业文化建设的第一步是必须完成对企业的系统思考。总体上讲，包括以下问题。

· 企业未来的生存与发展环境；
· 追求何种绩效（高效率地创造价值的衡量标志）；
· 需要怎样的思维与行为方式支撑。

第二，企业愿意怎样培养高效率地创造价值的习惯？对这一问题的回答，构成了企业文化落地或管理的过程。

三、面向未来，洞悉领导力本质

文/彭剑锋

领导力是企业的第一战略性资源，也是企业的稀缺资源，就跟企业家一样。因为稀缺，所以珍贵。

领导力在某种意义上是可遇不可求的，既是科学，又是艺术，更是一种智慧；既要有天赋，又需要后天的修炼。领导力在实践中，“运用之妙，存乎一心”，说是“只可意会，难以言传”也不夸张。

世界领导力大师沃伦·本尼斯说过，领导力就像美，它难以定义，但是当你看到时就知道了。这是讲领导力在实践中的拿捏和运用艺术，也是领导力的本质。

一个人有没有领导力，尤其是有没有企业家精神，某种程度上来说是与生俱来的，当然也与其人生经历密切相关。企业家和企业家的领导力不是在课堂上能够培养出来的，也不是知识的积累可以造就的，而是“天赋+经验”。有很多企业家，你可能难以描述他究竟有什么样的领导力，但当你看到的时候就知道什么叫领导力了。

笔者认为，领导力虽然运用了科学思维，但它本质上是一门艺术，是一种独特的智慧。就像那些名画，它也讲究透视法、结构法等科学技法，但最终呈现出来的是艺术、是感性，也是智慧。

用科学思维可以把领导力拆分成几种要素，可以把它结构化，但是在实践中，领导力是领导者和情境完美结合的产物。领导力要真正创造价值，牵引并推动企业的发展，就是要在不同的环境和情境中发挥作用。在不同的环境和情境下，领导力发挥作用的方式不同。所以，离开具体的环境和情境谈领导力应该怎么样，会显得苍白无力。

（一）领导者的特质：高情商、有情怀、懂人性

关于领导力，笔者认为它首先是一门艺术。因为大多数时候，领导力是感性，而不是理性。比如一个领导者，一位企业家有没有感染力和影响力，往往来自他的人格魅力，来自他的胸怀和使命感，而不是来自他的知识和能力。一个领导者有很多追随者，是因为这个人身上有与众不同的东西。**所以，真正高水平的领导者，他不一定有高智商，但一定有高情商。**

领导力与情商密切相关。情商首先是一个人对自我情绪的把

控能力，能够掌控自己的情绪，能够驾驭各种矛盾关系。而他之所以能够驾驭各种矛盾关系：一是因为他能够感知环境的变化，能够感知别人的需求，能够洞察复杂表象下的本质；二是他有足够的胸怀，能包容，懂妥协，不自我、自负，更不会自我膨胀。

情商还表现为逆境情商，就是在艰难困苦的时候，在别人看不到希望的时候，他有充分的自信和担当。能当领导的人一定有充分的自信、有强大的内心力量，不管他外表多么谦和，他的内心一定是非常自信的。

很多领导力很强的人，往往不是学霸型的，因为情商高的人懂得审时度势，懂得选择和运用知识。

领导者的第二个特质是，他的内心是有悲悯情怀的，是大善的，对人有悲悯感。

任正非就是一个有悲悯情怀的人，是一个大善者。虽然他表面上好像很“恶”，制定了很多制度，要求非常严格；但他其实是在通过制度抑制人性中的“恶”，使人性中向上向善的一面充分发挥出来，希望来到华为的每个人都能成才、自立自强，过上有尊严的生活。

领导者的第三个特质，笔者认为他一定是个“人性大师”，既把人性看得通透，又能把握适当的度：该讲法理时讲法理，该讲情义时讲情义。有一位企业家不遗余力地在企业里推行规范、科学的运营管理制度，平常很讲原则。有一次，他的一个秘书因为生病而迟到，但迟到是要扣工资的，于是这个企业家就跟另一个秘书说：“你帮她打卡吧，要不她这个月工资就被扣光了。”这个日常细节体现了一个领导者对人性的把握和体恤，因为他内心是善的，是懂人性的，所以他能注意到这种在公司里可能是小事，但对那位秘书来说却是大事的事情。

作为“人性大师”的领导者还能够发现人的优势，充分调动每个人内在的积极性。因为他对人性有着透彻的理解，所以能够站在他人的角度思考问题，了解对方的需求并能够把控这种需求，及时给予正向激励。

笔者认为企业家应该多一些正向激励，多看他人的优点；发现下属的毛病，可以善意地提出建议，但不能一巴掌把人拍死。作为“人性大师”的领导者，某种意义上就是通过成就他人，最终成就自己。

（二）能否突破权力舒适区，是领导者面临的最大考验

领导力体现在方法上有两个重要的体现：分钱与分权。

据笔者观察，我国民营企业发展到现在，分钱并不是最大的挑战，因为很多老板是舍得给钱的。但是分权要难一些，原因在于很多老板缺乏自信，怕下面的人超越他，也怕一分权就乱，控制不了局面。

以咨询公司为例，有家咨询公司出版图书，主编一律署老板的名字，怕合伙人比他有名气、超过他。但华夏基石一直鼓励合伙人自己出书，希望合伙人能超越笔者。笔者不怕别人超越，只有成就别人，才能成就自己；只有当合伙人的名气和水平都提高了，才能推动自己往前走，驱动自己进步。

如果企业家没有自信，总害怕被下属超越，就会出现两种情况：一种情况是孤掌难鸣。人的精力、时间毕竟有限，创造力达到峰值时也会走下坡路。当企业家开始走下坡路时，企业可能也要走下坡路。另一种情况是“一山不容二虎”，当企业里出现另一个强人时，有可能他会想着把你干掉，取而代之。如果企业里有一批人超过了你，他们相互之间就存在制衡，你反倒稳定了，谁也替代不了你。这就是领导的艺术！

能不能让利，主要看企业家有没有分享精神，有没有慈悲心，而分权则主要检验企业家有没有自信，敢不敢自我突破。

权力有两个方面的内涵：一方面是人的内在追求，是一个人

价值的终极体现；另一方面一个人使惯了权力以后，很难自我超越，很难走出权力的舒适区。什么事都是他说了算，如果突然有人说“你说了不算”，就破坏了他的舒适区。

一旦企业里养成集权的氛围，就要从集权转化成分权，是很难的。当大多数人习惯了这种集权，突然说要分权，会破坏他的舒适区，会让他极其不舒服。

所以分权是最难的，因为企业家难以破坏自己原有的舒适区，创造新的舒适区。很多人沉溺于过去的舒适区，不愿意创造新的舒适区，所以他不愿意分权。有的老板也想分权，但总也分不了。首先，分权的过程极其痛苦，他要改变自己的习惯；其次，没有充分的自信，怕有人超越他，替代了他；最后，因为没有建立起科学合理的管控体系，害怕一分权，企业就失控，这也是正常心理。

（三）会画饼、能做饼的领导者有追随者

没有人追随的领导者，不能称之为领导者。有人愿意追随的领导者，肯定是有人格魅力的人。如果这个领导者有追求，跟着干有前途、有成就感，就有人愿意追随他。尤其对有才华、有能力的人来说，他愿意跟随一个有理想、有使命感的人，因为将来能成事儿。这就是我们经常强调的，领导者要有使命和愿景。

有强烈的使命感、有追求的人，不仅有个人魅力，还会形成一种心理磁场，会吸引同样有才华有追求的人，跟随他一起干事业。

他还要会画饼。真正的领导者，本质上既要有理想、有目标追求，又比较客观、务实。就像柳传志说的：“有理想而不理想化，学会拐大弯。”

会画饼，还能把饼做成，并且舍得分给大家。柳传志、任正

非都是善于画饼的人，又能通过机制保证这块饼能做成，所以大家愿意追随他们。任正非每次画的饼都实现了，大家信他，所以他有领导力。

光画饼，实现不了，员工不信你；画了饼、饼做成了就把员工抛到一边，也不会有人信你。

美的的何享健就是舍得分饼的人。分饼就是分钱、分权。他舍得分钱，是因为他的信念是“不贪”；敢于放权，是因为他有自信，而且企业建立了管控体系，能保证权力分下去不会乱。

（四）互联网时代需要打造团队领导力

面向未来，互联网时代对领导力的内涵提出了一些新的要求。

第一，愿景领导力。互联网时代需要调动员工的自我驱动，愿景牵引。领导者首先要基于愿景而不是基于管理，驱动员工自动自发地工作。领导者要制定目标，守望规则。机制就是一种正确处理矛盾关系的规则体系。愿景领导力要求领导者能指引方向、制定目标、遵守规则。

第二，灰度领导力。领导者在某种意义上是一个矛盾体：既要求有个性，领导者一定是有个性不“随大溜”的人，又要求有驾驭能力，就是能包容、开放、妥协，眼睛里要掺得进沙子。就像任正非所讲的：有洁癖的人不能当领袖。领袖型的人一定有包容心，有时候还要装糊涂，这就是灰度。灰度就是不期望下属能做到百分之百的满意，但功过、人品、能力素质及结果达到“四六开”，甚至“三七开”就可以了。

从领导方式来说，灰度领导力就是不强调只用一种领导方式，不管是威权型、授权型，还是分权型。你说任正非是威权领导还是分权领导？表面上看是威权，实质上是分权，他是很民主的人。

第三，洞察力。互联网时代对企业来说最大的影响是，环境变化快，不确定性增大。在这个意义上说，要求领导者既要有宏观思维，又能以小见大，见微知著。他不一定每件小事都关注，但要能从小事中发现企业面临的深层次问题和矛盾。这就是一种洞察力。

第四，定力。真正的领导者是很执着的，内心深处是很坚定、很自信的。表面上他可能很谦和，实际上定力很强，在别人都犹豫或者妥协的时候，他能够继续朝着自己的目标努力。

真正伟大的领导者内心深处都是孤独的，但他能够忍受孤独。为什么？因为他有定力、有意志力。当别人都不理解的时候，他能够有坚定的意志，这也是一种逆境情商。定力，也指能不忘初心，始终坚守最本源的东西和最初的价值追求。

第五，影响力。国外的管理学研究者认为，领导力就是影响力，能够影响他人并让其追随自己，一起去实现目标的能力。在互联网时代，可能更强调影响力，因为互联网时代更强调协同、竞合和生态，而不是威权和独霸天下。

影响力来自领导者多方面的素质和能力。龙马集团的老板在谈到企业家需要什么素质时，认为在中国做企业需要做“四个家”：一是政治家，要善于跟政府打交道，把握政策发展方向；二是外交家，要处理内外矛盾关系；三是思想家，要能够出思路、定战略；四是实干家，既要有思路，还得接地气，务实实干。

第六，团队领导力。一个领导者最终能不能成功，还是要靠互补性的团队领导力，而不是依靠单一的个人领导要素。靠单一的领导要素，即靠企业家的个人能力，是不能形成群体能力的。领导力要真正在企业发挥作用，一定是领导团队能相互成就、取长补短，通过互补而产生乘数效应。

从一家企业的可持续发展角度来讲，一定是依靠团队领导力的。团队里面要做到价值观一致，道不同不相为谋；个性上有差异，但能力互补。就像包政讲的："打造核心领导团队——相互抵押资源和灵魂。"

这在互联网时代特别有意义。互联网时代，领导力不再是个人英雄主义，不再是单打独斗，而是要建设领导团队，形成互补性的人才结构，通过人才结构产生力量。

领导者团队成员之间不仅能互相成就、取长补短，还要学会互相欣赏。现在很多企业的领导者团队最大的问题是互相排斥，把同事当作敌人，垒起高墙，甚至是排挤。这是胸怀的问题，但本质上还是缺乏自信心。

第七，自我超越、自我发展的能力。高超的领导力一定是与时俱进的，一定是来自不断地自我超越、自我提升。任正非创业时的领导力与今天不可同日而语，所以领导力也需要一个与时俱进的过程，伴随着企业规模不断提高。

其实，领导并不是控制别人，主要是控制自我。一个领导者能不能持续提升领导力，关键在于有没有自我批判精神。笔者认为任正非身上最能体现领导力的，就是他的自我批判精神。自我批判来源于危机意识和忧患意识，永不满足、不敢停歇、持续追求。

中国改革开放后，涌现出这么多家企业，这么多位老板，但真正能称得上企业家或是领袖型企业家的，用十个手指头都能数过来。有很大一部分原因是当企业发展到一定程度时，老板的自我发展就停止了，从自我到自负，甚至自我膨胀。老板创造了企业，但也是企业持续发展的"天花板"，这就是我们经常讲的企业家的"封顶理念"，即企业家个人的高度和宽度，决定了企业的成长后劲和生命长度。

（本文由尚艳玲根据彭剑锋谈话录音整理）

四、企业家的活法

文/孙健敏

笔者对企业活法的解读是，企业的活法就是人的活法；企业家的活法就是企业的活法。

企业家的活法是什么样的？

（一）“三尽”与创新

笔者推崇的中国第一代民营企业家、最美奋斗者鲁冠球有这样的思考，他说：“在企业经营过程中，经常会遇到各种诱惑，如果控制不住自己的欲望，就有可能犯错误。境界和思想可以超越，精神可以升华，但力量不可超越。这一定要想清楚。现在许多论坛都可以去听。听一定有好处，但做的时候要衡量自己的能力。一切都是干出来的，别人工作5天，你就365天都不休息，尽心、尽责、尽力去做一定能成功。”

笔者相信“谋事在人，成事在天”，相信鲁冠球先生的活法。一切都是干出来的，别人工作5天，我们就工作365天都不休息，尽心、尽责、尽力，“三尽”！这个不复杂，不高深，很简单。

彼得·德鲁克在20世纪60年代时，这样描述“真正的企业家”：他们不是寻求能做大的产业、能使行业发生革命的创新、能成为亿万富豪的领域，或者一夜之间能发财致富的点子。

他们坚持不断地优化自己的工艺，现在我们叫作系统性创新（systematic innovation），有目的、有组织地在自己擅长的领域寻求改变，对变化可能带来的机会进行系统分析、精益求精，从中寻找经济或社会创新的可能性。

请注意，创新这个词非常关键，企业家不仅仅是赚钱，还要对社会有价值。

（二）把握确定性，以不变应万变

之所以我们要探讨企业的活法，企业家的活法，大的背景是我们认为这个时代变了，不确定性极大地增加，曾经以为确定的现在变得不确定了。

事实上，任何时代都有确定性和不确定性，我们不如换个角度看问题，化复杂为简单：管它是什么时代，确定也好、不确定也好，数字时代也好、信息时代也好，当跟不上节奏的时候，我们就找到那些相对来说能够把握的东西，把能把握的做到最好、做到极致，就是隐形冠军之路。

活法首先在于选择：不仅仅在于你做了什么，更重要的是你没做什么和坚决不做什么。选择在哪里？有人说要“弯道超车”，从来没有人提醒一下“弯道超车”的风险很大，要么被挤出去，要么被判犯规。如果跑 400 米，大家肯定知道弯道怎么超，不能从最里面的跑道超。但做企业是马拉松赛跑，哪里是“弯道超车”的最佳节点？“弯道超车”之后，回到直道上就能够保持领先吗？如果没搞清楚在直道上怎么赢的问题，怎么能知道弯道该怎么去超，超了又怎么保持领先呢？

所以，隐形冠军的挑战某种程度上在于隐形，不在于冠军。因为你埋头耕耘，不一定成功，但有成功的可能性。如果你只想走捷径、只想着超车，成功的可能性不大不说，翻车的可能性倒是会增加。做人、做企业都同此理。

保持低调，不求出名，不求上市，只在自己擅长的领域持续耕耘。不管是冠军还是亚军，不管是行业的领袖还是非领袖，都要做一家有内涵的企业。做不了冠军没关系，只要客户满意、只要员工舒服，做个“探花”也可以，做个“榜眼”也行。

（三）“换芯、换维”，学以致用

企业要有真功夫，一是“换芯”，以客户为中心；二是“换维”，也就是换脑，要用新思维。奋斗是个乐趣，不要只想着退休，想着享受。

为什么我们年年呼吁回归常识？因为关键在于行动！知道的东西不见得能够做到，要做到需要满足很多的条件。我们不能只陶醉在大咖论坛、名人讲座、圈子分享的理论学习中，还要有实际行动。

怎么才能够做到常识？必须体现在实际行动上，点点滴滴，锲而不舍！个人是这样，组织也一样。

回归常识，前提是相信。做学问提倡要有怀疑精神，不能全信书、全信权威；做事情提倡先相信，相信直觉、相信判断，做了再说，边做边改进优化。

（四）组织变赋能为聚能

笔者认为现在要做的不是赋能而是聚能，也总结出下面的几句话。

（1）把组织成员的个人能力转换成组织能力。

（2）用体制和机制保持组织的可持续成长。

（3）守住一方，精耕细作，兢兢业业，锲而不舍，以“傻子精神”打造一技之长。

（4）净化心灵，简单思维，踏踏实实淡化名利，用艰苦奋斗造福八方百姓。

用华为的“傻子精神”打造一技之长，这“一技”不是表面的技，而是深层的技。要找规律的东西，不要在意是第一名还是第二名，是冠军还是亚军，老老实实、踏踏实实地做自己的事，淡泊名利，用艰苦奋斗让你身边的人、让你的社区、让你的国家，因为你的存在而有一点收获。

“利而勿利也”是法家的思想，我们不要为利而利。20 世纪 80 年代就讲“主观为自己，客观为别人”，笔者建议大家把心思用在怎样为客户和社会创造价值上，把时间花在怎样让自己和员工活出意义上。就算是没有赚钱，我们仍然是英雄好汉，也许很不幸我们倒下了。但是，我们仍然是受人尊敬的人和企业，因为我们在为人民服务，为他人谋幸福！

（本文根据笔者在华夏基石 2018 年第六届十月管理高峰论坛的演讲内容整理编辑）

五、管理者的六维认知模式

文/杨　杜

在现在的经济形势下，企业面临着严峻的考验，日子难过、连喘气都非常难受的情况下，管理者怎么看待这个时代、组织及自己？

（一）一维层次知：先做与再做

物有本末，事有始终。在认知模式上，笔者已经顺着图 1－1 底部的业务管理逐级而上，开始研究哲学层面上的管理，不再从一般的事情和人的层面去思考怎么做，而是直接思考何者在先、何者在后。

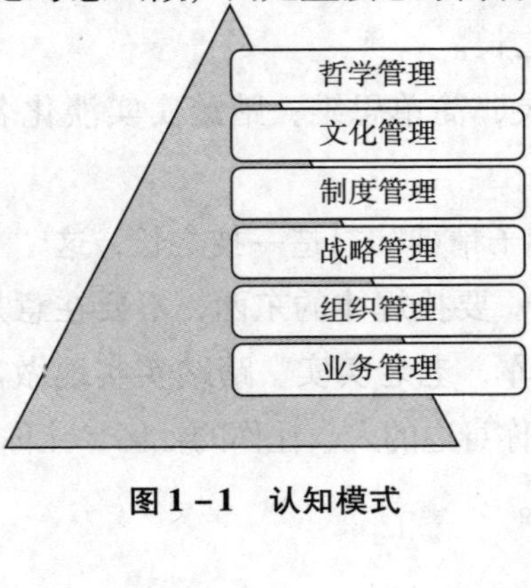

图 1－1　认知模式

（二）二维方向知：做大与做久

公司到底是做大还是做久？有些公司提出来，能不能两者相结合？有些公司以做久为导向，宁做“500 年”不做“500 强”。还有的公司，导向就是只做“500 强”不做“500 年”。中国文化常讲“中庸之道”，现实中，往往是按照图 1－2 中的斜线方向推进的。

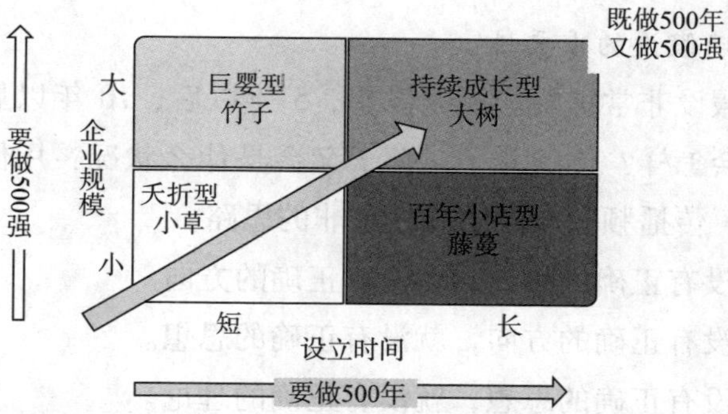

图 1－2 做大与做久

（三）三维定位知：向上、向前与向外

“横看成岭侧成峰，远近高低各不同。”看什么样的风景取决于人们站在哪里。从三维角度看，比如向上、向前、向外看，我们定位一个地方的时候，延展的方式就属于三维假设知。反过来也可以有新的认识。

1. 三维假设知：从上、从前与从外

如图 1－3 所示，以三维假设知从上看、从前看、从外看，按照我们的认知，就是“从未来看明天，从后天看明天”。今天看明天，预测值当然会有不同。可以假设这种状态，即“站在上帝角度看人类，站在后天看明天，站在宇宙看地球”，从这种角度设计一个产品，就要跳到外面看它。

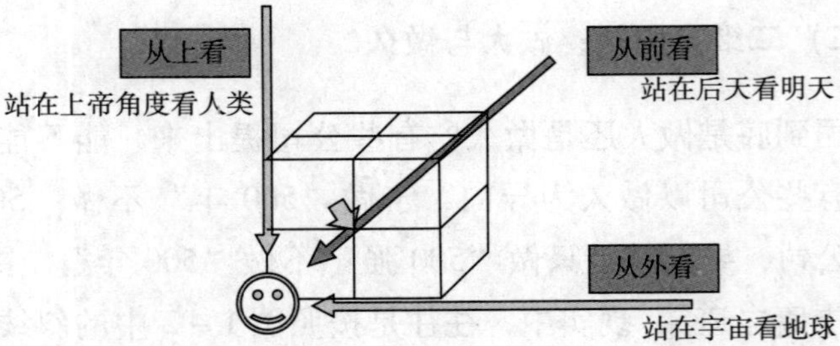

图1-3　做大与做久

2. 正确假设的重要性

正确假设非常重要。可以设想，5 年以后、10 年以后你的生活、境遇会怎样？你的儿子、孙子又会是什么状况？用假设的方式看问题。传播频率较高的是任正非的思路。

（1）没有正确的假设，就没有正确的方向。

（2）没有正确的方向，就没有正确的思想。

（3）没有正确的思想，就没有正确的理论。

（4）没有正确的理论，就没有正确的战略。

（5）没有正确的战略，就没有正确的机制。

（6）没有正确的机制，就没有正确的管控。

（7）没有正确的管控，就没有正确的绩效。

（8）没有正确的绩效，就不能证明该假设。

这个循环能说明我们到底在忙什么。不同层级的领导者，应该站在哪个层次来思考这件事情，表现出来的就是不同层面的认知。

（四）四维预测知：洞察与假设

第四维是在时间轴上观察变化和可能发生的变化，就是洞察和假设。比如围绕企业的技术、产品、所在行业，或者围绕人，差不多都是一个 S 曲线，即从创业到成长、成熟、衰退，如图 1-4

所示。

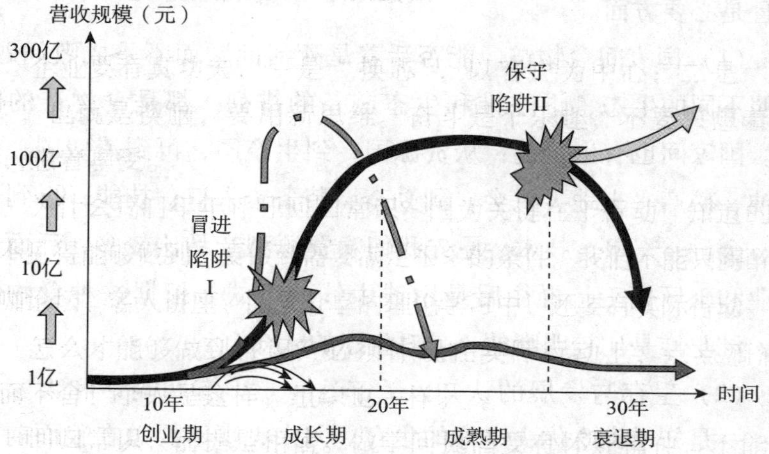

图 1－4 四维预测知

当 GDP 增长速度在 5% 左右的时候，笔者认为中国的企业基本进入了成熟期。成熟期低成长的企业怎么管理？高成长的企业又怎么管理？两者活法或许大相径庭。你的企业在发展有规律的阶段，怎么做好假设？怎样调动资源？如何做好战略布局？要回答这些问题，企业家、管理者的洞察力和假设力必须非常强。四维之中，时间不断缩短、速率不断加快，所以你必须快速反应、迅速变化、迅速响应某些东西。不同年龄的人能看出来的信息截然不同。70 多岁的人考虑问题与 50 多岁的人考虑问题必然有差异，因为不同时代的人，思考问题的时间感不一样。

在频率加快，波长缩短，带宽像太平洋一样粗的时候，我们难以想象自己如何思考这个世界。但是那些非常有影响力的人，早已在用超宽带、网速与信息振幅，迅速提升自己做事情的波及率。发一个推特全世界就知道了，是用链式方法而不是一层一层地传达。

（五）五维生态知：生态与生存

到了第五维，就要谈到生态。关于生态系统，笔者认为合作共生是生态系统的一个方面，食物链是生态系统的另一个方面，而且是必要方面。

（1）国家间食物链。能否活着是死活问题而不是成败问题。按照不同的生态，谁吃谁和生态链条的排列，都是食物链的问题。国家间也有生物链：从资源国，到生产国，再到消费国；从石油、矿产、土地、机会，到勤奋、装备、人口、技能，再到规则、金融、军事、技术。原先我们卖资源型产品比较多，后面是产业和工厂代工，再往后是用钱生钱的方式。根据这种食物链条，谁吃谁是比较明晰的，是对生态的认知。

（2）生存与发展的认知。关于这一点，有两句话和大家共享：一是知道谁吃你决定你的生存。闲来无事不要总在狼面前晃悠。二是知道你吃谁决定发展。生存问题肯定比发展问题重要得多，很努力地吃饱了最后被别人吃掉了。

（3）思维模式的进化与循环：升维与降维。思维模式的进化与循环，让我们知道自己在哪个层面思考、活着。点思维、线思维、面思维、立体思维，往上走是灰度思维，再往上走可以做分类的思维。我们可以类型化去做事情，再加上时间动态，永远是有预测性的，不管是三秒、一周、一年甚至更久。所以，五维的东西就是生态，是“谁吃谁”的食物链的问题，而不仅仅是成败的问题。

（4）零维创意知。我们要回归零。按照零思维，在所有的维度都放下你的“东西”的时候，那就不是你的事、不是你的钱、不是你的人、不是你该想的事。我们称之为“零的创意思维”，或者叫“量子思维”。量子思维是什么？有即是无，无即是有，按中国文化的思维，展现在这里的是本质的或者最深层的某些东西。从认知层面看，有无观、矛盾观、时空观、周易观，世界如此就证明我们活着，否则就是没有活着，我们认知了自己就按这个思路继续前行。

(5) 太极到周易思维模式。这个抽象的世界可以画出来，好比图画、视频等可以用眼睛看的东西。八卦是符号，可以用最抽象的图形来思考问题，如果转换为数字，就是二进制，也就是传统计算机的计算规则。如果再往前推进就是零维，就是量子，就不分一二了，而是一种叠加态。

(六) 有与无

按零到五维区分的七种知识。叠加态的思路在现实中可以慢慢体会到、感受到。按照“有无”思考这个问题，从零维到五维，再加上前后两头就可以产生七维的知识。从创意知到层次知、方向知等，人最开始发展的是创想力，从0到1，从无到有；接着是构想力，是产生结构、组织、层次的东西；再接着是预想力，未来可能怎么样。如果你有资源、权力，有了构想力、预想力以后，再把这些凑到一起去实现预想；最后，是止想力。本来世界就是如此，不需要把人考虑其中，因为人工智能、机器可以解决这个问题了，不需要人工。

我们用四种力（创想力、构想力、预想力、止想力）来思考万事万物，一时也许忙乱，所以送大家四句话。

· 财富使人不再乞讨——经济自立；
· 工作使人不再烦恼——排除杂念；
· 文化使人不再争吵——宽容他人；
· 信仰使人不再思考——顺应自然。

如何从以上角度去思考自己习惯于几维？如果你喜欢写东西，就是一维，喜欢画图就是二维，喜欢视频就是三维，喜欢想东西但是表述不出来那就是多维的，如果不想了那就是零维的。

（注：本文根据作者在华夏基石 2018 年第六届十月管理高峰论坛的演讲内容整理编辑）

六、领导力瓶颈是供给不能满足需求

文/苗兆光

（一）领导由被领导者定义

有什么样的追随者就需要什么样的领导者，全面领导力是核心。

1. 领导在组织中有自己的任务、责任

有人把领导分成几类：第一类是家长式领导，通过恩威并施的方式让下面的人跟着自己走，也骂也打，也给个人恩惠；第二类是交易型领导，跟下属之间就是一场交易，哄哄下属，干就给30%的回扣，要名，就给名；第三类是变革型领导，不管怎么说，这件事要跟下属说明白，要让下属承担责任。

你会发现，如果你面对的是工人团队，用变革型的方式就不行，用家长式带领知识型团队也不行。这说明，现实中用一种领导风格应对不同情境不一定有效，所以就有了权变型领导力。

2. 什么叫权变型领导力

权变型领导力就是领导者要根据追随者的类型来调整自己的领导方式，追随者也会根据领导者的领导风格调整自己。

什么样的追随者适合什么样的领导者？追随者如果适应不了或者调整不过来就得离开，不然就得适应，领导者也是这样。你创立一个团队，风格可能不需要改变，组建能适应自己风格的团队就行了。但是在二代接班，或者职业经理人到一家新的企业时，团队已经有了，就必须找到自己的风格，所以权变型领导力是核心。

3. 追随者按态度和能力可简化为两种类型

第一种是态度型的，有些人的态度是维护权威。“我紧紧地追随你，你说什么我都认同，我需要主心骨”，这是态度型的。第二种是能力型的。“我能力很强，也需要主心骨”。在这两个维度下会出现双高型：态度是维护权威，能力又很强；双低型，能力差，态度也差；态度好，能力差的；能力强，态度差的。

双高型的人适合变革型的领导风格，因为能自己承担责任；态度好，但能力不行的人需要家长式的领导者，告诉他怎么走，直接去执行；能力很强但态度很差的，就要用交易型的领导者。

中国企业在创业初期大致是这样的：没机制，也没管理，靠领导者个人的魅力把人先聚在一起，把这件事儿干成。企业初具规模了，才有机制，才有管理。

4. 随着企业的成长，领导方式也有一个演变的过程

早期适合用家长式领导风格，有个人魅力、有影响力的领导者把一些分散的资源集聚到自己身边来干一件事；接着就是建立机制，但很多企业就停留在这个层面，就是带着一群“随从”直接干。一旦培养了一群“随从”，而不是职业经理人，再想改变是很困难的。

企业规模在扩大，人也在变化，但领导力却没有提升，领导方式也没有改革。于是，当企业面临转型发展的关头时，或者面临如何持续成长的问题时，领导就成了企业最大的瓶颈。

当然，还有一批企业在创业的时候就导入机制，比如互联网企业，创业早期就导入了硅谷的机制。

5. 企业从创业到发展的过程中，老板要做领导力变革，领导要自己改变自己

有些企业可能一开始就有机制，但很容易走向交易型的领导风格。因为没有导入管理系统，当企业大了以后，领导者也在变化，不愿意事无巨细地管理了，就往交易型领导风格转变。在真

正的大企业，通过自己的声音就能建立领导力的人一定是变革型的领导。比如任正非，他在内部发一篇文章，十几万人都会跟着走。

管理就是在解构企业对领导力的要求，在不同情境下领导者应该扮演什么角色。企业需要什么样的领导力，领导者就要供给这种领导力。

（二）领导者的责任与变革领导力

企业越是强调个体、权力越是下移，需要的领导力就越强。这是一种均衡，也是一个悖论。

1. 在组织里，领导究竟应该承担什么责任

一般来说，领导在组织里承担以下几项责任。

一是激发信心。对企业来说，最重要的是业务。业务不是一天形成的，是在不断试错中形成的。那么谁来试错？发挥智慧的那个人。这个人通常是企业的领导。员工的信心来自领导。如果一个领导不能让员工相信企业能做大做强，那么机制是不起作用的，股权也是没有用的，所以领导要能够激发员工的信心。

二是给予激励。公司里有很多激励机制，但机制不同于激励。机制一方面是激励；另一方面是控制，是把人锁定。比如一个人给公司投了钱，分红的时候是激励，投钱的过程是控制。万科最早推行事业合伙人时，不是想激励，而是想控制。因为那几年房地产市场不景气，万科的人被挖走很多，还有很多人想走，于是万科规定以股票代替奖金。所以，唤起员工的责任心，使员工愿意对企业承担责任，这是激励的目标，本质上也来自领导。

三是领导变革。笔者去三星公司调研时，三星的干部说："三星的企业家核心职责是变革。"公司从一种状态向另一种状态转变是领导者的责任，而职业经理人无法调动资源重构，只能承

担成熟的工作。回顾三星的历史发现，从 1987 年李健熙接班到 1993 年发动新的经营变革，这之间的六年，李健熙一直没什么动作和言论，但三星并没有乱。因为在既定的模式下，职业经理人就能够干好。其实在这六年里，李健熙一直在思考三星应该往哪里走。

现在的三星面临同样的问题：李在镕在现有的轨道上做得很好，最大的风险是接班后如何应对环境的变化、技术的变化。三星的干部说："唯一的期望是在李在镕想好变革方向以后，中国的市场、中国的企业还能给机会、给时间，同时这也是职业经理人现在最大的担心。"所以，在这个大变革的时代，领导者的核心是领导变革。

2. 现在是一个强调个体的时代，企业越是强调个体、权力越是下移，需要的领导力就越强

这是一个均衡，也是一个要处理的悖论。

美的每次在经营上越分权，在其他地方就会越集权。从 1997 年到 2003 年，美的成立了一些事业部。但 2001 年，美的家族完成了对公司的控股。在 2001 年之前，何享健只有百分之零点几的股权。所以，美的分权的过程一直伴随着集权：治理权和财务权更集中了。

这些年小米在生态链上有一些方面的创新，但在学福特、无印良品，继承了过去的单品时代。所以，越是强调变化，就越要对过去的优秀成果加以传承；越是强调分布式，就越要加强平台性。所有这些都对变革领导力能够搞平衡、悖论的能力要求更高。

（三）情境权变：对机制和管理的平衡掌控

领导者在企业里扮演什么角色？企业需要领导者承担什么功能，领导者就要承担什么功能。

1. 机制比管理有效的阶段，要做好分权、分利和评价的“三位一体”

一直以来，企业里有两个现象：第一个现象是管理失效。其实管理很简单，不管是结构还是控制，都可以简化为 PDCA 管理循环。但是中国的企业做了这么多年管理，只有华为这种少量企业的管理是有效的，多数企业的管理是失效的。管理失效的机理究竟在哪儿？

第二个现象是现在的互联网企业厌倦管理。比如周鸿祎就厌倦管理，他跟笔者讨论管理就烦。我们遇到的挑战是，如何来解释这种现象，人家的业绩很好。笔者经过观察，发现很多互联网企业确实没管理。比如组织就是“一团儿”，没有明晰的结构，内部的计划控制很粗糙。有家互联网企业的负责人跟笔者说：“我们没有 PDCA，就定一个目标，然后勤复盘就行了。这个过程中，当事人有没有尽最大努力把这件事儿做好，一复盘就行了，没有特别的管理。”

但是笔者观察他们有一个地方做得很到位，就是机制。

机制和管理不是一件事儿，机制是比管理更本源的东西。周鸿祎跟雷军对产业的理解不相上下，但是 360 和小米差距很大，为什么？其实是小米的机制做得更好。

笔者认为机制就是三个内容：分权机制、分利机制、评价机制，这三个机制是“三位一体”。为什么笔者说小米是一家好企业呢？因为他们分权分得很到位。比如雷军说要做什么东西，以及对这个事情的理解后，我们就去访谈他的合伙人、产品总监、产品经理，发现这群人说的事情是同一件事情，说明这个机制是有效的。小米一年投资 50 多家企业，不可能都需要雷军去决策，到合伙人这里就决定了。雷军有否决权，但他从来没用过，这就是责权利一体。你弄砸了一个项目就永远没机会了，这是机制，里面也有评价。

2. 有了机制和管理，仍然需要领导力，领导力解决驱动力的问题

有了机制，企业的问题是不是解决了？没有。

企业做了很多，制定了分权手册、评价体系、分配方案，为什么大量企业的管理依然失效？业绩依然不好？笔者觉得真正的问题在这里，就是员工对企业的事儿有没有责任感。如果员工不把企业的事儿当成自己的事儿，所有的机制和管理都会失效。

现实往往令人沮丧：机制和管理唤不起员工的责任感。

笔者一直认为，是领导者唤起员工的责任心。领导者把钱分给员工，把权力授权给员工，他就会有责任心吗？笔者带过团队，曾让下属负责一个客户，但是最后发现他不是对客户承担责任，而是对回款承担责任。你唤不起他和你一样的责任感，怎么办？

真正能调动员工积极性的是领导者编一个故事，说上面有天堂，未来很美好，员工就会很冲动。这种事不是机制能解决的。领导的认可，领导的呼唤，领导的感染，这个功能其实是组织不可或缺的。尤其是当企业什么都没有时，领导者的感召力太重要了，这个时候领导者在企业中的责任就呈现出来了。

笔者一直有一个主张，我们研究领导力恐怕不能完全用归纳法，归纳出有哪几种领导行为，而是要真正研究领导应该在企业里扮演什么角色。企业需要领导者承担什么功能，领导者就要承担什么功能。

具体来说，在机制的底层，领导者的功能是唤起员工对企业的责任感。至于说是用家长制的方式，还是用交易型的方式，或者是用变革型的方式，一是要根据员工基础，二是要看企业的特征。

3. 平衡之道：不确定的要靠机制，确定的要靠管理

比如分权和分利应该是同时进行的。目前很多有觉悟的老板

已经达到分享的境界了。他们并不是不愿意分利，而是麻烦在于不分权，光分钱没有用。不分权也不分利，培养的是“随从”；分利不分权，培养的是“奴才”。

组织如何进行控制是要根据对象、情境来定的。比如越是针对基层越要去控制过程，而越往高层越要去控制结果。控制结果是机制，控制过程是管理。基层的人要管他的动作，不管他的动作会出问题。

另外，越是成熟的业务越要管过程，越是创新的业务越要管结果。成熟的业务为什么要管过程呢？一块表怎么做出来的？偷工减料就背离了产品属性。知道怎么干业务一定要管过程；创新的业务不知道怎么办就要管结果，要让员工发挥和去想象。

（本文根据苗兆光在华夏基石管理评论3+1论坛上的发言整理编辑）

七、企业文化及企业文化变革

文/王祥伍

企业文化及企业文化变革，实际上这两个主题聚焦在一个问题上，就是企业文化变革。在讲变革之前，我们需要对企业文化的本质做一下了解。笔者从做咨询到现在差不多20年的时间，做了一百多家企业的文化项目，在这一百多个项目里面差不多一半都是跟变革有关的。

变革是这一二十年以来中国企业文化建设一个非常持久的主题。这里就一些企业变革的措施和经验跟大家交流一下。

交流的这个主题核心有三个：一是为什么变革，二是变革什么，三是怎么变革。

（一）企业文化为什么要变革

一旦外部环境发生重大变化，企业文化所代表的原有成功经验就可能失效。所以，经验要跟环境相匹配。如果不匹配，原有的成功套路有可能成为失败的陷阱。

1. 文化变革是个普遍趋势

2019年10月，阿里巴巴发布了新文化体系。这是他们一年多以来的文化变革或者文化重塑的结果。它的使命、愿景没变，但是价值观变了差不多一半。图1－5的左边是旧价值观，右边是新价值观，这个转变过程经历了一年多时间。针对变革，他们先后举办了五轮合伙人专题会议，还组织了几百名员工参与外部讨论，收集了很多建议，最后出来的成果不多，但是内涵非常丰富。

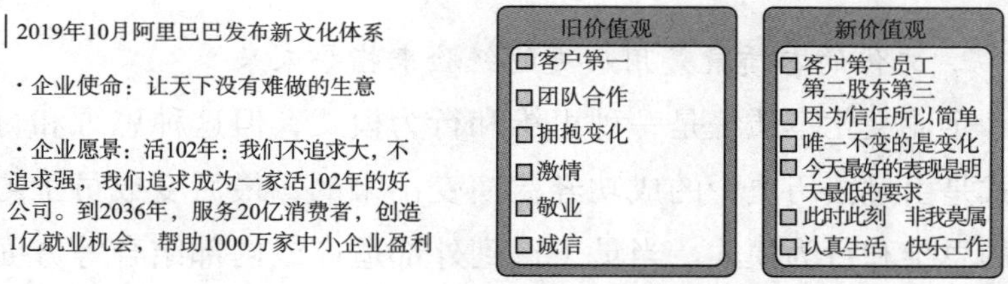

图1－5 阿里巴巴新旧价值观对比

在阿里巴巴发布了新文化体系之后差不多一个月的时间，即2019年10月11日，腾讯也发布了新的文化体系。最醒目的变化是出现了“科技向善”这几个字。

这两个案例说明文化变革或文化重塑并不是个案，而是一个大趋势。几乎所有的优秀企业这几年都在进行一些文化上的调整。为什么这么多企业要进行文化变革呢？其实企业文化变革跟文化的本质有关系。

资料：爱德加·沙因谈文化的本质

麻省理工学院企业文化与组织心理学领域的教授爱德加·沙因（Edgar H. Schein）是全球公认的企业文化领域的泰斗。他对企业文化有一个定义，可以用三句话来概括。

第一，企业文化是企业特定的思维和行为模式，这是企业文化的本质特征。

第二，这个范式怎么来的呢？它是由企业特定的文化群体（企业家、企业家群体、创始人群体）在过去企业的发展过程中发明、发现和发展出来。

第三，为什么要发展这种行为模式呢？因为这种模式对于处理外部的适应和内部的聚合效果非常好。所以，它被组织认可并提炼出来传授给新员工，并成为新员工理解、思考和感受相同问题的正确方式。这是爱德华·沙因对于企业文化本质的理解。

2. 文化的本质就是用历史的经验来指导未来

企业文化本质上是一种思维和行为模式，但这种思维和行为模式是由过去历史中的成功经验演变出来的，最后变成员工习惯性的思维和行为模式。当员工遇到外部适应或内部结合等方面的问题时，有成熟的套路或模式可以拿来就用，这就是文化。它是用历史上的成功经验来指导企业未来的发展。

文化一定是在历史中形成的，目的在于按照这个套路指导企业继续走向未来，继续成功。但是，文化发挥作用是有条件的，即企业的生存环境保持基本稳定。一旦外部环境发生重大变化，企业文化所代表的原有成功经验就可能失效。所以，经验是要跟环境相匹配的。如果不匹配，原有的成功套路有可能成为失败的陷阱。

3. 企业文化为何会失效

企业文化为何会失效？我们用一个例子来说明一下。

美国密执安大学的一名教授做了一个蜜蜂和苍蝇的实验，形象地展示了原有的成功方式，在环境发生变化的时候是如何失效的。他把六只蜜蜂和六只苍蝇放进同一个玻璃瓶子，然后把瓶口打开，让瓶底对着光亮之处，瓶口对着黑暗之处。如图 1-6 所示，蜜蜂的行为方式是喜欢往有光亮的地方飞，在蜜蜂的意识里有光亮的地方就是出口，而苍蝇的行为方式是无规则地到处乱撞。正常情况下，蜜蜂会比苍蝇率先找到出口。几天以后，教授发现，六只苍蝇全都飞得无影无踪，成功找到了出口，而六只蜜蜂却困死在朝着光亮的瓶底，到死都以为出口就在瓶底的方向。

图 1-6　蜜蜂与苍蝇

文化的作用也是这样，当环境发生变化的时候，如果企业还坚持原来的文化，这种文化就会成为一种陷阱，把企业引上歧途，甚至是不归之路。

4. 巨变时代与企业文化变革

优秀的企业都是那些能够随着环境的变化进行文化变革或者升级的企业。阿里巴巴的文化理念体系，从 2001 年到 2019 年经历过两次大的变革，一次小的变化。不到十年变一次，每一次变革都有环境因素在起作用。如图 1-7 所示。

华为的文化从 1992 年到 2010 年，大概经历了 5 次大大小小的调整，它的文化也是随着环境的变化而不断变化。如图 1-8 所示。

为什么这些企业调整得那么频繁？实际上跟企业所处的环境变化有关系。

近一二十年，我们经历了太多的环境变化，所以企业文化调

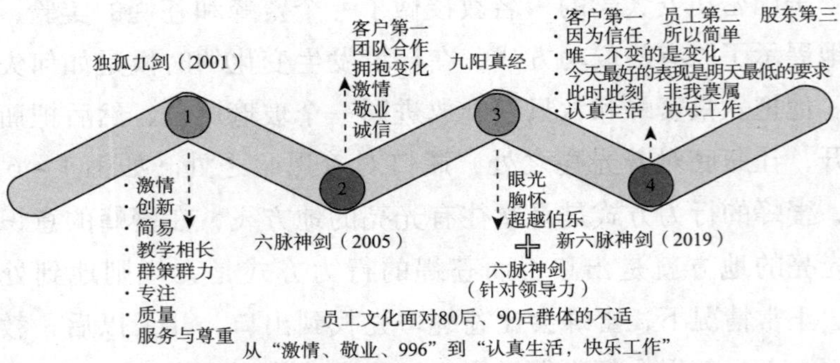

图1－7　阿里巴巴文化理念体系变革

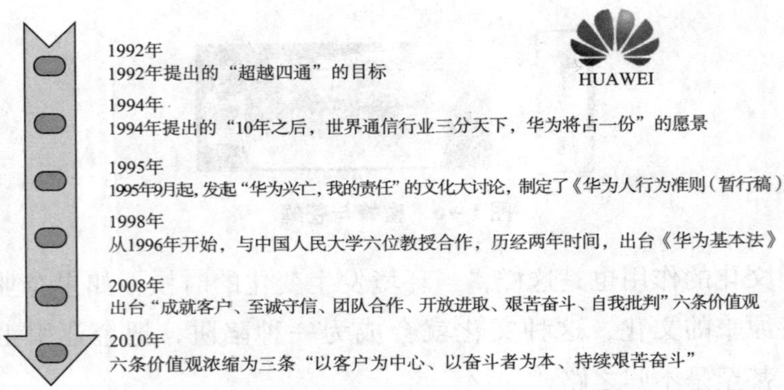

图1－8　华为企业文化变革

整的频率也逐步增加，企业称之为快速迭代。这个大背景就是现在我们处在一个巨变的时代。人群的变化、人的价值观的变化、技术的变化、市场环境的变化，包括国际国内政策环境的变化等，这些都是导致文化变革的重要原因。环境巨变的时代，企业要想持续活下去，文化就必须与时俱进。

（二）企业文化变革要变什么

企业文化变革的五个方面及“冰山”之下的七个假设。

1. 两类文化变革

(1) 广义的变革，就是整个企业文化从使命、愿景、价值观、内在假设，到企业的组织结构、制度、流程、仪式、活动、习惯等外在的形式，这是一个广义的变革过程。这个过程需要花费的时间非常长，需要两三年的时间，有的可能需要更长时间。变革过程中牵扯很多理念的变革、制度的变革、行为习惯的变革。

（2）狭义的变革，主要体现在价值观和假设两个层面，就是对企业的理念体系进行变革。这个变革是整个企业文化变革的前奏，企业组织结构、流程、仪式、活动、习惯等变革的前提是理念体系的变革。狭义的变革是整个文化变革的前奏，也是能不能变革成功的最关键的因素之一。这里主要讲狭义的变革。

（3）狭义的文化变革包括两部分：一是我们日常所讲的使命、愿景、价值观、精神作风部分，这部分是显性的；二是企业文化的假设体系，这部分是大部分企业意识不到的部分，是隐性的。

2. 狭义文化变革的五个内涵

狭义文化变革的内容大部分企业都知道，包含五个内容：一是企业的使命，二是企业的愿景，三是企业的价值观，四是企业的精神，五是企业的作风。

（1）企业的使命

什么叫使命？企业的使命就是企业存在的最终目的。比如阿里巴巴的使命是让天下没有难做的生意。企业的使命一旦确定，一般使用的时间比较长，但也有一部分企业的使命随着环境不断变化。

华为十年前的使命，是丰富人们的沟通方式与生活，现在的使命是希望构建万物互联的世界。过去它丰富人们的沟通方式与生活，现在不但丰富人与人之间的沟通，还要架构起物与物之间的沟通。随着环境的变化，它的业务领域在不断拓展。

华为要把信息的管道建得像太平洋一样宽。为什么？原来仅仅服务于人与人之间的沟通是不需要这么粗的管道的，但是现在人类社会已经进入物与物沟通、人与物之间的沟通、人与人之间的关系沟通的时代，所以信息量的剧增是一个大机会。如果现在还局限在丰富人们的沟通方式与生活，就不会有现在的发展，这就是使命。

（2）企业的愿景

愿景就是一个企业的目标，它理想中要做成的样子。不同企业在不同时期的愿景是不一样的。比如沃尔玛原来发源于美国阿肯色州，最早时候的愿景是要做成阿肯色州最赚钱的杂货店。因为刚开始成立，这个愿景非常具有挑战性，但是这个愿景放在现在肯定不行。所以，等到已经成为阿肯色州最大的杂货店后，它又提出新的愿景：要成为超越西尔斯的企业。随着企业规模的不断扩大，等到愿景实现以后，要用新的愿景去引领企业持续发展。愿景也会随着企业发展不断变化。

（3）企业的价值观

价值观是企业的行为方式，是企业倡导的能够帮助企业成功的一些行为模式。实际上，很多企业的价值观基本上是雷同的，但是优秀企业的价值观是不一样的，有自己的特色。

比如阿里巴巴的价值观是激情，拥抱变化。特别是拥抱变化，这对于阿里巴巴这样的企业来讲，没有历史的积累，也没有历史的抱负，只能在变化中找到机会，在变化中迎头赶上，这是它非常重要的成功秘密。迪士尼的使命是创造快乐，所以它的价值观就要求有想象力，要热情。员工需要有“人来疯”的性格，见了人就高兴。

再看看默克制药。因为是制药企业，要靠科学、责任心，所以默克制药跟创造快乐的迪士尼的价值观差别非常大。同样，东阿阿胶是保健品，它的价值观是道地，厚道。什么叫道地？就是原材料要道地，必须是纯正的乌驴皮，然后用地道的阿井水才能炼出来真正的阿胶，不然就是一般的水煮驴皮。阿胶跟水煮驴皮之间的关键区别就在于原料道地不道地。

（4）企业的精神

很多企业弄不清楚精神和价值观是什么关系，实际上精神就是更高要求的价值观。价值观是一种行为模式、思维模式，但相对于精神，它是一个更基准、更基础的价值观。精神要求更高，类似于“铁人精神”：宁可少活20年，拼命也要拿下大油田。

（5）企业的作风

作风是一种行为方式。特别是国有企业，有一种叫法叫作风。作风跟价值观、精神基本上是一类，是同质化的东西。价值观是基本的，精神是更高层次的要求，作风是风格偏好。有的企业偏好速战速决，有的企业偏好严谨高效，有的偏好热情周到。

3. 文化变革的七个内在假设

前面五个方面的变革，是“冰山”之上的，需要变革时大多数企业能看得到。除此之外，企业文化还有“冰山”之下的东西，即内在假设。这个内在假设在企业变革中是难以被发现的，也是作用很久远的。优秀的企业家必须能够察觉到这些假设的存在，并不断反思这些假设，在必要的时候能够对这些假设进行改变。

内在的假设大致有以下几个：企业与环境关系的假设、企业宗旨的假设、价值创造来源的假设、人性本质的假设、个人主义倾向还是集体主义倾向的假设、真理来源的假设、工作与生活关系的假设等。

（1）企业与环境关系的假设

主要讲企业是如何看待环境的。有的企业认为环境没法改变，应该顺应环境，顺势而为，以客户需求为中心，小企业和营销导向的企业一般会持有这种想法；有的企业认为它所在的环境是可以改变的，不应只顺应环境做事，要通过自己的努力改变环境。

一般大企业和技术导向的企业会持有类似的观念、假设，最明显的就是乔布斯。他对环境的应变方式不一样。有人认为顺着走就行，抓风口，做风口的猪。有的企业认为自己是造风的，不需要抓风口，阿里巴巴就是典型。

（2）企业宗旨的假设

企业宗旨的假设是指一家企业最终的目的是什么。很多企业认为自己存在的目的是为了给股东创造最大化的利润。企业股东价值最大化是不用辩驳的真理。但现在还有另一类企业有不同的假设，他们认为企业的宗旨不是股东利益最大化，而是股东利益合理化，相关方利益最大化，让社会更美好。不同的假设导致企业在决策、处理股东和员工、股东和社会、股东和客户之间关系的时候，有不同的政策。

（3）价值创造来源的假设

这种假设是指企业价值创造的过程中各种元素贡献价值大小的假设。200 年前企业价值创造的来源主要靠土地，谁占领了肥沃的土地，谁就能够创造更大的价值。100 年前是靠资本，谁拥有大机器、拥有生产线，谁就能够更快地创造价值。现在包括未来，可能创造价值的主要元素是靠知识、靠人。

关于这个假设，不同企业、不同行业都是不一样。可能现在还有一些企业是靠土地，有些制造业可能靠的主要还是资本，而大部分的高科技企业则是靠人才。企业价值创造来源的假设将会影响企业价值分配的政策。如果认为价值创造主要靠土地，那在分配的时候地租就会多一些；靠资本，那利润就多一些；靠知识，那付给知识产权的价值就会多一些。所以这会强烈影响企业的价值分配。企业赚 100 亿元，该怎么分？分的理由是什么呢？其根据就是价值创造来源的假设。

（4）人性本质的假设

人到底是懒惰的还是勤奋的，是有责任心还是不愿意负责任，是情绪化的还是非常自律的，等等。关于人性的假设决定了企业的管控模式，类似于X理论的人性假设一定会采取强管控的方式，而类似于Y理论的人性假设则一定会采取弱管控的模式。用通俗的话讲，员工素质高，管控就少一些；员工素质低，管控就多一些。员工的素质发生了变化，管控的方式也要随之发生变化。

（5）真理来源的假设

关于真理来源的假设实际上是企业关于谁最能够做出正确决策的假设。什么叫真理来源？就是企业中谁来做决策能够更准确、更高效。这家企业的正确决策（也就是所谓的真理）从哪里来？是来自经典教义、来自传统还是来自高层的领导，或者来自人跟人之间、员工之间的理性辩论，又或者是来自信息的收集。谁掌握了信息谁拥有决策权，谁就能够掌握真理或者做出正确的决策。

不同的国家、不同的企业关于真理的假设是不同的。比如欧美国家通过公开的辩论、事实和逻辑、议会，而企业里面是靠各种各样的委员会，通过辩论得出真理；中国则最喜欢把决策权力交给地位较高的权威，让老板来拍板。

随着时间的变化，这些假设都会改变。比如中国的企业如果员工都是“80后”、“90后”，那他们的思维也慢慢欧美化，可能更喜欢另一种方式。关于这个真理来源的假设往往影响企业的分权模式，是分权还是集权。

（6）个人主义倾向和集体主义倾向的假设

个人主义倾向和集体主义倾向的假设就是我们平常所讲的是群众创造历史还是英雄创造历史的假设。西方的企业尤其是高科技企业更提倡个人优先，英雄创造更大的价值。东方的很多传统企业都认为企业的大部分价值都是集体创造的。个人主义倾向或者集体主义倾向的假设会强烈影响企业的价值分配方向。集体主义倾向的假设往往倾向平均主义的分配，而个人主义倾向的假设则倾向反平均主义的分配。

(7) 工作与生活关系的假设

这种假设是指工作与生活之间该如何处理才会有利于价值创造：是工作生活严格分离还是工作生活一体化，哪一种方式会更有利于企业的价值创造。同事之间要不要建立工作之外的友谊、爱情，甚至家庭关系？这种假设决定着企业员工之间的正式关系与非正式关系的多寡。倾向分开的企业，员工之间的关系大部分都是正式关系。倾向融合的企业，员工之间的关系多属于非正式的关系。西方国家倾向分开多一些，工作时间就属于企业，业余时间属于私人，企业不得侵犯。东方国家则倾向混合在一起，日本有一种传统，一个人下班后一般不愿意直接回家，而是和同事泡酒馆，因为下班直接回家往往被认为是一种没出息的行为。

这七个假设跟前面五个常规的使命、愿景、价值观、精神、作风构成了企业文化重塑最基本的内容。企业文化在重塑的时候大部分都落在这十二个点之内。

（三）企业文化怎么变革

1. 继承是变革的基础

企业文化重塑最经典的方法就是华为当年在做基本法时候的经典三问：过去的成功经验有哪些？这些经验在当前的环境下是不是仍然管用？面向未来，企业还需要哪些新的文化？

第一个讲继承。为什么要继承？因为继承是变革的基础，优秀企业的文化都是在继承中发展的。很多企业在做文化变革的时候，往往会犯一些毛病，就是把原来文化中无论好的、坏的一股脑都抛弃了。在变革的过程中一定要注意继承排在第一位。不是环境变化了，所有的经验就失效了，大部分情况下只是失效一部分。

案例：阿里巴巴价值观的传承与变化

（一）传承

阿里巴巴的价值观在变革的时候，六条价值观里传承了三条。

第一个就是客户第一，在原有的“客户第一”基础上增加了“员工第二，股东第三”。

第二个是诚信，现在的表述是“因为信任所以简单”。表达方式不太一样，基本内涵是一样的，还是强调诚信。

第三个是“唯一不变的是变化”，原来是“拥抱变化”。

这三个内容根据现在年轻员工喜欢的方式进行了新的表达，内容基本一样。

1. 第一个价值观是“客户第一，员工第二，股东第三”

在新的“六脉神剑”里面，这是第一条，在原有的“六脉神剑”里面也是第一条。这个概念是2006年马云提出来的，当时公开提出的就是“客户第一，员工第二，股东第三”。到2014年，阿里巴巴在纽交所上市的时候，敲钟的人中有8个人是客户，员工和他的合伙人、投资人在下面鼓掌。所以，阿里巴巴一直是坚持“客户第一”。上市以后，有位华尔街的记者采访马云：“你原来多次谈到‘客户第一，员工第二，股东第三’，现在上市了，有这么多股东，是否会改变想法呢?”马云回答：“我始终坚持‘客户第一，员工第二，股东第三’。我们一直坚持客户成功。客户成功了，我们的员工才能成功，我们的股东才能获利。我一直坚持不变，这就是我的信仰。”这是他基于环境的判断。随着环境的变化，客户变得越来越重要，因此“客户第一”就保留下来了。

2. 第二个价值观是“拥抱变化”

在创立时期环境变化没有现在快，但当时阿里巴巴一个非常重要的成功经验就是在1999年整个互联网刚刚兴起，当很多人对这个变化不敏感时，就积极拥抱这个变化，最后成就了阿里巴巴现在的事业。这个价值观是不是过时了呢？现在的环境变化比以前还要快，所以最后总结为永远不变的是变化。它对这条价值观不但继承了，而且又进一步强化了。

3. 诚信

电商作为商业，买卖双方的信任是最大的问题。阿里巴巴之所以成功，就是解决了诚信的问题，通过支付宝解决了交易中相互之间的信任问题。支付宝在十几年的发展过程中，每一个创新、产品和服务的推出都强化人与人之间的信任，强化大家对阿里巴巴的信任。所以，诚信对他来讲一直是无价之宝，京东也是一样。京东之所以能有现在的发展就是因为在最初坚守了核心价值观——诚信。所以，诚信是能够穿越时代的价值观。它在过去的环境中管用，在未来的环境中仍然管用。这三条是经得住历史考验的，所以他们就把这三条留下来了，如图1－9所示。

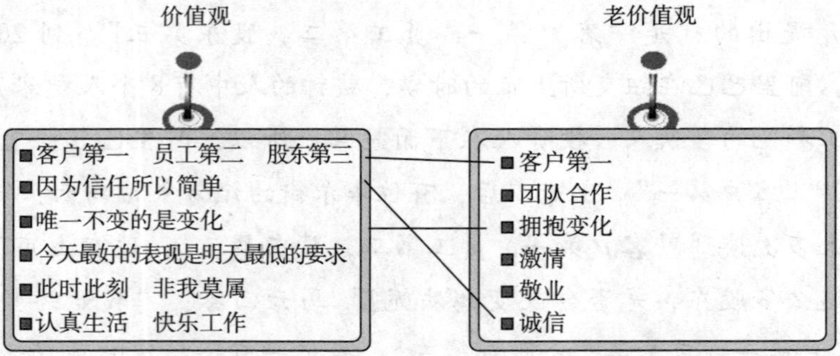

图1－9　阿里巴巴价值观变化

（二）变化

1. 从“敬业”到“认真生活、快乐工作”

价值观中原来有一条是敬业，现在没了，变成了“认真生活，快乐工作”。刚开始，很多人都认为是不是看错了？应该是“认真工作，快乐生活”。不是的。它的表达是“认真生活、快乐工作”。为什么不再提敬业？这跟环境的变化有很大关系。

2019 年初，一位互联网程序员引发了一个议题：“工作‘996’，生病 ICU。”这个帖子发出以后，很多企业都被卷入进来，大量的“90 后”“00 后”员工，包括阿里巴巴的员工都进行了激烈的讨论。以马云为代表的创业元老和“80 后”“90 后”这些员工的看法显然不一样。

马云认为如果没有“996”，就不可能有阿里巴巴现在的发展。马云等人觉得坚持“996”无可厚非，有付出才有收获。但是阿里巴巴的员工队伍主体正在从“60 后”“70 后”变为“80 后”“90 后”。原来的“60 后”“70 后”认为敬业是理所应当的，有一个像阿里巴巴这样的企业能让自己“996”，甚至每天干 12 个小时都没问题。

但是新员工不一样。“80 后”“90 后”“00 后”的看法是希望追求生活与工作的平衡，工作是为了更好地生活，如果只顾工作，那工作有什么意义呢？在这个冲突过程中，阿里巴巴逐渐理解到环境发生变化，再提敬业可能不受员工的欢迎，所以在这次辩论之后，马云就发了他关于价值观新的阐述——认真生活，快乐工作。它的变革也是在环境发生变化的时候及时做出的调整。这个价值观是“80 后”“90 后”“00 后”所希望的。

2. 从“股东利益最大化”到“股东利益合理化”

原来大部分企业都坚持“股东利益最大化”，但在这个过程中企业遇到很多问题，特别是国有企业，政府有非常明确的要求。20 世纪 80 年代、90 年代，国有企业在面临困境的时候，以提高经济效益为主，谁能筹到钱谁厉害。但现在国家对国有企业的定位是既要追求经济效益，又要完成政治任务和社会责任，不能单纯地把企业盈利作为第一目标。

民营企业现在也遇到了这种情况。2019 年 8 月 19 日，美国包括贝佐斯、库克等在内的近 200 家顶尖企业的首席执行官集体发出了一份联合声明书，重新定义了公司运营的宗旨。他们宣称：股东利益不再是公司最重要的目标，公司的首要任务是创造一个更美好的社会。这个目标意味着企业相关方（包括员工、股东、合作伙伴、客户）的利益要均衡，而不能只把股东的利益最大化。

未来大量的企业在追求股东利益的合理化、整体利益的最大化，这也是现代企业产生的显著变化。这个问题的假设不变，就会使企业产生大量的经济利益纠纷。

2. 面向未来的企业要引入什么文化理念

（1）为什么要引入新的文化理念

面向未来，企业要引入什么？当环境发生变化，企业在行业中的地位发生了变化，是否让企业顺着市场发展就行了？规模小的时候可能没问题，但规模大了以后就不行。企业大了以后就要考虑自身与环境的关系，就要引入一些只有大企业才会有的新东西。

比如腾讯是做互联网社交、游戏排名第一的企业，原来的企业文化是“以用户为本”。“以用户为本”，青少年喜欢打什么游戏就开发什么游戏，尽可能提供更多、更刺激的游戏，让他们花更多的时间去玩游戏。但这种做法在企业有很大的社会影响力的时候就不行了。对于腾讯来讲，不仅要考虑自身的商业盈利，还要考虑青少年在玩游戏的过程中，怎样避免其上瘾，怎样不影响其成长和健康，所以就把“科技向善”的概念引入公司，跟原来的“以用户为本”的理念并列起来。这就是企业的行业地位发生变化导致理念、文化发生变化。作为行业领袖，它有义务把科技引导到造福人类，引导到善用上来。

（2）时代变化下，企业需要引入哪些文化

第一，知识资本化的概念。

即知识是企业创造财富的主要元素。200 年前靠土地，100 年前靠资本，未来靠知识。原来这个理念只是被个别类似于华为这样的高科技企业信奉，但是未来将成为各行各业的信条。

就像褚时健种橙子，他用专业知识种出来的橙子，就比一般的老人在同一片土地上种出来的橙子好吃，所以卖的价格要高很多。这是谁贡献的价值创造力？就是知识，所以褚橙公司在分配价值时，就要将大部分利润分配给知识贡献者。未来农业、制造业也都面临这个问题。未来农业的赋能、制造业的增值业务越来越取决于农业类的知识、制造业的知识。高科技企业更不用说，主要靠知识来进行价值创造。这是大部分企业未来需要考虑引入的一个因素。

知识及知识所代表的群体，包括管理人员、技术人员、营销人员等专业人员在企业价值创造的过程中，其贡献的价值越来越大，企业怎么让价值分配跟他的贡献相匹配？怎样把这个人群的地位跟原来的股东、资本的地位平衡？这就是知识资本化的概念。

第二，企业生态化的概念。

这个概念是因为技术环境，特别是移动互联网技术的环境使企业管理的边界被打破。企业管理的范围变大，企业不仅仅管理好员工，还会管理上下游合作伙伴，把上下游合作伙伴管理起来共同挣钱。企业内部原来的上下级关系也会变成合作化和准市场化的合作关系。

企业不再是一个孤零零的个体，而是形成了企业与企业之间相互共生的生态。未来企业要用生态化的眼光看待合作伙伴，价值创造和价值分配都要考虑合作伙伴。内部员工也需要有市场化的交易机制，更多的工作通过交易机制让员工去执行。内外形成这样一种生态化的组织，而不是像以前机械的、科层化的组织，这种理念也是未来大部分企业需要引入的。这个理念跟技术及环境变化有很大的关系。

第三，关于组织的概念。

互联网应用越广，企业的围墙倒得越快，企业大量的业务会被外包出去。技术环境改变会导致企业的生态环境发生改变。员工队伍状况、市场的变化会导致组织发生改变。原来的科层式组织等级分明、指挥链条明晰，未来的组织更多的是大平台、小前端的平台化组织，这将成为未来企业组织的主流。小前端的这些人会根据市场的变化去自主经营。大平台更多的不是控制，而是给小前端提供支持与服务。大平台和小前端之间的关系也变成准市场交易的关系。

这种理念实际上是因为企业面临的市场环境越来越多元化，越来越个性化，越来越时尚化，变化很快，所以要通过这种小组织去作战，去适应市场。由于员工结构发生变化，“80后”“90后”“00后”不愿意被管理，不愿意服从权威，希望企业给出明确的目标，让自己去发挥潜能。所以这个理念是未来需要去引入的。

（注：本文根据王祥伍老师在华夏基石产业服务集团的直播课录音整理，原文编辑刘萍，华夏基石管理评论转载时进行了重新编辑）

第二篇　方法篇

一、以顶层设计和系统思维打破成长瓶颈

文/刘建兆

基于顶层诊断与设计，企业需要从整体角度建立体系大厦，实现企业由“经验成长”到“体系可复制的成长”。

（一）如何破除成功经验陷阱

人性天然具有成功经验依赖症。对企业来说，则表现为对“成功路径”的依赖。比如企业按照十亿元级规模的“套路”来规划未来百亿元规模的运营模式，当面临新市场、新技术、新模式，企业的成功经验可能会失效甚至阻碍其成长，企业就会陷入成功经验的陷阱。

对此，美的也持有同样的观点：“一家企业最重要的就是转折点，你必须要知道什么时候企业该转折。这条路一开始是金光大道，可能越走就越发现是死胡同，而过去的成功往往成为陷阱。”

企业成功经验陷阱形成的机理，是基于过去的做法取得了多次成功，久而久之形成的企业心智模式，具体演绎如表 2－1 所示。

表 2-1　成功经验陷阱演绎

场景假设：在关键时期采用某种经营管理策略的前提	策略或行为：员工依据场景执行某种策略行动	取得成果或经验：该策略在过去很长一段时间是有效的，并且带来收益	成功依赖（陷阱）：该策略变成经营信条或企业经典故事，现在已经失效，但还在坚持
公司收入下降	增加广告	销售额提升	坚信“销售额下降，一定要做广告”
上级命令不合理	无条件执行，不问对错	得到上级多次表扬甚至提拔	坚信“无条件服从领导就是对的”

案例 1：苏宁文化变革

以苏宁为例，2015 年进行的文化变革，围绕过去成功的连锁经营模式是否存在成功陷阱的命题展开，关键结论如下。

1. 员工管理方式转变

随着苏宁多元产业的出现，知识型员工、创意型工作日趋增多，这种工作已经不适宜过去连锁电器的“计划导向、过程管控”的强制模式，需要“目标导向”来牵引，需要“成就驱动”来推动，更需要每名员工都要有追求，有雄心，有事业心。

2. 组织模式的转变

新十年苏宁在组织转型中提出从“高速列车”向“联合舰队”的转变。每一个员工能够直面不同的用户、竞争对手和行业，更加灵活地开展经营，因此苏宁突出“小团队作战”的服务模式。

3. 体系由管控型向平台服务化转变

苏宁原来是公司部门化、大团队协同，现在每个事业部、门店都是一个小团队，强调小团队之间的协同，就必须立足于构建坚实的后台体系。苏宁过去靠一整套完善的连锁模式支撑，要想实现未来长期健康的发展，需要依赖于强大的支持体系。这种体系更多的是服务于一线经营，而不是为了片面的“管控”。

4. 取得效果

因为使用“小团队作战”模式，苏宁红孩子在奶粉品类上也取得了意想不到的成功。在红孩子原有团队没有大变的情形下，经过一年的磨合，红孩子业绩由亏损逆转为高速增长。

解决方向：站在未来看今天，对过去的成功经验进行系统梳理与识别：哪些成功经验对未来的成长有用？哪些对企业未来成长有阻碍？

（二）怎样为板结的文化松土

任何企业组织都可能存在“小企业病”（如经验主义）、“大企业病”（如官僚主义）。如果得不到有效根除，组织会处于不健康状态，组织效率低下、组织活力不足，最好的战略也难取得成功。

案例 2：稻盛和夫重振日航的文化松土工程

大家熟悉的稻盛和夫重振日航案例也印证了这个观点。他上任后提出了 12 条哲学，并亲自带领团队进行学习与感悟，通过彻底的文化松土工程，让企业向死而生取得成就，如表 2－2 所示。

表 2－2　日航向死而生/文化松土前后对比

日航破产重组前情况	稻盛和夫的 12 条哲学
1. 本身就是一个官僚机构 2. 有九个工会组织 3. 尽管破产，但大家还是没有危机感 4. 管理干部没有经营意识、核算意识，盈亏意识非常淡薄：不知道航线的经营情况，不知道经营数据，财务数据要几个月之后才能出来，而且都是笼统的数据 5. 谁对部门损益负什么责任不明确 6. 大家保护自己，规避责任，不敢决策，不敢承担，徘徊不前 7. 各行其是，关系松散 8. 稻盛和夫是一个外行	1. 明确事业的目的和意义 2. 设立具体的目标 3. 胸中怀有强烈的愿望 4. 付出不亚于任何人的努力 5. 销售最大化，费用最小化 6. 定价及经营 7. 经营取决于坚强的意志 8. 燃烧的斗魂 9. 临事有勇 10. 不断从事创造性工作 11. 以关怀之心诚实处事 12. 保持乐观向上的态度，抱着梦想和希望，以坦诚之心处世

解决方向：根深蒂固的文化惯性可能阻碍企业发展。企业需要从文化变革角度进行文化松土工程，以良性文化“活化”组织，减少或避免组织与生俱来的两大病灶。

（三）唤醒再次创业精神

改革开放40多年，无论是国有企业还是民营企业，在创业期基本都是白手起家。中国企业发展史甚至就是奋斗史，如东风汽车的“马灯精神”，宁波港的“蚂蚁精神”，珀莱雅的“睡地板”精神，宁波金田铜业“省下饭票买书籍”的学习精神，华为早期的“床垫文化”。

但是，企业高速成长后，创业精神开始弱化，如表2－3所示。

表2－3　创业精神弱化及特征

现状	典型特征
创业懈怠	价值目标缺失，业余时间学习不太情愿，故步自封，能力退化，由创业打江山向守成转变，丧失了事业的激情和斗志
以伪加班代替创业精神	公司学习互联网企业“996”的做法，大家都在加班，有一部分人是在敬业，“因为工作没有做完，或者工作做完了，在想下一步该怎么做”。但是，更多的人在耗时间，领导都没走，自己走不合适
小富即安	安于现状，享受生活，业绩目标完成就不愿意接受挑战了，公司出台相关激励政策，也没有刺激效果
创业精神被稀释	新员工比较多，公司发展较快，创业精神没有系统梳理与传承，创业精神随着新员工加盟不断被稀释，奋斗者越来越少

苏宁2015年文化变革中强调创业精神，董事长以公开信的方式告诉全体员工：“我们必须时时牢记，苏宁事业来之不易，是靠点点滴滴的努力打拼出来的。零售服务业是没有终点的马拉松赛跑。只有深刻地理解创业之艰难，守业之不易，只有继续秉承‘执着拼搏、永不言败’的精神，苏宁才可能在高度不确定的环境中，赢得未来。”

解决方向：创业精神上升为文化传承，同时出台劳动者、普通奋斗者、奋斗者识别标准，并配套差异化激励机制。

（四）突破单要素式成长

企业成长的目标“做大、做强、做久”，其中“做大”是很多企业最喜欢的方式。实际上，很多企业通过单一规模扩张将企业“做大”，在产品研发与设计、技术管理创新、大供应链构建上无所作为，结果资产扩张并没有带来企业全要素、核心能力的成长。

大家习惯“业务导向”，而不是“战略导向”。绩效考核依旧是“底薪 + 高提成”模式。企业中高层干部不按战略地图做事，以“短期业绩论英雄”，没有时间也不愿意为企业长期发展多考虑。

因此，未来企业要在竞争中取胜，必须以品质为本，追求超越竞争对手的效率、效果、效益；聚焦核心能力与核心业务的领先，追求整体品牌的领先，不是片面追求规模的领先，不是脱离全局的单点突进。这就要求企业成长由“单一要素驱动”向“多要素驱动”，丢掉“一招鲜吃遍天”的幻想。这就要从全局和长远出发，通过战略制定、战略实施及战略控制，把握市场等外部经营环境，整合优化内部资源和能力，不断实现企业与外部环境动态平衡。

为实现“做大、做强、做久”的多维目标，企业基于战略组合（战略组合形成战略群）求发展；但是每一种战略（如多元化、专业化）都将遇到不同的困难，需要调动不同的资源、运用不同的工具。

解决方向：编制战略地图解决企业全要素成长问题，以“平衡计分卡”的四个层面目标（财务层面、客户层面、内部层面、学习与增长层面）为核心，通过分析这四个层面目标，层层解码，形成企业成长的驱动关键要素组合。

（五）解决组织能力恐慌

战略决定组织，组织支持战略。企业在成长过程中，战略不能落地的部分原因是组织能力不足。部分企业还出现“组织能力不足，频繁调整企业组织架构，又导致组织能力不能积累，加重了组织能力不足问题”。一般来说，成长企业在扩张中的风险往往是由于组织能力不足导致的。

为此，华为成长期专门为此制定《华为基本法》。

依靠组织扩张不能有效地提高组织的效率和效果时，公司将放缓对外扩张的步伐，转而致力于组织管理能力的提高。

高层领导必须警惕长期高速增长有可能给公司组织造成的脆弱和隐藏的缺点，必须对成长进行有效的管理。在促进公司迅速成为一家大规模企业的同时，必须以更大的管理努力，促使公司更加灵活和更为有效，始终保持造势与做实的协调发展。

深圳某企业提出百亿元目标，但配套供应链的能力跟不上，“花钱买不到东西”，有客户订单但不能及时交付，导致老客户流失，新客户开拓难。采购部门的领导也频繁更换，但没有人能做好，因为这不是个人能力问题，而是基于战略的组织能力不足问题。

在需求导向的经济时代，对组织的快速应变能力提出更高的要求，比如某3C企业人力资源部昨天还为招聘员工发愁，今天就因为客户取消一个大订单，现有人员由不足变冗余，要“优化”掉。

解决方向：企业组织能力支撑规模效益的同时，还要保持组织足够的弹性活力，“像大企业一样思考”，具有基于战略的组织能力；同时“像小企业一样运作”，具有基于市场的快速应变能力。

（六）体系建设不再折腾

随着企业业务规模的扩张，出现“业务超前，体系滞后”现象：体系不能支持业务进一步扩张，甚至老客户开始投诉产品与服务质量问题；企业意识到管理的重要性，启动体系建设工作，于是企业制度流程越来越多，形式上越来越规范。

但是，企业体系缺乏顶层设计，以单个的问题为导向，依赖点问题与点对标，缺乏战略与价值观牵引，各自为政，碎片化进行体系建设，导致制度缺乏兼容性、全局性、整体性，相互之间打架，制度不断打补丁，不断推倒重来，难以形成系统。

案例3：华为破除“增产不增收”的现象

基于“问题导向”的体系建设，制度越来越多，员工却抱怨不如以前效率高，华为初期也遇到类似的“纠结”。在1999年之前，华为开始出现“增产不增收”的现象，请咨询机构进行了全面诊断：

- 缺乏前瞻性的客户需求关注，反复做无用功，浪费资源，造成高成本。
- 没有跨部门的结构化流程，各部门都有自己的流程，但部门流程之间是靠人工衔接，运作过程割裂，沟通成本非常高。
- 组织上存在本位主义，沉重的部门墙，各自为政，造成内耗。
- 专业技能不足，作业不规范，依赖英雄，英雄的成功难以复制。
- 项目计划无效，项目实施混乱，无变更控制，版本泛滥。
- 文化故步自封，以自我为中心。

面对这些情况，华为引进IBM做集成产品开发IPD变革。

解决方向：基于顶层诊断与设计，企业需要从整体角度建立体系大厦，实现企业由“经验成长”到“体系可复制的成长”。

（七）打破企业人才瓶颈

企业事业扩张成败在根本上是人才队伍决定的，所以很多专家认为人才战略是第一战略。对此，《华为基本法》指出：

组织的成长和经营的多元化必然要求向外扩张。组织的扩张要抓住机遇，而我们能否抓住机遇和组织能够扩张到什么程度，取决于公司的干部队伍素质和管理控制能力。

企业在成长阶段普遍“缺人”，比如在国际化进程中，因为没有国际化人才而受阻；公司新业务板块做不起来，因为缺少事业经理人；公司新产品迟迟打不开市场，因为缺技术领军人物等。更糟糕的是，没有成功引进新的领军人物，连一些自己培养的人才也流失了。正确的企业战略缺乏正确的人，导致战略失败的风险。

人才瓶颈产生的根本原因是缺乏人力资源顶层规划。很多企业在 5 年前就喊“缺人才”，5 年后还在喊“缺人才”。

案例 4：

某机械企业基于战略核心能力的人力资源规划不足，人才分类管理策略欠缺，未能处理好“学历与能力”之间的辩证关系，造成高学历人才缺乏价值认同感；存在“业绩导向”的短期理念，对中高端人才的开放性、包容性不够，吸引与留住人才的文化吸引力不足。基于智能制造时代的到来，员工年龄与学历结构明显不适应未来发展，现有学习培训模式不足以让员工快速赋能、全面赋能。

解决方向：丰田汽车曾经发展过快导致人才供给不足，出现大面积召回事件。因此，丰田汽车多年来一直坚守“先造人，后造车”的理念。基于丰田汽车的经验，把人才驱动与市场驱动列为企业成长双引擎。

（八）避免低绩效循环

根据效率工资理论，“最贵的劳动力也是最便宜的劳动力”。很多企业提出类似的“薪酬 123 理论”，即 1 个人获得 2 倍的薪酬，有 3 倍的产出。比如华为的人力导向是给 3 个人的钱请 2 个人干 5 个人的活儿。2016 年，华为人均薪酬已经是 2015 年中兴的 3.6 倍。这样做的目的是力求打破低绩效循环（低工资带来了低素质，低素质产生了低绩效，低绩效导致更低的工资）。

按照三者关系进行分类，当下中国企业实际的薪酬绩效模式大致可以分为四种。

（1）高工资、高素质/高压力、高绩效（A 级企业，奋斗型企业）。

（2）低工资、低素质/高压力、低绩效（B 级企业，待转型企业）。

（3）高工资、低压力、低绩效（C 级企业，除了垄断，没有前途）。

（4）低工资、低能力、低绩效（D 级企业，退出市场或改制）。

事实上，企业进行分配变革，具体的分配内容与形式在技术层面都不是很困难。企业要搞股权激励或者是获得分享制，在技术层面是很容易设计的。真正的难点在于，分配的前提是企业的战略模式必须能够真正为客户创造价值，为企业创造利润，这样才能形成有竞争力的分配水平和分配机制，从而使企业价值分配机制取得明显的效果。

解决方向：走出低绩效循环，实际上是解决“价值创造、价值评估、价值分配”的价值循环问题，可以比喻为“做大蛋糕—

切分蛋糕—分配蛋糕”，这需要顶层设计。

二、如何打造打胜仗的领导力

文/夏惊鸣

我们发现，无论是发展得很快的企业，还是比较成熟的企业，都会面临一个问题：缺少带兵打仗的将军。

我们也经常听到：“我们这里缺管理”，“我们的管理者不会管理”。提拔一些业务能手转化为管理者之后，就经常出现这些现象：“一个人忙死，其他人闲死”；“一个人时做得挺好，但一带团队，就做得不行”；“工作效率低，任务完不成，团队士气不高，团队成长很慢，团队流失率比较高”，等等。

有很多人问笔者：是不是管理者有独特的特质？比如这个人不爱说话，是不是不适合做管理者？这个人情商不高，是不是不适合做管理者？笔者觉得这都不是问题的根本，并且可以马上举上很多反例。

那么，到底怎么做才能成为一个好管理者呢？到底怎么做，一个业务能手才能更好地向合格的管理者转型呢？

笔者总结出要做一个合格/优秀的管理者，或者说一个业务能手要向合格的管理者转型，只需要做好以下四点——打胜仗的业务能力、目标管理、敢于管理、不自私。

（一）打胜仗的业务能力：管理者的核心能力

1. 打胜仗的业务能力是管理能力的核心

要成为一名优秀的管理者或者合格的管理者，根本在哪里？评价一个人的管理能力不行或者说他不会管理，其实最根本的原因不是管理能力的问题，而是业务能力不够的问题。这是要强调的第一点，而且是最重要的一点。实际上，管理能力合格的前提是业务能力。要做好管理者，首先要具备业务能力，要具备打胜仗的能力。没有这一点，是做不好管理的。

只要想清楚了如何打胜仗，管理是一件很简单的事情，无非就是排兵布阵，作战动员，实时督战和研究战况，指挥调整，最后论功行赏。我们用管理语言来看，就是：确立目标（确定要攻什么山头）→策略与计划（想清楚仗到底怎么打）→用人与目标分解（排兵布阵）→督导或群策群力解决新问题（督战，实时研究战况，指挥调整）→完成任务（打胜仗）→评价激励（论功行赏）。

卓越的管理干部，绝不是他们有所谓的"管理方法"，最核心的是他们有打胜仗的能力。

打胜仗这三个字很有意思，笔者可以这样解读："仗"是山头，是目标；"胜"是思路，是制胜的策略与计划；"打"是行动。坦率地讲，有时候很多管理者都搞不清楚"仗"是什么，也就是他们不清楚自己要攻下什么山头。连仗是什么都不知道，不知道要达到什么目的，要取得什么效果，怎么去谈管理呢？在现实中，很多管理者不知道怎么管，不知道怎么和下属沟通、探讨，不知道让下面的人干什么……最本质的原因是他也没有想清楚打什么仗，或者是如何打胜仗！

因此，打胜仗的业务能力是管理能力的核心！

2. 业务能手缺乏业务能力的矛盾在于"业务能力需转型升级"

这就带来一个问题：按道理来讲，既然是业务能手，那么他的业务能力应该是很强的，笔者又说业务能力是做好管理的一个核心条件，但很多业务能手转型为管理者后，往往成了"不合格"的管理者，而且这个不合格的主要原因还是缺乏打胜仗的业务能力。这不是矛盾吗？那么问题出在哪里呢？

问题在于，过去的"业务能力"不代表是新的岗位需要的"业务能力"。业务能手转型为管理者，首先是"业务能力"相对以前需要转型升级了。也就是说，从原来的业务转型为管理者之后，实际上岗位对业务能力的要求发生了变化。笔者的微信群里有两位群友谈到这个问题，我们的观点是一致的。记得一位是木子研，他说业务能手向管理者转型面临能力的点到面的转型问题。还有一位群友也提到业务能力和管理能力的关系问题。

举一个例子，一位很优秀士兵的业务能力是格斗、枪法及进攻、后退阵形、步法等。但是成为连长或营长的时候，他就要带领团队完成一项战斗任务，就开始需要有小的排兵布阵能力，就有了阵对阵的作战思路。到成为战区司令，他的业务能力又发生了变化，不仅仅有更大规模的排兵布阵能力，也可能需要对炮兵、陆军、海军、空军等的协同能力有所了解。

回到企业管理的现实，比如研发人员、销售人员等，一步步走向不同层级管理岗位，业务能力也在不断转型、升级。以研发人员为例，刚开始作为一名技术人员，只需要把自己这部分工作做好，充其量再加上需要了解接口部分的工作；成为项目经理后，“业务能力”就转型为对整个项目负责，需要整体项目思路，对项目这部分的目标、分解、协同负责，而且要清楚项目与其他项目或部门的接口管理、协调等；成为负责研发技术部（产品部）副总裁后，对整个技术路线、产品路线、技术规划、产品规划负责，对公司所有技术、产品规划落地负责，需要与市场销售、供应链进行协同，需要为公司战略做贡献，并基于公司战略，思考、清晰技术与产品战略等。

对于“业务能力”转型升级来讲，笔者认为有三个层面：第一个层面是“点”的能力——做事；第二个层面是局部战役的能力，比如负责一个部门、一个区域或一个产品；第三个层面是全局的战略性经营能力，比如负责一个业务、一个完整的公司或一个集团。每一个层面对“业务能力”的要求是不一样的。

很多业务能手转化为管理者后出现障碍，笔者认为核心还是

“业务能力”的问题，主要是因为过去的“业务能力”已不是他今天所需要的业务能力了。清晰“面临业务能力的转型升级”并实现这种转型升级是业务能手成功向管理者转型的首要问题。

所以，在企业里面“之”字形发展是有道理的。这种不同岗位的历练，就是为实现“业务能力”升级做准备。只有掌握了方方面面的能力，才会更熟悉情况，上升一个台阶之后更容易升级自己的“业务能力”。那么，不是所有的企业都有条件去做“之”字形员工发展的，但只要我们懂得这个规律，就可以更快地知道怎么发力。

比如你在上任新的管理岗位之后，首要的任务是了解、熟悉情况，思考新层面的问题，迅速实现“业务能力”升级。管理顾问经常面临一些新行业，尽管不具备新行业的知识，但知道要解决什么问题，知道这些问题的结构和逻辑，然后去了解情况，吸收客户、员工的智慧，也能迅速理出头绪，找到解决问题的思路和方案。

转型升级意味着学习力，一个业务能手转型为管理者之后，如何才能快速实现“业务能力”的转型升级呢？

3. 如何更快地进行转型升级——需要什么样的学习力和行动力

既然是转型升级，背后就是学习，能不能快速学习是关键。笔者这么多年的体会是，学习力的核心是“悟性”。尤其是从一个岗位转移到更高级的岗位，一般是以前没做过的。对于没做过的事，“悟性”就更重要了。有悟性才能更好地应对不确定性，有悟性才能更快地掌握新事物，有悟性才能以不变应万变，才能“窥一叶而知秋”，才能透过现象看本质。即使没有经历过，也能找出规律去解决，这就是“悟性”。那么，怎么判断一个人有没有“悟性”？一个人怎么提高“悟性”，笔者认为主要有三点。

（1）一切从目的出发。有的人做事看起来很专业，但实际上是错的，因为他都不知道目的是什么。这就是我们经常讲的“走在路上，忘了方向”或者“专业正确，目的错误/目的不清，未达期望”。过去做过的就会做，过去没做过的就不会做，到了一个新的岗位或一家新的公司，就套用过去的经验。所以，不管面临什么情况，存在什么问题，首先要有目的思维，一切从目的出发，知道做这件事情的目的是什么。有了目的思维，更容易让我们回归本质，回归常识去找规律，根据目的进行正确的创新，而不是被经验、工具、模型“绑架”。

（2）一切从实际出发。不是从模式出发，不是从方法论出发，不是从概念出发，也不是从过去的经验出发，而是要深入实际，深入一线，深入客户，或者深入问题现场；研究客户，研究竞争对手，研究行业，或者研究问题到底是怎么产生的。把事实摆到桌面上，答案就在事实中。

（3）找规律、抓关键。找规律就是去学习，学习别人的经验，学习理论，学习方法论，然后再基于目的，基于实际情况，捋清解决问题的思路，找到关键的突破点和实现的基本路径。

笔者判断一个人有没有“悟性”，有没有潜力，关键是这三点。如果掌握了这三点，笔者相信对更快地掌握新知识、更快地解决问题是有帮助的。

当然，光有“悟性”，没有行动力是不行的。怎么判断一个人是否有行动力呢？

（1）马上行动，不拖拉。

（2）不达目标誓不罢休，遇到困难绝不退缩。

（3）主动整合，不等靠要。即使超出自己的职责和能力范围，不是等，而是主动整合外部的资源与能力支持，一定要解决问题或达成目标。

（二）目标管理：管理者的核心方法论

既然“业务能力”是管理能力的核心，那么，是不是和管理就没有关系了呢？当然有关系。一个业务能手向管理者转型，或者一名不合格的管理者想变成合格的管理者，从管理方法论上讲，就是做好目标管理。

企业的目的是什么？实现目标。管理的目的是什么？也是实现目标。目标管理是管理的核心。很多企业一说管理干部的能力不行，就做大量的培训，甚至把管理干部送到各大商学院去学习。培训和学习都是好的，但不要忘了本质——管理者做管理，就是做好目标管理。

我们来看看目标管理过程——公司的目标是什么？现实有哪些主要问题？要实现公司目标，公司应该做好哪些事情？我们的职责是什么？我们又有哪些现实问题？为了实现公司目标，我们应该做出哪些贡献？我们又应该做好哪些事情？应该按照什么节奏来做？需要什么资源支持？团队的情况是什么样的？任务目标如何分解传递……这些问题，需要领导者带着团队一起来参与，一起来探讨。然后是目标实现过程的督导，实时研究情况，如果遇到问题，赶紧群策群力解决，最后评价激励，论功行赏。谁做得好，谁做得不好，一目了然。这个过程就是目标管理。

一名不合格的管理者带来的一些问题，都能在目标管理里解决。比如忙闲不均，通过目标管理，想清楚公司要实现的目标，自己团队有什么职责，应做哪些贡献，有哪些任务，然后将目标任务分解下去，就不会出现忙闲不均的现象。比如士气不行，没有成长，如果让大家都来参与，群策群力讨论怎么把山头攻下来；遇到问题，又群策群力去解决。一方面一定会激发士气；另一方面这才是真正的成长，真正的培训，在战争中学习战争。

目标管理是将“事”与“人”结合，将“成果”与“过程”结合——与团队共同讨论未来的工作思路，分解任务目标，督导过程，遇到问题群策群力去解决，然后论功行赏。同时，这个过程就是一种沟通，一种参与，一种激发，一种培训，一种成长。笔者经常讲，做一名管理者，不用去学太多东西，就老老实实把目标管理做到位，把绩效管理做透。

企业一定要重视绩效管理。绩效管理有三个作用：一是分奖金；二是选拔将军；三是培养将军。其实，分奖金是绩效管理中很小的作用，关键的作用是选拔将军、培养将军。因为绩效管理就是目标管理。绩效管理体系犹如一个模子，所有的管理干部"上道"后，促进管理者做好绩效管理。如果把绩效管理做到位了，就是一个合格的管理者了。

我们再来看看目标管理和打胜仗业务能力的关系。如果没有打胜仗的能力，目标管理就只是一个流程步骤，而流程步骤里面的内容是由打胜仗的业务能力决定的。这就好比目标管理是一个轨道，上面是跑拖拉机还是跑奔驰、宝马呢？如果有打胜仗的能力，而且能力很强，那么上面跑的就是奔驰、宝马。所以，打胜仗的能力恰恰是目标管理的前提，笔者强调打胜仗的业务能力是管理能力的核心，是第一位的，就是这个道理；只要有了打胜仗的能力，管理就简单了，就是这个道理。没有打胜仗的业务能力，目标管理就是空洞的目标管理，但没有目标管理，打胜仗的业务能力就不能转化为管理能力，打胜仗的业务能力就没法植入目标管理。

可见，管理者要做好管理，也没那么复杂，就是老老实实把目标管理做到位，目标管理就是管理的核心方法论。

（三）敢于管理：管理者的关键素质

现实中，产生管理问题的主要原因往往不是管理者不懂管理知识，而是不敢管理。面临冲突的时候，不敢管理，逃避；有一些导向不正确行为出现的时候，不敢管理，纵容；在评价、分配的时候，也不敢管理，搞大锅饭。

管理者害怕冲突，往往导致管理者没有承担管理责任。所以，很多企业做绩效管理的时候，总是希望有一个绩效管理的工具或模型来直接解决问题，管理者就不需要去管、不需要做出判断了。

做绩效管理不是靠一个工具、一个模型就能把人评价出来的，还要人去判断：下属中谁能干活，谁干得怎么样，谁创造了更大的价值等，这些内容，管理者是一定能判断出来的，而且一定要管理者去判断。经常有人批评：管理者不要拍脑袋。

从另一个角度来讲，笔者认为管理者要拍脑袋，管理者要敢于拍脑袋！拍脑袋的本质是决策，这是一种管理责任！只不过有了管理体系，解决了规则问题，减少了决策，或者更高效地提供了决策依据。需要决策时，管理者就一定要承担决策责任。

“百年企业靠制度”，或者做了“管理系统，做出了制度流程，就可以不依赖人了”。从某种角度讲，这些话是错的，也是有害的，害得许多企业天天去写制度，以为有了制度，一切就好了。他们没有想过，制度流程的背后是人，而且制度流程解决的是例常问题的效率。决策、创新不是制度规定的，决策、创新是基于人的能力。

如果大多数的管理者不敢管理、不敢分配、不敢换人、不敢坚持正确的导向、不敢直面冲突，会带来什么问题？就会带来组织的导向混乱，不知道怎么做是对的，也不鼓励做对的，负能量越来越多。整个组织就会越来越离散，越来越衰弱，陷入系统的无力感。这不可能有凝聚力、战斗力。

所以，敢于管理是合格管理者的关键素质之一，做到了敢于管理，管理上的很多问题就迎刃而解了。敢于管理就做到两点——敢于奖优罚劣，敢于惩恶扬善。

（四）不自私：管理者的另一关键素质

一名好管理者的另一个关键素质就是不自私。如果管理者自私，就没有人愿意跟随。以前有一个朋友经常请下属吃饭，吃完饭一到结账的时候，就让下属去。下属结了一圈账，他一周的饭就解决了。尽管他的专业能力很强，但是没有威信，这个团队也不可能有战斗力。

那么，不自私是指什么呢？具体来讲，就是初心、出发点、发心不自私。要做到不自私，很简单，只要你做事的发心坚持两点：第一个发心是“为了把事做成”——为了把业务做成，为了达到更高的目标和更好的绩效；第二个发心是“为了员工好”——为了成就员工，为了帮助达成目标，为了帮助员工实现成功、成长。如果有了这两个发心，不自私就实现了。

小结：

笔者总结一下：无论是业务能手向管理者转型也好，还是现有的管理者要提升也好，如果要做一名合格的、优秀的管理者，最核心的是四点。

第一点，打胜仗的业务能力，即业务能力一定要强。如果你是一个司令，你都不知道怎么去打仗，怎么打赢，那怎么去管？很多人说：“管理者要授权、要分权，尤其董事长可以去打高尔夫，要信任下面的人，要放权。”放权和不管是两回事儿，你可以放权，但是你管的是更高层面的事情。作为司令，还是要关注业务选择，关注投资决策，关注整个战略落地过程，除非你是财务投资（财务投资又有其他的关注点）。

所以，不是说做管理者就可以放任了，相反，如果面临攻山头，但没人的情况，还得自己上，既可以做业务员，也可以做操作员，就一个目的——攻下山头。在企业中，现实情况是很复杂的，不是一切都准备就绪的。有人说，做管理者不能事必躬亲，要放权，但团队都不是现成的，没合适的人，该干还得干，没人干还得自己上。当然，团队建设本身也是管理者的责任，找人、培养人、换人都是自己的事。总而言之，管理者的核心责任就是打胜仗，核心能力就是要有打胜仗的业务能力。

第二点，目标管理。从管理方法论上讲，就是做好目标管理。只要你做好目标管理，所有管理动作都在里面了，没有那么复杂。出问题也是出在目标管理上，如果说管理的行为不行，管理能力不行，本质上是目标管理能力不行。

第三点，要敢于管理，敢于奖优罚劣，敢于惩恶扬善。

第四点，发心不自私。做到不自私就是遵从两个发心——为了把事做成，为了成就员工。

如果能做到这四点，笔者相信你一定会成为一名好的管理者、优秀的管理者。其实这四点，本质上是领导力的问题。最后，笔者把对管理的三个概念的理解分享一下。

第一个概念是管理或管理行为。管理行为其实就是领导力。这里讲的内容就是管理者的管理，是领导力的问题。管理者的管理不是坐在办公室里面签字、审核。很多人一变成管理者，就开始享受签字的快感，这几乎不是管理行为。

第二个概念是管理体系。比如建立薪酬体系、绩效管理体系、文化建设体系、战略运营体系、ERP 体系、IPD 体系等，这些都是管理体系，也是一种业务，是管理专业业务。

第三个概念是管理专业。比如企业建立了战略运营的管理体系，但要做好战略，不是体系能解决的，必须掌握战略的专业知识和能力，这是一种专业知识和能力。

三、企业文化建设的本质

文/夏惊鸣

企业文化建设的本质是组织转型与能力建设。

（一）企业文化是组织的灵魂

1. 文化不是虚的，它体现了方方面面，体现了企业塑造的氛围

强化企业文化建设，塑造大家在一起做一番事业是意义所在，因为这件事真的很有意义，员工在这里感到很快乐，将来大家一起去攻山头，一起去讲故事。所以，企业文化要落地，就要形成这样的组织氛围，要让大家去讲故事。

企业文化更多的是组织对员工的承诺，也是员工对组织的承诺，其实是一种精神锁定，是一种心灵契约的锁定。企业文化要塑造的氛围事实上是一种承诺。员工在这种组织氛围下，无形之中会做出一种承诺。不是说组织强硬地要求大家怎么样，而是有一种氛围，组织中的一群人都是这样的，如果自己将来不是这样，会受煎熬。

同时，企业文化最重要且最终的是一种选择机制。企业文化不能解决所有的问题，不是所有人都会这样，而是尽量减少未来动荡的风险。

2. 企业文化思考并不是一个简单的文字提炼过程

企业文化的理念思考本身并不复杂，个人认为只要问自己五个问题就能把文化理念梳理清楚。

（1）文化有没有用？有用。

（2）怎么发挥作用？你用它就发挥作用。

（3）你为什么用它？因为你相信它会成功。

（4）企业文化是什么？是一个组织持续成功的核心逻辑和系统原则。

（5）应该怎么提炼企业文化？

有人可能问，既然这么简单，为什么还有那么多企业要做企业文化？而且把企业文化做成功的企业并不多？那是因为企业文化思考并不是一个简单的文字提炼过程，而是要想清楚基于战略意图的成功逻辑，需要系统一致性的支撑，并且这不是一个文本设计过程，而是一个组织变革的过程。

作为一场组织变革，事情就复杂得多。所以，企业文化、顶层设计本质上是组织建设、变革的纲领；文化提炼和建设、顶层设计及其落地其实是在做组织变革。

（二）基于顶层设计的企业文化本质上是组织变革

1. 企业文化和组织变革的关系

我们经常讲《华为基本法》是文化纲领，实际上，从某种角度来讲，它不是传统意义上所讲的文化纲领，而是企业的顶层设计，是企业如何实现组织理想的系统思考——企业持续成功的核心逻辑和系统原则体系。

《华为基本法》与一般的企业文化纲领不同，它是从落地实施的角度来写的，而不仅仅是把企业的假设阐述清楚。

比如，一家企业的核心价值观是团队，那么，团队怎么落地呢?《华为基本法》就提出了明确的落地指导原则，大家按原则来做就能落地。比如按照“优先从优秀的团队选拔人才”的原则，团队的要求就是大家必须提高业绩，才有更多的机会被选拔；“优先选拔培养人的人”，团队的要求就是要培养人、培养梯队、培养团队，这就是团队精神的落地；“优先选拔有自我批判精神的人”的原则要求落实团队理念，遇到问题时，每位团队成员首先自我反省、自我批判，而不是指责别人、把责任推卸给别人。

相较于理念的精炼，基于顶层设计思维的企业文化是纲领性的，是关键领域的明确行为导向原则，一看就知道导向是什么，应该怎么做。

2. 文化变革需求的背后往往是组织需要变革

我们在咨询实践中发现，每当一家企业认为企业文化需要梳理、变革或重塑时，很多时候其实是组织能力需要集中建设或组织能力需要重构。也就是说，文化变革需求的背后往往是组织需要变革。

当企业觉得自己的文化出毛病的时候，"症状"是觉得企业浑身都是毛病，干什么都不太对劲，采取的一些管理措施也不怎么起作用，最后得出结论是疑难杂症，文化出了问题，所以就要建设文化了。即使还没到这种状况，但是预计到企业快速发展，后续组织和人员会更复杂，或者企业战略转型，成功逻辑发生了改变，如果不明确指导思想，浑身都是毛病的系统性失效的情况就可能出现。

这两种情况无非是预防和治病的区别，无论哪种情况，本质上是组织变革的事情——组织能力建设或战略转型的组织能力重构。

（三）文化的背后是组织吗？企业转型过程中的问题分析

1. 组织转型中存在五个典型问题

组织转型就是二次创业。一家企业刚开始抓住了一个机会，突然做大了。企业做大之后，组织变大，人员变多，然后觉得缺管理、缺人才，浑身都有问题，做这也不对，做那也不对，这样做没有效果，那样做也没有效果，企业内部有很多矛盾和冲突，有很多事情想不清楚。我们把这个时期称为二次创业的组织转型期。

组织转型过程出现的典型问题如下。

第一个典型问题：高层的思路来回变化。今天一个想法，明天又一个想法，后天又变了。尤其是现在管理培训很多，高层听到一个概念或模式，就以为找到了解决问题的法宝。比如听了学习型组织，回来之后开始推行学习型组织；听了阿米巴，回来就实行阿米巴；听了致良知，回来就开始致良知……但该解决的问题并没有解决。

第二个典型问题：思想林立，甚至是相互批判。一家企业在二次创业期，往往存在思想林立的情况，比如目标不统一。企业家往往激情澎湃，提出更高的事业理想或目标要求，但很多人认为条件不具备，太过激进，干不成、干不了。比如管理建设与业务发展的对立：一线人员认为搞管理麻烦，形式主义；后台搞管理的人员则认为一线人员没有管理意识，没有格局，不知道带队伍、建系统。

这一发展阶段经常会集中、大量地招聘“空降兵”。各路英豪过来之后，大家对未来的发展，对各个领域应该怎么发展的看法不一样。每个人都带着过去成功的经验，有人说在华为是怎么做的，有人说在阿里巴巴是怎么做的，有人说在联想是怎么做的，等等。公说公有理，婆说婆有理，是这个阶段经常出现的典型问题，那么什么是对的呢？

第三个典型问题：沟通不畅，相互不满。在组织转型期和战略转型期，往往老板对经理人不满，经理人对老板不满。老板认为自己的战略很清楚，但这些人的执行力不强，和他不是一个频道的，不理解他，对他的战略意图贯彻没有执行力；下面的经理人则认为老板的战略不清楚，很多事情没有想透，不是执行力的问题。

第四个典型问题：文化开始异化，开始稀释。有一些企业在壮大了之后，开始不断地招人，久而久之，文化开始异化、开始稀释，感觉和过去不一样了。创业时期，几个兄弟什么都不用说，一个眼神就明白，遇到什么事情，非常主动地去干、去解决问题。高薪挖了很多人之后，新人越来越多，资历越来越老，但是大家做派不一样，新人没有老人的主动意识。到底是新人本身的问题，还是我们有什么做得不对？为什么文化会出现异化呢？难道从外面招的新人和原来老人在创业期形成的文化必然不一样吗？

第五个典型问题：管理建设似是而非。这个时期很多问题是因为管理系统不完善造成的，这个时期也是管理系统建设期，但进行系统的管理建设时，往往发觉很多管理观点或方法论好像是对的，看起来很专业，却又感觉不对劲，没起到应有的作用。

比如建设流程，反而流程越来越慢，所以，很多公司经常出现此类抱怨——与内部人协调比外部还难；做绩效考核时，没有激发大家去抢山头、攻山头、创造绩效，反而员工绩效与公司绩效错位，员工考核很优秀，但公司很多应该解决的问题没有解决，甚至业绩在下滑，竞争地位在下降，或者员工绩效与员工贡献错位，做多错多。

比如做管理，结果弄成了相互制造工作，集团管理变成了集团总部人员自嗨。

到底是以人定岗还是以岗定人？

到底是以人放权还是以岗放权？

到底如何才能激发奋斗……

做的管理看起来很专业，但是就是没效果，甚至带来一些问题，难道一定是这样吗？如果不是这样，问题出在哪里？

2. 问题产生的真正原因

上面讲的组织转型期五个典型问题，主要是因为以下三个原因。

（1）系统性的缺失：是突然从一艘小船要硬生生地变成一艘

大船，而不是在原有的小船上打补丁修改。

任何企业的成功都不是设计出来的，都是一不小心成功的，所以在企业小的时候，绝对不会说五年后我们会做大，今年要做好什么准备，而是干着干着一不小心商业逻辑证明成功了，市场突然突破，迅速扩大，然后突然感觉缺人、缺管理，而且内部的职位体系、薪酬体系、绩效体系、价值观、组织流程等都非常需要。

一家突破型创业小企业突然要变成持续发展型的中大企业的管理模式，需要各种职能、各种专业能力。这个突然性的变化，是一种系统性缺失，最常出现的就是“头痛医头，脚痛医脚”，感觉无论做什么都不对，做了薪酬和绩效好像不行，做完流程好像也不行等，因为这个阶段是系统性缺失。

（2）导向混乱：由于是系统性缺失，所以这个阶段要进行系统性建设。做一件事情，统一导向是容易的，但要一个系统各个部件形成一致性的导向，这是个难题。而且一个管理系统的不同部分是不同的人负责，那么这些人是如何认知这些管理系统构件的？他们是否在正确的导向下建设系统，这是一个问题。

（3）没有掌握方法论的本质，或者没有把本质贯彻下去。我们在做管理的时候，很多时候是看起来做得很专业，实际上有可能没有掌握方法论的本质，或者是没有把本质贯彻下去，所以在企业中一做就会出问题。

笔者经常问一个问题，放权到底是基于人还是基于岗位？本质上，放权是基于人的，不是基于岗位的，即使是相同的岗位，人不同，放权也是不一样的。尤其是企业在成长期，人才不是很成熟，因人定岗，因人放权，这是一个非常普遍的现象。如果我们机械地按照岗位去放权，就会出现问题。

管理上经常出现的是，逻辑和方法都没有问题，但效果差强人意，这时候要思考问题的本质在哪里。比如常见的员工绩效与公司绩效错位的情况，即员工绩效很好，但组织绩效一般。错位的背后就是考核的内容不是我们想要的。要做到考核的内容是我们想要的，就必须把目标管理做好。如果把这个东西参透了，我们才能正确地进行管理建设，管理才会发挥作用；不然不但没有产生作用，有时反而会产生副作用。

3. 顶层设计的思维对解决组织转型问题的作用——想透

顶层设计在组织变革过程中所发挥的作用，就是想透——企业如何实现组织理想的核心逻辑和系统原则，之所以产生矛盾和问题，源头是事情没有想透。同时，以顶层设计为抓手，团队参与，改变认识，达成共识，产生战略行动力。想透才能真正达成共识，有共识才能产生真正的行动力。所以，转型期做顶层设计，是一个完成系统思考的过程，是一个改变认识、达成共识的过程。

案例：《华为基本法》对组织转型变革发挥的三个作用

第一个作用，让任正非及华为高层完成了系统思考。《华为基本法》作为一个顶层设计，想透了到底要成为一家什么样的企业，到底怎么样才能实现，到底在哪些领域要形成什么样的指导原则。想清楚了之后，心就定了，就不会动摇，不会来回变化。可以说，系统思考也是一个发现企业基本规律的过程，而基本规律是不变的。

第二个作用，让华为达成统一思想。华为首任人力资源总监张建国老师讲过一个案例，当年在做营销考核的时候，任正非提出来要由县级市场向省级市场进军。既然提出这个目标，营销考核就必须具有一个指标——省级城市市场的营销收入增长。但是与营销部门一讨论，问题就出来了。营销负责人讲："这是书呆子的做法，我们在县级市场是有竞争力的，对手是'巨大中华'的巨龙、大唐、中兴。但是向省级城市进军，我们的对手完全变了，全部是世界500强企业，是北电、朗讯、爱立信等，这不是拿鸡蛋碰石头吗?”这就麻烦了，任正非说要向省级城市进军，营销负责人认为这是鸡蛋碰石头，听起来都有道理，到底谁对谁错呢?

我们看看《华为基本法》，第一句话就是“华为的追求是在电子信息领域实现顾客的梦想，并依靠点点滴滴、锲而不舍的艰苦追求，使我们成为世界级领先企业”，华为团队在追求上达成了共识，这个问题就很好判断了。如果连中国的省级城市都搞不定，怎么能够成为世界级的领先企业?所以，顶层设计，就是在一些基本问题、大是大非问题上达成思想统一。

第三个作用，《华为基本法》让整个华为团队的管理素质和能力实现了飞跃，或者说是华为管理团队建设的核心工具。很多企业把团队送到中欧商学院、北大、清华去学习，回来之后大家掌握了不同的理论，然后就相互批判。但是华为内部是学自己的《华为基本法》，学的是自己的管理理论。知道在华为的各个领域应该按照什么指导原则去做事，学完之后是可以用的，懂得应该怎么管、怎么去行动，大家形成了共同的语言体系、共同的目标体系、共同的原则体系。

4. 有效、有用的企业文化建设就是完成对组织问题的系统思考和顶层设计

组织变革期往往是一个系统缺失期，是二次创业的组织变革。从一家小公司突然变成一家大公司，原来是没有体系的，现在突然要建一个体系。既然是体系化的建设，就容易出现“头痛医头，脚痛医脚”的现象，为此，一定要完成系统思考。

完成了系统思考，顶层设计应该怎么做?它一定是基于现实的问题，一定要把企业当前的主要矛盾、主要问题、现象背后的原因刻画出来。这就会变成一面镜子，然后组织团队一起来思

考、讨论，形成正确的认识。只要认识到，马上会改变，而且效果也马上会体现出来。这就是有效的、有用的企业文化建设过程。

（四）有效、有用的文化怎么在组织转型中产生作用

1. 思维转变：从处理“事”到处理“做事的方式”或“做事的原则”

文化怎么起作用？就是“用”在起作用。如果不“用”，那就是假的，就不是你的文化。我们在平常是怎么做的——这才是我们真正的文化。

案例：稻盛和夫拯救日航就是把文化“用”起来了

稻盛和夫进入日航后，花了两个月时间，让日航所有的干部进盛和塾轮训，理解他提出来的经营哲学12条。

他是怎么“用”的？在开会的时候，遇到问题，大家扯皮推诿——这是其他部门的事，这是前任留下来的事等，不关我的事。遇到这种情况，稻盛和夫怎么办？他“用”自己的经营哲学。他说：“我们的经营哲学其中有一条叫‘临事有勇’，遇到问题就扯皮推诿，推给其他部门、推给前任，这叫‘临事有勇’吗？”大家听他这么说，就不好再扯皮推诿了。

大家不扯皮推诿了，又出现另一个问题，一问到经营情况，比如航线的满座率怎么样？准点率怎么样？客户满意度怎么样？航线的成本费用是多少？盈利情况怎么样？大家一问三不知。日航申请破产是有道理的——官僚，不深入一线，不去熟悉业务，不去洞察问题，不去解决问题。这时候，稻盛和夫又用他的经营哲学了。他说：“我们有一条哲学叫‘销售最大化、经费最小化’，如果我们对业务情况都不了解，怎么做到‘销售最大化、经费最小化’？”他这么一说，大家又开始改变了，深入一线，发

现问题，解决问题，为目标服务。

这只是其中的两个场景。后面半年，稻盛和夫在日航的各个领域“用”他的经营哲学，去改变员工的认识，从而改变员工的行为。员工的认识和行为一改变，经营结果就变了，所以日航半年就实现了扭亏为盈。

扯皮推诿的场景在企业里非常普遍，通常的应对场景也非常熟悉。

第一种场景：管理者比较仁慈，抹不开面子，遇到员工扯皮推诿，自己不作声，心中生闷气：“我给你发这么多工资，遇到问题你们却扯皮推诿。”这种场景就不说了，一定是错的。

第二种场景：管理者马上组织相关人员来讨论到底是什么问题，是什么情况，是什么原因，应该怎么解决，然后一起讨论，把问题赶紧解决掉。

大家一定认为第二种场景的处理方式好。但是请大家对比稻盛和夫的处理方法，发现二者的区别了吗？前者是在处理“事”，稻盛和夫是处理“做事的方式”或者叫“做事的原则”。

如果企业总处在“处理事”的状态，当出现新的“事”时会怎么样呢？还会出现扯皮推诿的现象。稻盛和夫则在处理“做事的原则”，只要是遇到这类情况，不管是什么事，都是这一原则——临事有勇，大家不要扯皮推诿，而是分析问题、解决问题。看见没有，这种方式是把这一类问题解决了。大家体会一下，“处理事”和“处理做事的原则”的奥妙之处。

2. 把文化用起来：四个方面把文化和业务融为一体

企业文化不是一种脱离现实世界的、只是“高大上”的东西，而是现实的，是为公司战略理想服务的，是为企业赢得竞争服务的。只有当文化建设和业务建设融为一体的时候，文化才能成为业务竞争的利器。总的来说，可以通过以下四个方面实现文化与业务融二为一。

案例："做事的原则"如何影响行为

举一个例子，大家来理解一下企业文化建设和业务是一张皮的关系。某企业追求技术先进，但出现了很多客户对产品不满意的情况，原来他们追求的技术先进并没有解决客户的问题。这个现实问题的产生，是员工存在某种认知的误区。比如研发人员对"以客户为中心"意识的偏离，把片面追求技术先进作为荣耀和功绩。这是员工存在的某种认知必然会导致的某种行为。

那么企业文化建设怎么做呢？组织研发人员进行讨论，把客户不满意的事实摆出来，讨论要不要"以客户为中心"，讨论对于一个研发人员而言到底什么是"功绩"。通过这种方式改变研发人员的认知，不再"以我为中心"，闭门造车，而是"以客户为中心"；不再是片面追求技术先进，而是必须为客户创造价值。这就是通过企业文化建设改变员工的认知，从而改变员工的行为，进而促进现实问题的解决，支撑战略目标的实现。

3. 机制支持到位，把文化落到管理体系中

机制支持到位是指我们一定要把文化落到管理体系中——目标分解与评价、价值分配、流程等。

企业愿景怎么用？有很多企业在工作中根本没有意识到居然要"用"使命、愿景，而且能"用"，结果让使命、愿景变成了两句宣传口号。

案例：企业愿景与厕所清洁的关系

笔者曾给一家工程机械企业做企业文化咨询。它的愿景是要"成为世界级的工程机械产品与服务提供商"。我们做企业文化宣导时，有位中层干部说："夏老师，你讲这些跟我们没有关系，

这是我们董事长和总经理的事情。”

笔者就跟他解释：“我们的愿景不仅仅和董事长、总经理有关系，而且跟在座的每一位都有关系，甚至跟扫厕所的阿姨都有关系，为什么？我们要成为世界级的公司，扫厕所的标准就变了，厕所清洁就要达到世界级企业的标准，厕所清洁人员也要有‘以客户为中心’的服务理念，让每一个走进去的企业员工感受到世界级企业的环境。”

笔者又进一步给大家说明：“愿景跟所有人都有关系，比如我们要‘成为世界级的工程机械产品与服务提供商’，我们对标谁？如果对标国内的行业领先者，那就做成不了世界级的企业。要做世界级的企业，我们就要敢于对标卡特彼勒和小松。卡特彼勒是美国企业，行业的全球第一；小松是日本企业，行业的全球第二。当我们对标卡特彼勒和小松，那么我们之间的技术差距在哪里？我们的技术目标是什么？我们与他们的质量管理差距在哪里？我们的质量目标是什么？我们应该变什么，应该干什么？”

这里就可以“用”愿景了。提炼出来的东西往墙上一贴，如果我们不“用”它，就不是我们的文化，那是忽悠人的口号。愿景就是导向，就是想要什么，鼓励什么，反对什么。

4. 领导行为到位，干部表率胜过一切管理

领导的行为到位主要是三个方面。

（1）表率到位。干部要达到企业文化的要求。干部都做不到，企业文化就是骗人的，所以首先是自己要做表率。如果干部都能够按照企业文化的要求去做，那么企业文化一定是没问题的，一定是能形成的。干部表率胜过一切管理，企业就考核干部是不是按照文化导向来做事。只要干部表率按企业文化的要求来做事，不用说，企业文化基本落地了。

（2）处理事件。当企业出现冲突、矛盾的棘手事件时（但不

是技术问题），大家千万记住，极有可能是我们建设企业文化的一个机会。越是难解决的矛盾，就越是我们澄清价值导向的时候。

北京华樾教育科技有限公司的创始人陈勇分享了一件事情。他们公司有个文化理念是“说到做到”，对员工有一个要求是“有底线——遵守社会公德”。行政制度有一条是，不能在办公室及办公室楼道抽烟。有一天，他发现楼道里面有烟头，就跟人力行政人员讲：“这种小事你们千万不要放过，不要只是罚款、通报批评处理一下就完了，能不能组织大家做一个讨论，我们要不要‘说到做到’，要不要遵守社会公德?”通过这一事件，让员工参与，一起讨论，向更多的员工深化“说到做到”“有底线——遵守社会公德”的认识，形成文化共识。这就把通常直接、简单处理的事情，变成了一项文化建设活动。

当一家企业遇到一些事情的时候，尤其是有冲突、矛盾的时候，一定要敏感，这恰恰是进行文化建设的契机。当然，“事件处理”不是处理事件本身，而是通过一个矛盾、冲突，让员工来参与讨论，从而深化认识或改变认识，这就变成了一个企业文化建设过程。

（3）惩恶扬善。所谓“恶”是指违反文化、触犯红线的行为；所谓“善”是我们鼓励的。很多企业在遇到红线行为的时候，有时为了业务或者其他因素，总是容忍宽容，纵容一些触犯原则性的行为，久而久之，组织风气变坏。很多企业风气慢慢变坏、变散，就是从惩恶扬善没有做好开始的。所以，我们作为领导者，无论是企业的董事长、总经理还是主要的管理者，如果要做一名优秀的管理者，一定要敢于惩恶扬善。当出现违反导向的行为，我们要旗帜鲜明地进行批评反对，方法可以多样；当出现符合文化的行为，我们要鼓励。

5. 主题变革到位，聚焦突破焦点问题

主题变革是指一家企业在某个时期，可能会有一个焦点的矛盾。这时候可以发动一场文化主题变革活动，改变员工的认识，然后促进这个矛盾的解决，促进业务的发展。

海尔当年的现场管理、经营管理做得不好，就发起了一场主题变革——“6S 大脚印”，让大家每天下班的时候站在大脚印上讲哪些事情没做到，下一步怎么改进。这是一场变革活动。当时的焦点矛盾是什么？就是现场管理、质量管理、精益管理做得不好。海尔通过“6S 大脚印”主题变革，然后不断地坚持，从而改变了员工的认识、行为和习惯。

这就是主题变革活动。当企业面临一个带有一定普遍性的关键问题时，就可以设计一个贯穿一段时间，比如一年甚至更长时间的主题变革活动，去改变员工的认识，达成共识，激发斗志或如海尔的“6S 大脚印”，塑造习惯，为战略目标的实现服务。

6. 持续广泛传播，营造文化氛围

机制支持到位、领导行为到位、主题变革到位，这些事情，我们一定要去传播。传播就是让更多的员工知道我们在倡导什么，反对什么，从而实现更广泛的文化渗透。

案例：寻找并宣讲企业中的文化践行榜样

笔者曾经服务过甘肃省的一家餐饮企业。有一次，大家一起吃饭，创始人马总指着坐在旁边的一位姓高的小伙子说：“这个小伙子不错，我最近提拔他做了总监。”笔者就问：“你为什么提拔他做总监呢?”马总回答：“第一，他业绩好；第二，做事用心。”

笔者又问：“他做事如何用心呢?”马总就举了个例子：“最近办了一个类似安全的宣传活动，有张招贴宣传画。原来是规定所有的门店都要把宣传画贴在靠门的墙上。这个小伙子就在琢磨，人进来吃饭，谁会注意墙上，觉得贴的位置不对，于是就把招贴宣传画取下，贴在桌子上，因为进来吃饭一定要坐在桌子旁，一定会关注桌子，不会关注墙。后来他又琢磨了，发现这样还不行，为什么呢？因为贴在桌子上，只有坐在正对招贴宣传画位置的人才能很清晰地看到，其他人可能看不见，所以他就又做了改变，把画贴在转盘的透明玻璃底面，随着转盘一转，所有人都能看到。”

听完，笔者又问：“你把为什么提拔他的理由告诉所有员工了吗？”马总第一个反应是：“我是老板，提拔一个人不用告诉所有员工。”笔者跟他说：“也不能这么讲，如果你把刚才讲的为什么提拔小高的原因告诉了所有员工，那么员工就知道在这个组织应该怎么做才能有前途。”他一听马上明白，并交代人力资源部，把刚提拔小高的事情做好宣传。宣传不仅仅是把这件事写成一篇文章在企业报纸发表，还可以组织员工进行讨论，比如怎么认识“做事用心”。

所有的文化建设活动，一定要去传播，让更多人知道，让更多人理解文化，让更多人知道我们的组织在倡导什么、反对什么，而且一定让员工参与。用参与的方式，而不是强行灌输的方式。

通过持续不断的传播及通常的象征性宣传活动，如仪式、典型人物、花名、特定工作模式、物理环境等，会不断地营造氛围，增强员工的归属感并形成一种群体的共同人格和行动风格。时间长了，企业就可以形成一种“强文化”组织氛围。

当然，不是形成了强文化氛围就万事大吉，不需要持续建设了，文化建设永远是逗号，没有句号，不然，还会稀释、异化。

小结：

（1）企业文化是组织的灵魂。

（2）企业文化建设本质上是服务于组织转型，支撑业务战略转型，完成对企业的系统思考与顶层设计。

(3) 企业文化建设的过程实质上是组织变革重塑与组织能力建设的过程。

(4) 要让企业文化有效、有用，一定要把文化“用”起来，通过改变员工的认识和行为去解决现实问题。

(5) 企业文化建设需要持续、广泛的传播（传播要讲策略，如传播事例、传播人物等），真正使其“入耳、入脑、入心”，在日常工作中把文化“用”起来。

（注：本文由尚艳玲根据夏惊鸣内部讲话资料综合整理编辑）

四、从价值提炼推导企业系统变革

文/马魁泉

任何企业都是依靠创造独特的核心价值保持生存和强大竞争力的，而企业文化就是建构这种核心价值的一系列核心价值观和行为方式。通过十多年的一线企业文化建设项目实践，笔者发现，企业发起文化建设项目的动因千差万别，项目成果要求也各不相同，但并非人人言殊、无迹可寻。

通常情况下，根据企业核心需求区分，企业文化建设项目可分为三类：第一类是企业核心理念的提炼；第二类是企业系统变革的引领；第三类是企业文化管理模式的构建。

（一）提炼核心理念

核心理念提炼的是企业生存发展的核心命题，回答了企业从哪里来、去哪里、如何去的根本思考，指导企业一系列经营管理活动。成功的核心理念提炼一般有三个特点：聚焦化、品牌化、逻辑化。

1. 聚焦化：找到“我”之所以是“我”的原因

在充分竞争时代里，打造差异化价值才是王道，理念提炼聚焦企业核心价值。所谓“十八般武艺样样精通，则样样都不通”。笔者也常常在想，为什么咨询师有时提炼的核心理念会让客户感觉空洞？因为没有让客户脑洞大开，没有洞察客户商业模式的核心价值所在，不能直击人心。

笔者将企业创造的核心价值分为四大类：成本效率价值域、质量功能价值域、时尚潮流价值域、服务关系价值域。

成本效率价值域强调企业运营最优，以最低成本、最高效率方式为市场提供标准化产品或服务。笔者 2012 年为京东商城做企业文化项目时，研究发现京东商城之所以获得高速发展是因为赶上了第四次商业变革的浪潮。第一次商业浪潮是货品更全的百货商场冲击街边小店，第二次商业浪潮是涵盖生活必需品的超级市场冲击百货店，第三次商业变革是全球采购的连锁超级市场对区域性超级市场的冲击，第四次商业浪潮是跨域时间和空间的电子商务对实体商店的冲击，每次商业变革浪潮的本质是交易成本的降低和产业效率的提升。京东商城“多、快、好、省”的电商模式，本质就是谋求成本效率最优。

质量功能价值域强调产品和服务的功能为核心，为市场提供具有领先优势的产品与服务，不断改进客户体验。笔者 2005 年有幸参与特变电工股份有限公司项目研讨，对这家处于成长期就花费百万元开展企业文化与品牌研究、立志于改变中国低端制造形象的企业钦佩不已。特变电工股份有限公司的核心价值定位是“可靠”，立志成为全球信赖的能源事业系统解决方案提供商。特变电工股份有限公司拥有自主知识产权的核心专利技术 1000 多项，其中 40 余项为世界首创，变压器产品进入美国等发达国家电网建设。

时尚潮流价值域强调创造性及将创意转化为产品的能力，为客户提供新鲜、潮流的产品和服务。笔者2013年起连续两年为柒牌男装提供企业文化咨询辅导服务，帮助柒牌提炼出“中华时尚”企业核心价值，将中华服饰文化与世界时尚元素融合创新。柒牌从2003年推出中华立领系列服饰到北京APEC会务服装热潮，随着中国文化软实力提升，中华时尚服饰将拥有更加美好的未来。

服务关系价值域强调对客户的深刻理解，以塑造客户群体情感归属关系为核心，同时在运营上又有相当大的灵活性。笔者2012年为王府井百货提供企业文化建设咨询，正逢第四次商业浪潮变革，实体百货店面临电子商务大潮的冲击。王府井百货提出“创享新生活”核心价值，商场不再是一个简单的购物场所，而是承载着更多社交、娱乐、体验、精神满足、知识传播的功能。

企业核心理念提炼聚焦核心价值，对准焦点才能找到“我”之所以是“我”的根本，像放大镜聚集太阳的光热点燃柴火一样，找到焦点就能激起全体员工奋斗的激情，为企业的核心价值贡献自己的力量。

2. 品牌化：让理念彰显价值

品牌化是指提炼的核心理念要反映核心价值。找到企业的核心价值，就找到了提炼企业核心理念的牛鼻子，以此为源点进行提炼必然能取得良好的效果。

京东商城原来的企业使命“让购物变得简单快乐”就是基于企业核心价值“成本与效率”。随着访谈与研究的深入，咨询项目组发现虽然京东商城的自营模式与阿里巴巴的平台模式及其各自的核心竞争能力有所不同，但都会从某个价值环节点逐步延伸价值链，构建纵横立体价值网的新商业生态，战略路径会向趋同方向发展，京东商城未来会成为一个生活形体提供者。后来京东商城内部经过研讨将使命表述改为“让生活变得简单快乐”，内涵更广。基于新的使命指引，京东商城和消费者的关系更加密切。

特变电工股份有限公司的核心理念“特变电工，全球信赖”就是企业核心价值“可靠”的进一步演绎，向全球市场承诺自己的企业核心价值。在这种文化价值得到广泛认同之后，企业全体员工自觉自愿地倾注全部的热情，把每一件产品做成精品，把每一项服务做到极致。每一个客户通过感受和体验特变电工股份有限公司的卓越产品与服务，发自内心地建立起对其的好感和认同，直至完全信赖。

我们可以看出，好的核心理念就是这家企业的品牌口号，并且与核心价值一致。核心理念字字千金、弥足珍贵，承载了企业的深度思考，指导着企业各项经营管理策略的制定，也承担向社会传播企业价值，树立企业形象的重任。

3. 逻辑化：让价值观像水晶般通透

好的理念提炼还要逻辑化，让核心理念与核心价值形成严谨的逻辑链条。京东商城全产业链运营模式的核心竞争力，在于整体运营效率超过竞争对手，运营效率由个体效率与组织协同效率构成。

京东商城的价值观“客户为先、诚信、团队、创新、激情”每条都能为效率来源找到依据。价值观中的客户为先指向运营效率的目的，只有为客户创造价值的效率才是真正的效率。协同效率取决于协同预期、协同意识，新版京东商城价值观中的诚信指向协同预期，每个人都讲诚信，才能相信合作成果能得到分享，大家就有了合作意愿；价值观中的团队指向协作意识，发挥每个人的特长，才能实现协作效率的最大化。个体效率决定于每个京东人的能力和态度，价值观中创新指向能力，即化问题为机遇的创新能力；价值观中的激情指向态度，只有充满激情的京东人才能适应高速发展。员工理解了企业价值观的内在逻辑，也就更好地指导自己的行为，朝向企业核心价值方向贡献自己的能量。

（二）价值观引领企业系统变革的要点

随着企业商业模式的变化或者组织发展阶段的变化，企业文化也需要做出相应的调整。人是企业各生产要素中唯一具有能动性的要素，只有人的价值观与行为习惯发生改变，才能使流程与结构变革真正发挥作用。

1. 协同化：有参与感才更有推动力

组织的基础不再是权力，而是尊重与信任，变革中的企业尤其是，企业变革一定是内生力量才能持久。

协同化是指将企业中不同业务背景、管理经验的管理团队组织起来，让这些意见、观念、利益相互冲突的人参与进来，激发他们各自的改进愿望，进行协作诊断、协作规划，形成一股推动变革的内生力量。

2012 年，笔者辅导创业板首批十家企业之一的 LSC 进行企业文化变革管理。LSC 上市后历经多起并购，业务结构在文件外包服务及音视频业务基础上，增加了以内容安全管理等软件为主，结合硬件与服务的业务；人员规模也迅速从 200 多人扩张到超千人；创始团队引入多名有外企及国企背景的高管。LSC 在高速成长阶段，存在业务转型、组织升级、文化融合的多重需求，面对多重复杂需求，笔者在取得高层领导资源支持后，采用协作化项目运作方式取得良好效果。协作化的运作方式从一开始就能在结构和流程上改变企业。结构上通过跨职能，由中高管组成企业变革研究小组，程序上通过行动学习研讨而非行政命令。

协作化要求项目组以行动学习为工具，在各阶段 WORKSHOP（研讨会）前做好引导课件各种材料输入，

在 WORKSHOP 研讨中做好拓展氛围营造与研讨技术引导，在 WORKSHOP 研讨后做好作业布置与跟踪辅导。实践证明，这种小组协作式诊断研讨的效果远比同样的人进行个人面谈的效果

显著。LSC共进行三次大型WORKSHOP，每次都是两天一夜的激烈研讨与辩论。通过一系列的协作式活动，企业变革的需求合理化了，同时创造出相互尊重信任的氛围，凝聚了团队精神，得到了关键管理人员的变革承诺和行动计划支持。

2. 系统化：文化纲领是战略的系统凝练

文化是战略的战略，文化理念指引战略与策略的制定，文化纲要就是企业发展战略、竞争战略、职能战略的高度概括。企业文化纲要制定过程就是对企业现状系统诊断、对未来进行系统思考的过程。笔者引导LSC团队从业务和组织变革两个线索进行系统思考。

管理团队研究小组总结从销售商到解决方案服务商变革的五大矛盾：单一销售能力与整体经营能力之间的矛盾、客户整体需求与各经营环节割裂的矛盾、短期利润目标与公司长期目标的矛盾、战略构想与组织能力发育之间的矛盾、责任承担与服务客户之间的矛盾。

组织从几百人到超千人的上市公司升级的五大矛盾：经验决策与科学决策的矛盾、感性管理与规范管理的矛盾、机会导向与战略导向之间的矛盾、管理者素质与高速发展需求之间的矛盾、奉献精神弱化与价值需求之间的矛盾。

对十大矛盾进行深入讨论的内容成为未来文化大纲的框架，LSC中高层逐渐清晰了未来事业方向、经营管理政策、新时期领导力核心要素等。

3. 波段化：文化建设是一个疗程而非一次运动

企业变革策略制定的过程本身就是变革的过程，传统的管理顾问是典型的以内容为导向，强调的是所制定的决策内容文本，而不去关注决策的制定过程，对实施也是不强调的。随着咨询需求的变化，客户越来越强调咨询成效及为企业持续创造的价值。

企业变革是一个从变革团队形成凝聚力、达成变革策略共识、流程与结构变革、重新配置资源、变革激励机制的过程。变革过程中形成一个阶段到另一个阶段的能量波，当一个阶段的变革能量开始衰竭，需要选择一个经过精心选择的时点，及时推动策略的实施，在企业中创造出推动企业变革新能量波。

在LSC项目中，项目组与管理团队深入研讨了组织架构的变革方向与业务战略选择方向，为LSC企业变革进入下一个能量波段提供策略支持。在LSC项目尾声，领导层对组织架构进行了调整，根据变革方向调整了责权利结构。项目结束后不久，LSC展开了战略咨询项目，进行业务资源的重新配置。

企业文化变革是在新价值观的指导下，改变组织行为方式和个人行为方式，这种变革不是一蹴而就的，而是需要有效管理的。不同波段采用不同的策略方法，才能让变革的能量保持螺旋上升。

（三）企业文化管理的关键点

企业成长的过程就是文化管理的过程，符合管理的一般性规律。当前中国企业的文化管理处于散点状建设状态，需要在组织化、行为化和模式化方面进行系统建设。

1. 组织化：有什么样的组织状态就有什么样的管理状态

组织化是指在企业文化组织建设、队伍建设、计划考核方面展开切实行动，让企业文化建设处于良性可控状态。一般企业管控体系基于三条线，即财务控制线、业务决策线、人事管理线，基本采用硬性管理手段把握企业发展方向与节奏。随着人力资本日益成为企业核心驱动力及年轻族群成为职场主力，更加软性的文化管控线越来越受到重视。

中国企业的文化建设队伍一般有两种组织模式：一种是以国有企业党委政工体系作为文化建设组织体系；另一种是以民营企业人力资源队伍作为文化建设组织体系。两种模式各有侧重，殊途同归，最重要的是能否建设一支纵观上下的企业文化建设队伍。

借鉴“将支部建在连队”的思想及阿里巴巴政委体系的经验，笔者帮助柒牌男装在HRBP队伍体系基础上建立了“三级企业文化经理”体系，包含兼职企业文化经理任职资格体系、评价体系、考核体系、激励体系与联席沟通体系。这种将总部、片区、基层队伍三级组织“集分结合”的模式，既保证了总部核心文化措施的推进，便于将个别基层成功经验推广出去，又激发了基层结合自身特点进行文化建设创新。经过一年的实践积累，在项目组退出后，这种模式仍然保持日常运作活力。

2. 行为化：转化为行为的文化才是真正的文化

核心价值观是企业在经营管理实践中不断总结的成功经验，这些经验经过反复验证并得到大多数人的认可，反过来又指导企业的经营管理行为，指引员工的日常工作行为。

企业行为表现为各项规章制度和经营管理政策，企业制度政策与价值观互相匹配才能够起到激励和约束的作用。企业制度制定是固化企业文化的过程，在制定和执行规章制度时，需要做好价值观与制度的匹配性工作。

在京东商城企业文化项目中，项目组针对京东商城的人力资源策略、职位管理、人才甄选与招聘、人事管理、薪酬管理、福利安排、培训与发展、职业生涯管理、绩效管理、组织发展、知识管理等方面，根据核心价值观要求系统提出改建建议。为了更有利于京东商城自行开展制度匹配性审查，我们对其人力资源现行的制度进行了整体观察，以《员工培训管理制度》《招聘制度》《内部竞聘管理规定》为样本，对其中的制度条文进行了审查示意，以供京东商城管理制度审查组参考。

核心价值观既是对企业经营管理行为的指引标准，也是对员工核心能力的指引标准。核心价值观制定过程是对成功经验的总结过程，也是对未来战略所需文化的假设过程，既有文化继承部分，也有文化创新部分。在柒牌男装项目中，核心价值观经过在成功经验萃取、战略要素解析、标杆企业研究、典型员工访谈、内部多次大型 WORKSHOP 研讨，更加针对面向未来企业转型升级要求，故此以核心价值观行为标准融合取代核心能力模型，作为员工绩效考核态度、能力部分，更加切实地将核心价值观贯彻落实到员工日常工作行为中。

价值观行为案例化是文化管理的日常性工作，能更加密切地与业务结合，和不同职位情景结合。柒牌男装项目中组织 40 位企业文化经理，发动员工人人对照价值观行为标准撰写工作案例。这些情景生动的案例通过分享会的形式，被更加形象化地传播开来，实现理念故事化、管理软性化。

3. 模式化：文化管理需要造钟而非报时

企业是由一个个基层团队组成，这些基层团队大到分公司、事业部，小到一个中心、部门、班组。企业的战略要在基层团队中执行，企业的效益要通过基层团队来实现，企业的形象要由基层团队来体现，企业文化要靠基层团队来建设。

企业文化管理的模式化是指在基层团队将企业文化传播载体、文化培训、沟通渠道、文化仪式、文化活动、荣誉激励、案例挖掘、机制建设、考核评估等进行综合管理，形成一套基层团队文化建设计划、组织、实施、评估、改进的闭环文化管理体系。

笔者在柒牌男装近两年的辅导项目中，结合实际在基层推动“四有团队”文化管理模式建设，建立提升基层团队凝聚力、执行力、战斗力、创新力的一系列文化机制活动。基层团队这些机制活动将业务经营与文化管理有机融合，形成一套“四有团队八大机制建设标准指导手册”，企业文化管理部门按照手册标准进行周期性优秀“四有团队”评选，有力地推动了基层团队的文化建设。经过一年的建设积累，逐步形成了柒牌特有的文化载体形式、文化仪式、荣誉体系、案例典型和文化活动。

企业文化管理模式化让基层企业文化建设有了可操作的一系列标准，实现了文化管理的可移植、可复制、可更新、可量化，可评估。企业文化管理模式化赋予“刚性”的管理以“柔性”的文化形式，让基层管理者更易于实施，员工更易于接受。

企业文化与管理是一枚硬币的两面，是一种更加软性的管理方式。文化理念的提炼过程帮助企业走出价值迷失，促进企业从机会导向走向战略导向，形成以价值观为基础的管理；文化变革引领过程促进企业上下尊重信任、协同目标、共识策略，促使员工自主变革；文化管理过程通过组织机制与制度创新，驱动企业现代管理模式的升级。

五、从经营场景看企业文化的两个维度

文/苗兆光

（一）互联网企业场景：这个时代需要什么样的文化价值观信条

按照埃德加·沙因的说法，文化是企业在外部求生存和内部求整合过程中形成的共同假设。移动互联网带来的巨大变化无疑对企业的内外部生存环境带来极大的影响，从而对企业的文化命题提出新的要求。但文化绝非环境变化的自然演绎，企业不能通过推理演绎的方式重新确立一套所谓“适应移动互联网的价值观”，而是要在解决生存问题中逐步建立。那些因互联网而生的企业的经验更有借鉴意义。

在对国内外互联网企业的文化做了较为详细的研究后，我们发现了互联网企业文化的很多共同点，可以说能代表这个时代企业价值观的主流趋势。

1. 客户导向

虽然传统企业也强调客户导向，但互联网企业与传统企业相比，在对客户导向的理念坚持上要为彻底。

案例：尽管讲客户导向，但在实际工作中是产品导向，用产品代替了需求

我们以前给一家汽车企业做咨询，进行产品策略讨论时发现，他们在讨论推出一款车的时候，基本上不是从目标客户群的需求开始。市场调研报告先说市场上10万元以下的车有什么车型，10万~15万元、15万~25万元、25万~35万元的价位各有什么车型。细想我们会发现尽管讲客户导向，但在实际工作的时候是产品导向，用产品代替了需求。虽然强调的是客户，真正策略起点却是产品，并没有回到客户的起点上。毫无疑问，这样的企业是生产不了特斯拉的。

我们给奇虎360做咨询时，每次去跟周鸿祎会谈，会比约定的时间早到。坐在外面等时，我们听到很多次他跟副总在吵，基本上吵的内容都是：你告诉我用户在想什么？你告诉我他们的需求是什么？他们很少去谈拿自己的这款产品去跟对方比，他们关注用户需求还有哪些没解决，还能帮用户解决什么问题，浏览器还能优化什么。与传统企业相比，他们在理念执行上要彻底。

2. 内部分享

与互联网企业打交道，感觉在观念上他们的起点要比传统企业高很多。比如我们在给传统企业做咨询的时候，说到激励，很多领导还没弄清楚怎么回事儿就问“万一我失去控制权了怎么办”，他宁愿高工资、高激励，很少愿意跟大家分享股权，一说股权，就很谨慎，仍然停留在“企业是我的，我雇你来干活”的层面。但纵观阿里巴巴、百度、腾讯、360和京东商城这些企业，他们分享的意愿更强，所以当企业上市的时候，大量的员工会拥有股权。

互联网企业一般从开始就引入硅谷的模式，股权几乎是这些企业最重要的激励手段之一，每年都会分股权。分享的理念在这些互联网企业里面，从一开始就没有心理上的障碍，基本上形成行规。从利益的分享上看，他们做的是很彻底的，基本上跟美国硅谷的企业没有区别。

3. 高度授权与强势领导力并存

这里不得不提谷歌的考核方式，谷歌采用的 OKR（目标与关键成果法）考核方式流传出来，据说 70% 的任务是从下到上发起的。

现在互联网企业里面多数也是这样的，很多惊天动地的项目都是由最初不起眼的团队发动的。比如微信，在张小龙的团队被腾讯收购以后，张小龙只是一个部门经理，不是集团级别的人，后来把微信做出来了。

其实在每一家互联网企业里都有这样的团队，在凭着自己对用户的理解做产品，指不定什么时候就冒出来了。这种机制没有足够的授权是不成的。

同时，与高度授权相比，互联网企业通常保持着强势权威。笔者一直认为如果没有分权作为基础，权威过于强势的领导培养的都是“奴才”，如果分权过大，没有权威的领导，内部会导致承包制，产生“诸侯”。

彻底分权必然需要强势权威来平衡，传统企业一般走向两个极端，要么只有山头，要么只有分权。两者平衡的问题虽然华为解决了，但很多企业还没解决。而在一线的互联网企业里，凡是做出成就的，马云、马化腾、李彦宏、周鸿祎，其实都是强势领导者，只不过周鸿祎的强势被广为流传，而马化腾、李彦宏的强势被文质彬彬的外表掩盖。看看百度的文化就知道了，不像阿里巴巴是成套的，百度的价值观是由李彦宏的语录构成的。从这个意义上讲，李彦宏才是个真正强势的人。

4. 开放

企业一般有三大价值创造过程，营销过程、生产制造的过程、产品开发的过程。而组织边界主要看这三大价值过程开放到什么程度。

比如营销过程，传统企业的逻辑是：先有一个概念，然后在市场上推广。开发出一款车，然后宣传这款车怎么好，其实营销过程是从内部的营销部门开始的。但是互联网企业不是这样，例如小米会把每一个买小米手机的人、用了小米系统的人作为一个推广点，使这个人不仅成为小米的客户，还成为小米营销的一分子。

传统企业研发过程的起点是内部的市场部，市场部根据对市场的研究提出产品概念，然后交给研发部门去开发，而互联网企业则通过消费者社区的方式，直接听取消费者的意见。消费者说需要什么功能，研发人员直接在产品上予以实现，这样消费者就成为研发价值创造的一个环节了。

（二）新业务培育场景：持续增长的企业有着什么样的文化氛围

一个组织氛围的真相可能是很无情的，它常与企业郑重声明的价值观相抵触，与企业自我期许的信条在不同的概念层次上，可能是南辕北辙、自相矛盾的。

通过重点观察那些新业务做得好的公司，像华为、阿里巴巴、美的，也包括笔者亲身参与的万孚生物、华米科技这些中型企业，发现有利于新业务发育的组织氛围会体现在授权文化、容错文化、高绩效但适度竞争的文化、变革文化、人本文化五个层面。在企业的组织工作场景中，我们逐一对这五个层面做一番洞察。

1. 授权文化

笔者有一个体验，凡是权力高度集中的组织，在遇到变化时，对它而言是近乎灾难的。一个明显的事实在于：那些高度集权（甚至独裁）的企业，通常很难发育出新业务，而分权、授权做得好的公司更富有扩张力。这是笔者看到的一个事实。

在业务航向不变、复杂度没那么高的时候，高度集权的企业是有优势的，一旦环境改变，需要转变航向时，它就容易被困住。

案例：格力和美的的授权文化比较

格力没有美的的规模大，但盈利能力更强。格力的经营是什么状态呢？它走专业化路线，在空调领域特别强，董明珠很有权威，是管理手段非常强硬的企业家，做起事业来虎气生风。

格力单一业务特别强，空调产品确实达到了世界级的高水平，毛利也很高，在这个家电大品类没人能竞争过它。格力在管理风格上是一个高度集权的公司，在开辟新业务方面障碍重重。到目前为止，它还没找到成功培育新业务的办法，车没做起来，做别的也屡屡遇到问题。笔者的判断是，格力如果想寻找可靠的第二增长极，突破新业务发展困境，要改变的不仅仅是业务的做法，更深层的是组织问题。

美的走的是另一条路线，业务非常丰富。相比格力，它从来就不缺扩张的能量，年销售额只有20多亿元时就有五大事业部，产品多达几百种。美的不用担心构建新业务增长极的问题，但它有一个什么问题呢？用方洪波自己的话来说是："每项业务都有一个泰山压顶。在它每个产品领域，前面都有一个比自己强的对手，美的基本上都是单项业务的老二、老三，或者老四，因此，它永远拿不到最丰厚的利润。"这是美的与空调单品霸主格力的主要区别。

从以上企业案例，我们可得出一个站得住脚的结论：授权型的组织文化更适合新业务的发育。企业家真正要思考的，是怎么能在企业里培养出分权、授权、容错式创新的文化？要做出什么样的改变，这种组织的“场”或“氛围”才能培育出来？

2. 容错文化

（1）企业经营业务是一项风险性事业，每个环节都容易出错。老业务尚有模式可循，做新业务更易犯错，那么，在犯错和执行纪律之间，是不是犯错就要给予纪律处分？最关键的问题是，如果企业不能容错，只强调整齐划一的纪律，那么新业务就很难长起来，也很难长大。

如果组织里有支持创新的容错文化，有想法、愿意干事的人一定愿意全力投入，以极大的努力追求项目创意的成果。大家知道，做新业务和创业同等艰辛，有时要把自己的身家都押上去，如果做砸了，不仅荣誉、利益与己无关，就连现在的经济状况都无法维持。新业务担风险的同时，一旦成功，利益也特别高，经济收入和在组织里的地位都将不可同日而语。正是这种高预期激励着不甘平庸的奋斗者、乐于冒险者。

新业务做得好的公司都有一个特征：干部顾虑少、愿意张罗事儿。新业务做得不好的企业则表现为：干部很紧张，不会轻易张罗事儿，因为怕犯错，在老板面前很有压力。

资料：企业怎样搭建一种容错的环境——“双元知识理论”

“双元知识理论”说的是一个人如果想让职业生涯走向高端，取决于两个方面：一方面是深度。它使你在一个专门领域更精深，不管做手机、汽车，还是做房地产，都能在自己的行业里越做越好，成本不断降低，品质不断提升，性能和体验又好。要在这些专业方向上不断进步，知识一定要向纵深发展，这是深度的一元。

另一方面是广度。不断突破原来的知识领域，往更广博的境界去提升、跨越，这是广度的一元。

深度的一元和广度的一元合起来，此所谓“双元知识”。

对一家企业也是如此，在知识领域纵深这一元的努力，有利于在存量业务上做得更精深，以此去打败竞争对手，在广度这一元的努力，使企业有能力攻入新知识领域，拓展新业务。从这个角度看新业务，它主要是由“双元知识”的第二元——知识的广度支撑的。

企业的经营是在深度和广度这两个知识领域去扩展的，很多时候企业兼顾不好对两个知识“元”的把握，纵深方向的努力相对单纯，容易坚持，对广度的追求难度更大，而新业务的拓宽更关乎打开知识横向的界面。

（2）怎么做到对承载未来重要价值的新业务容错？怎么培育持续创新的长期主义导向？笔者觉得要抓住两点。

第一点，领导者的思想要开放，对局部新业务的成败要看得开，不要太紧张。那些带领企业不断向前冲锋的领导者，可以用三个词形容他们的思想高度：第一个词是“灰度”。他们看人的时候能保持客观上的平衡，不会把一个人看得特别对，也不会把一个人看得特别错，有错的时候能给予一定的理解，从下属的错误中也会努力发现积极的东西。有这种可贵品质的领导者，不仅有高度，且足见其心性的宽广。第二个词是“中庸”，第三个词是“度”。创新是九死一生的事，很多时候企业领导者不能仅“以成败论英雄”，要用短期评价、长期评价和价值观评价的全面尺度对新业务团队做评估，悉心保护有冲劲的组织生态。

第二点，绩效考核的技术也应改进。所谓考核，考的都是客观事实，有一是一，有二是二。考核是针对事情，针对客观目标。一个人有没有在客观上完成规定的业绩指标，达到规范的作业标准，这只是对其做出综合评价的一个方面（即考核的结果）。

什么是评价？评价是针对人本身的。同样的外在表现，背后的原因各有不同。同样是迟到，可能是因为孩子生病、家人有紧急情况需要陪护，这类情况是可以理解的。同样是业绩没完成，就像现在大家普遍面临的困境，疫情发生了，销售目标都完成不了。同样是业绩突出，有人是拼命干出来的，有的人可能是撞了大运……

企业对干部、员工，除了考核客观上的业绩表现，还要对工作态度、价值观立场等主观因素做评价。硬性指标的考核与对人的评价必须结合起来，要做综合评定，不能只取一端，轻断一个人的升降、去留。很多企业把考核与评价混为一体，只知道拿业务的当前结果去卡做事情的人，没有容错的空间，如此结果只能是众人皆视承担新业务为畏途。

3. 高绩效但适度竞争的文化

（1）用高绩效牵引的企业很多，其中能做好创新的却只有少数。原因是什么？

我们观察一些抓高绩效的公司，发现他们在管理上一个自觉很厉害的规则就是末位淘汰，让人人都感到巨大的压力。这种公司里的人事关系非常紧张，高绩效导向带来的是恶性竞争。这是走向邪途的企业“狼文化”，不仅攻击对手，还咬自己的同类。

自己人相互恶性竞争的公司，这种组织氛围很难培育起新业务。当老业务的强大势力围攻处于萌芽期的新业务时，后者只能束手待毙。片面强调高绩效导致的恶性竞争、唯当前业绩的投机主义，把很多企业困住了。这样的组织环境犹如沙漠、沼泽，文化土壤板结、缺乏养分，新业务步步艰险。

保持一种高绩效和适度竞争相平衡的价值导向和文化氛围，培育良性竞争的组织土壤，缓和企业内部的竞争关系，同时对新业务尝试保持容错的开放态度，是善于创新的优秀企业的文化牵引之道。

（2）怎么做到引导良性竞争？

笔者提出两点建议，供大家在实践中参考：一是强调团队高绩效，要将个人置于团队之中。高绩效一定是对团队整体的要求，华为、阿里巴巴、美的强调的都是团队绩效。在这些理念先进的标杆企业，每个人不要期望在团队没有好绩效的情况下，自己能“鹤立鸡群”。这些企业的做法是把奖金发给团队，团队再对个人进行二次分配。个人绩效与团队整体表现密切关联。如果团队整体绩效不达标，会严格控制团队内部的个人评优比例。团队的绩效太差，团队负责人是会被连锅端的。

二是要有价值观评价。即使奖金只关注绩效结果，在对干部的提拔上，价值观评价也是极为重要的一个维度。评价干部有无作为，一定要进行价值观评价。价值观考核能有效地缓和对立性的内部竞争，能把各项业务牵引到与团队利益、公司总利益一致的立场，有利于培养主动协同、主动支持新业务的企业文化。

4. 变革文化

笔者一向认为，企业唯有变革才能长久。但企业的变革是一件艰难的事，因为变革最根本的是人的变革，但变革又是逆人性的。人从本性上是不愿意变化的，通常而言，人更倾向于与熟悉的事、熟悉的人相处。我们说一个人热爱还是不热爱做某件事，不热爱往往因为还不熟悉，做着吃力不讨好，所以不热爱；如果已经熟能生巧，从里面体验到成就感和自我价值，就会变得热爱了。

一家企业要保持活力，一定是个吐故纳新的组织。但纠结在于：这个淘汰的过程是否缺乏“人情味”？从日常生活的情义来看，为了队伍迭代“杀人如麻”的企业家形同“忘恩负义”者，早期共患难的一些人现在掉队了，跟不上新业务的形势，得让他们离开。对一家想继续发展的企业而言别无选择，因为只有无法达到新要求的老人出列，组织才能完成换新血的人才梯队重构。

我们在管理得法的企业都能看到一种持久不懈的变革文化。如联想的“复盘”，但客观而言，它的复盘文化现在有一些变质。很多互联网企业称之为“反思”“迭代”。阿里巴巴有“反思会”，华为有“批判和自我批判”，变革基因、变革精神已经深入这两家卓越企业的骨髓。丰田把改进、变革叫“回头看”，这是一种不断进行精益改进、把自己的能力逼到极致的企业文化。

这种做法都是在增强企业日常变革的意识和能力，在点点滴滴中培养、强化变革精神、变革意志。

5. 人本文化

为什么有的企业创新人才济济一堂，而有的企业在新机会、新风口面前一筹莫展，只能“沉舟侧畔千帆过”？要么是找不到有想法的人；要么是好不容易有了想法，但没人能把它实现。变革的内部第一推动力是人的洞见、创意。如果没有人，没有想法，就没有新业务。

案例：为什么这些好企业里的人才一拨一拨地长出来

华为的高层团队与阿里巴巴相似，现在的17位董事会成员中，其中6位在1992年前就加入了华为。那时华为年销售收入只有1亿元。这家小规模的企业，人才素质能有多高？但正是这个早期核心团队，在近30年的风风雨雨中，一直在领导华为向前发展。

美的更是良将如潮，从美的出去的人才，仅在快消领域就有大批的优秀经理人，其中的佼佼者成功创立了自己的企业。

为什么这些优秀企业里的人才一拨一拨地成长起来？他们是把全社会的商业精英都揽过去了吗？不是职场牛人挤破门地去了

这几家公司，而是因为他们有重视人才、善于投资人的企业人本文化，不断搭建人才梯队，使新业务从人的身上获得了用之不竭的推动力。

笔者接触过的优秀企业家，他们基本上都有一个共识：再大的事业都是人才干出来的，只要有核心团队在，肯定能找到值得做的事情。在新业务和人才的关系之间，这个洞察是有深刻道理的。

企业要让人处于有活力、想干事的状态。优秀企业一个很重要的特点就是舍得对人才投入。

笔者去一些企业跟管理层聊大力培养人才时，老板们难免担心："企业本来财力有限，我对管理层投了重资。如果他们有本事了，我管不住了，好不容易培养的人走了怎么办？"

老板怎么突破这个障碍呢？从根本上看，这还是老板自己的障碍。我们要把企业做好，领导者做的很多事本身就是逆人性的。明知有风险，但为了企业升级、人才能力的升级是绕不过去的一道坎。这就对企业家的心力、胸怀提出了特别高的要求。

笔者经常给有这种担忧的老板讲道理："好比一群狼里总有一两只白眼狼，这是正常现象。你应该这么想，养大十只狼，走掉两只白眼狼，还有八只狼。可如果把干部当羊养，养了十只羊，八只狼和十只羊对阵，谁能干过谁？"

企业家要突破担心人才变成白眼狼的思想障碍。我们看到很多华为出来的人，到处给企业讲怎么做 IPD，做这件事的几乎都是华为出来的人。你想想，华为花了多少钱培养他们，结果他们出来这么干，而且很可能在帮华为的竞争对手干。正因为不进则退的竞争，所以企业一定要培养人，舍得对人才投资，唯有优秀人才才是推动事业往前走的根本动力。

（注：本文根据苗兆光老师的文章及演讲内容综合编辑而成）

六、如何实现“人的激活”和“组织优化”

文/宋杼宸

（一）为什么提倡文化管理而摒弃文化建设

回答这个问题，要回到一家企业对于企业文化的一个深深的、却一直没有得到解答的困惑：文化很重要，但为什么大部分企业的文化建设工作到最后都会成为鸡肋？

究其原因，主要有三个方面：一是对企业文化的本质了解得不深；二是分不清文化建设和文化管理的差异，难以和本企业的问题融合；三是对企业文化如何有效落地缺乏系统的方法，导致所有的投入都是在表面做文章。

企业的文化建设和文化管理，从根本上说，前者是企业文化自身建设的范畴，后者是企业管理的范畴。两者在范围、深度和强度上有很大的区别。

（1）范围上，文化建设主要涉及文化传统、文化实态（CI用语）、文化策划设计、文化体系、文化理念、企业精神、行为规范、文化发展纲要、文化灌输、文化传播、文化认同和文化落地。它基本有着自己的一套运作套路。这些套路延续了企业形象识别系统（CIS）策划基本思路，并借鉴和采用了思想政治建设的一些模式。所以，一般企业文化建设的语言都比较空泛，管理的语言少之又少。

企业文化管理突出的是“管理”，是基于管理学、组织行为学的一种管理方法，是在企业文化的引领下，匹配公司战略、人力资源、生产、经营、营销等管理条线、管理模块的。它涵盖了企业文化建设的内容。

（2）深度上，文化建设很难深入探究企业经营管理的内在逻辑，也就很难与管理融合，很难融合到组织的机理，并转化为实实在在的绩效。它更多的是一种从上到下的“宣贯”手段，是为了取得“文化认知率”和“文化认同率”。而企业文化管理本身就是管理的系统化，不只是把文化作为一种管理手段。比如基于价值观的文化管理首先要探求企业的发展基因，探求企业发展现有动力，探求企业的未来发展动因，最后全面探究企业的本源。直接提升管理者的变革适应性和管理胜任能力，提升企业解决关键问题的能力和效率。

（3）强度上，文化建设一般会关注认知度和认同度的考评，没有办法关注“融合”和“转化”的问题，所以无法引领企业的系统变革。而文化管理在清晰确立组织运行的价值核心、强烈传达新的文化信号之后，直接从企业最关键的问题着手，进行架构、人力、流程等关键环节的调整，强化动力，消弭阻力，纲举目张地引导组织的系统变革。如 GE 的“换铁轨”“数一数二”（变革企业的软件以带动硬件的整合）、IBM 的“让大象跳舞”，不仅旗帜鲜明，而且对每个员工的影响深刻并深远。

企业文化落地，要走出单纯只抓文化建设的误区，应该从企业最关注的绩效和管理问题着手；“小题大做”，将问题和问题背后的文化归因找准，有的放矢地去抓去管，才能取得实效。

（二）在“基于价值观的文化管理系统”中，企业文化是什么

在多年的咨询实践中，我们对企业文化的性质，除了通常意义的企业文化概念之外，一直强化以下两个认知。

1. 企业文化价值观体系是企业家及其高管团队的系统思考

企业因其所有制的不同、行业性质的差异、所处时代的前后，以及资源获取能力或支配方式的强弱，都会对自身的发展有着不同的定位，迫使企业的经营团队要系统思考现在和未来。企

业家及其管理团队对为什么办企业、办成什么样的企业、如何实现自己的战略目标等的系统思考，最后集中体现为企业文化中的价值观体系。

价值观体系通过落地体现，会直接演变为企业的做事方式，如图 2 -1 所示。

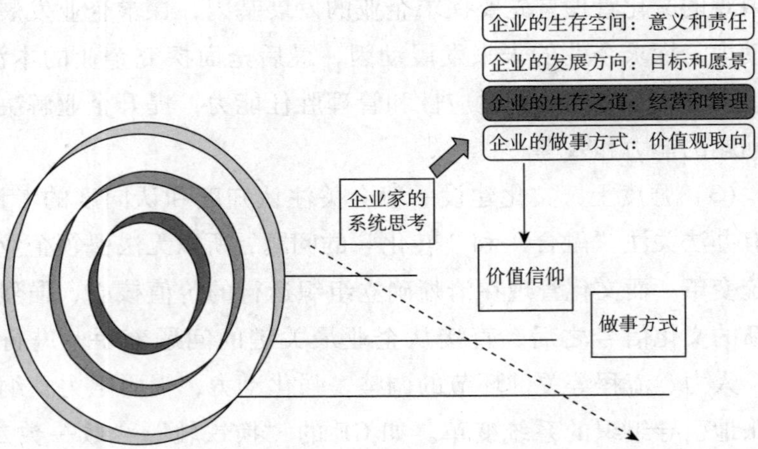

图 2 -1　价值观体系

因此，企业文化理念体系，从本质上讲是企业家及其高管团队对企业未来发展的系统思考。其使命和愿景涉及公司的战略制定，其经营理念和管理理念涉及公司的差异化经营及核心竞争力，其核心价值观涉及团队建设和价值取向。所有的企业文化管理，都应该围绕它展开。

2. 企业文化是顶层设计

企业家及其高管团队的系统思考，最后聚焦在“事业、组织和人”三位一体上。什么样的事业，需要什么样的组织和什么样的团队来实现，应该具备哪些原则和行动准则……这些思考就构成了企业顶层设计的基本原则。顶层决定底层，高端决定低端。企业的组织结构、内部诸要素之间只有与顶层设计一致，且围绕价值观体系的核心理念和愿景目标，与其关联、匹配和有机衔接，才能最终实现价值创造和终极追求。

企业文化是顶层设计，如图 2－2 所示。

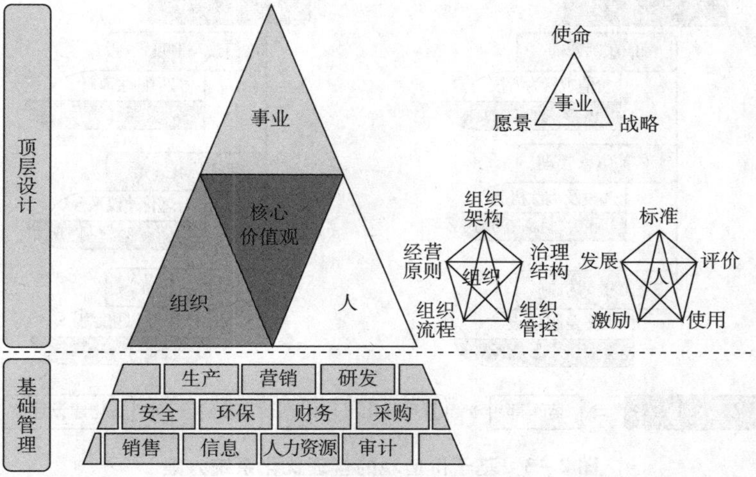

图 2－2　企业文化是顶层设计

对企业文化的正确认知，决定着企业文化落地方向的正确与否。企业文化落地，再也不是只在理念宣贯上变花样，而是依据顶层设计，结合企业家的系统思考，从团队和组织上下功夫，不断激活和优化，才能打造软实力，实现基业长青。

华夏基石研发的基于价值观的管理优化系统方案是以管理为抓手的企业文化落地系统方案。其主要核心思想是以管理为主线，以激活为手段，以优化为目的，通过人的激活和组织优化两条途径全面提升企业的组织效能，同时打造出一支高绩效团队。

基于价值观的管理优化系统方案如图 2－3 所示。

（三）系统思考、顶层设计，谁来实现，如何实现

毫无疑问，企业的价值创造和实现要依赖团队和员工，团队和员工是企业文化落地的主力军。如何使员工成为企业所需要的人，或者说如何使员工与企业的价值立场一致，进而变成真正的

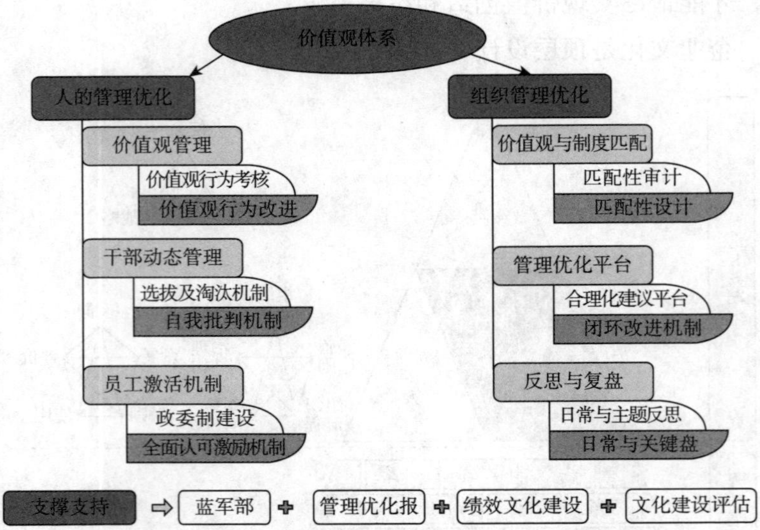

图 2－3　基于价值观的管理优化系统方案

生产力，是企业家面临的头等大事！原因无他：企业没有执行力或有不能够创造价值的员工，再好的顶层设计也为零。

因此，企业首先需要的是打造一支“上下同欲”、立场一致、目标一致的高绩效员工队伍，而这需要对现有团队的不断激活和提升才能实现，我们把它称之为“人的激活”。“人的激活”有很多方式，在我们的落地体系中，确定了三个主要途径：价值观管理、干部动态管理和员工激活。

（四）“人的激活”是基于价值观的文化管理的主旨，如何分层实施

价值观管理是直接从管理核心切入，紧扣核心价值驱动要素，从组织到个人，全面打造基于同一价值立场的理念与行为。企业因此获得管理者素质的提升、核心员工保有率提高、竞争优势保持等高价值回报。

华为的成功首先是价值观管理的成功。“力出一孔、利出一

孔”就是华为价值观管理成功的直接体现。在任正非的逻辑中，仅仅依赖于“物质共同体”，一个组织很容易分崩离析，除“价值创造、价值评估、价值分配”解决好团队的物质共同体之外，还需要“精神共同体”把团队凝聚在一起，而“精神共同体”凝聚的关键是核心价值观的共识。企业作为一个整体，“一同努力的源，是企业的核心价值观”，“公司要保持高度的团结和统一，靠的是共有的价值观和认同观”。

如果说价值观体系的设计是基础，那么价值观管理在企业文化落地中则是核心模块。没有价值观管理，就不可能真正有企业文化的落地。企业文化落地的整体效果，有赖于价值观管理的成效如何。

21 世纪企业家的头等大事，就是价值观管理。无论是企业自身的成长，还是企业的兼并合并，随着员工队伍的扩大，不同文化的融合则是当即要解决的问题。而解决的主要方法，就是价值观管理。

图 2 –4 为华夏基石价值观管理模型。

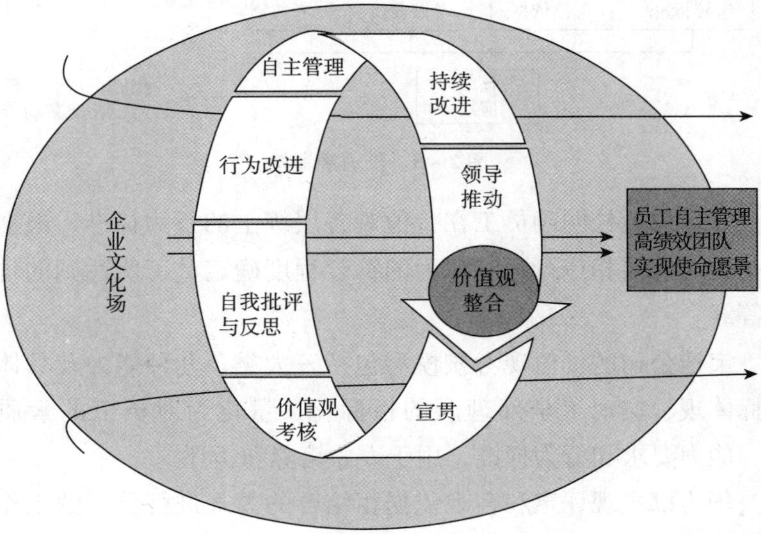

图 2 –4　华夏基石价值观管理模型

价值观管理本身的确是个系统工程，最关键的有三部分：价值观整合、价值观考核和基于价值观的行为改进。

1. 价值观考核

文化价值观认同有一个强制的过程，从不自觉到自觉，从不认识到感知，到认同，再到升华。考核就是将企业文化明确化、具体化和制度化，使全体员工在考核过程中共同提高认识，强化对文化的理解和认同。

价值观考核可参照图 2－5 达成实现路径。

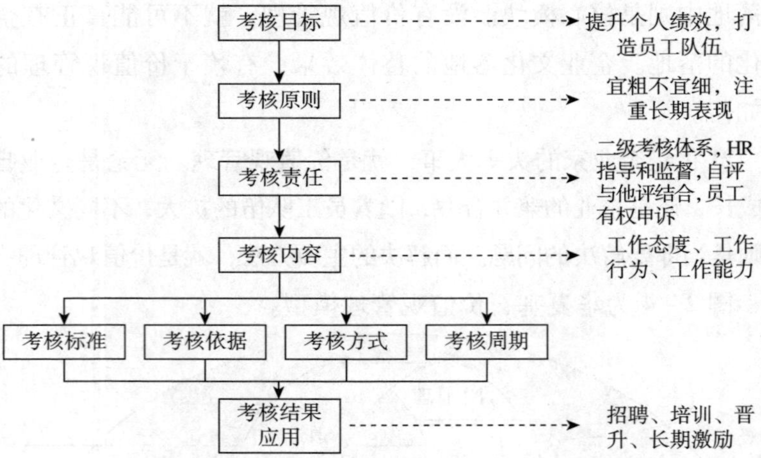

图 2－5　价值观考核

价值观考核明确员工在价值观各层级上的行为标准，根据员工是否表现出相应行为或行为的符合程度确定员工所达到的价值观等级。

宝洁公司的价值观考核模型包括三大类、九种能力及具体的指标体现，实现了全部理念的指标化，量化为对员工的素质要求、能力要求和行为标准，用于人才培养和考评。

华为以主观评定和客观依据相结合的方式进行员工的工作态度考核，将员工的行为规范遵从和价值观遵从划分为三个等级，考察员工行为与各级要求的符合程度，包括员工商业行为规范的遵从和企业核心价值观的遵从，同时对管理者比对员工有更多的要求。

阿里巴巴将核心价值观“六脉神剑”的各项内容都细分为五个行为层级并给出相应的案例，考核员工是否出现相应的行为。具体如表2－4所示。

表2－4　华为、阿里巴巴、宝洁价值观考核方式

	华为	阿里巴巴	宝洁
考核原则	侧重长期、宜粗不宜细	通关制	
考核内容	工作态度	工作行为	工作行为和能力
考核标准	主观评定、客观依据	行为清单	行为等级评定
考核依据	考核者通过观察和记录员工工作表现所获取的事实或行为	0.5分（含）以下，或3分（含）以上，需要上级主管书面说明事例	一切沟通均以事实为根据，以数据为基础。
考核依据的适用性	一个依据只用于一项要素的评价，避免以偏概全	一个依据可用于评价多个价值观	
考核方式	述职、360度考评、民主生活会	述职、自评与他评	定期或不定期报告
考核周期	年度考核	季度	双月
考核结果的应用	职务调动、培训、工资和股金	资金和晋升	能力提升计划

根据价值观考核在宝洁、华为、阿里巴巴、宁波银行、伊利集团、国家电投等企业实施的效果来看，无论是民营企业还是国有企业，无论企业处于哪个成长阶段，结果都是令人满意的。价值观考核成为价值观管理的主要手段。

2. 基于价值观的行为改进

考核不是目的，基于价值观的统一行为才是目的。企业文化落地的成熟标志之一，就是理念和行为的一致性。

行为改进是企业文化落地的必然有效途径。

基于价值观的行为改进成为文化落地的必需手段，可按图2－6中的步骤来实现。

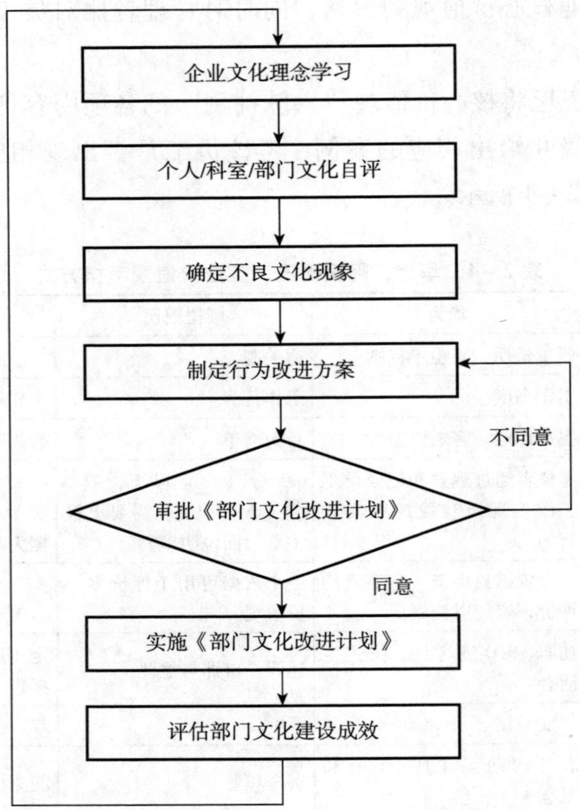

图 2-6　文化落地的步骤

从我们在中国移动系统、招商证券等企业的具体实践来看，制定行为改进方案必须按照如下指导思想进行。

（1）坚信行为是可以改进的。

（2）按照核心价值观和同一理念实施行为改进。

（3）行为改进有两个维度：综合能力的提升和不良文化行为的改进。

（4）从主要行为入手，每期只改一项。

（5）找出不良文化现象，确定改进方向。

（6）找出不良文化现象的行为特征，确定改进目标，只有这样，才能实施行为改进。

（7）行为改进要有具体措施（改进方案、支持改进手段和监控手段），以及定期效果评估。

（8）行为改进必须持续进行。

此外，有三个方面是需要在实践中注意的。

一是行为改进是个长期的工程，每次只能改一项领导认为最主要的不良行为，比如执行力不够。不能同时对所有的不良行为进行改进。

二是计划中行为改进的改善程度达到10%左右即可。

三是行为改进可以融入主题文化建设，如“执行力文化建设”，一并实施，效果更好。

（五）从“人的激活”到“干部的激活”

具备以价值观为本的领导力，既是公司对干部的要求，也是干部和干部队伍成熟的标志。当企业业务方向确定以后，干部就是决定性的因素。坚持以价值观为准绳，以能力为基础，以业绩为主导，注重在实践中培养、使用、考察干部，实行干部的动态管理，是企业发展谋长远之策、行固本之举、成接续之业的必要举措。

华为在干部动态管理上是非常成功的。他们在高层强调使命感，中层强调责任感和危机感，基层强化饥饿感，以此推动各级干部不断提高自身的实际工作能力，以适应管理需要和公司的发展。事实上华为确实是锻造了一支认同和践行公司核心价值观、有使命感、责任结果导向的干部队伍。

干部动态管理模型如图2－7所示。

1. 末位淘汰

每家企业都有自己的干部“选、育、管、用”机制，但很多企业的淘汰机制基本上不能有效发挥作用。分析世界级优秀企业

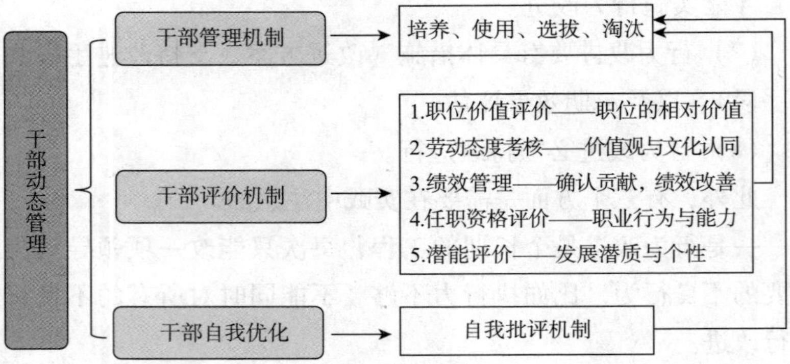

图 2－7　干部动态管理模型

发现，恰恰是淘汰机制对干部的动态管理产生极大的影响。

华为将末位淘汰融入日常绩效考核工作体系，实现末位淘汰日常化，明确规定已经降职的干部，一年之内不准提拔使用，更不能跨部门提拔使用。一年以后卓有成绩的要严格考核。对于连续两年绩效不能达到公司要求的部门/团队，不仅一把手要降职使用，全体下属干部和员工也要负连带责任。

任正非说："没有终身制，高级干部也要能上能下。在任期届满，干部要通过自己的述职报告，以及下一阶段的任职申请，接受组织与群众评议及重新讨论薪酬。长江一浪推一浪，没有新陈代谢就没有生命。为了公司，我也可能会被淘汰掉。要保持公司长治久安，就是要保持正确的干部淘汰机制。不管你是高级干部还是创始人，都有可能被淘汰掉，包括我，不然公司就不会有希望。"

当年通用总裁杰克·韦尔奇命令各层管理者每年要将自己管理的员工进行严格的评估和区分，从而产生 20% 的明星员工（A 类），70% 的活力员工（B 类），以及 10% 的落后员工（C 类）。C 类员工视其实际表现会得到一两年的改进缓冲期，逾期无改进者则被解雇。通过坚定不移地"不断裁掉最差的 10% 的员工"，通用在杰克·韦尔奇近 20 年治理期间市值增长 30 多倍，成为华尔街的宠儿。

2. 自我批判

干部动态管理的另一个有力支撑，则是干部的自我优化。其中，自我批判机制尤为重要。在这方面，华为无疑也是标杆。建立在“灰度”理论基础上的华为自我批判有这样几条规定：第一条是不搞人人过关，不发动群众。第二条是更多的自我批判，不要批判别人。第三条是强调一个“真”字，要实事求是。第四条是不无限上纲、无情打击，把握适度。第五条是善意与建设性是大前提。任正非认为：“华为还是一家年轻的公司，尽管充满了活力和激情，但也充塞着幼稚和自傲，我们的管理还不规范。只有不断地自我批判，才能使我们尽快成熟起来。我们不是为批判而批判，不是为全面否定而批判，而是为优化和建设而批判，总的目标是要提升公司整体核心竞争力。”

毛泽东说过：“人不能没有批评和自我批评，那样一个人就不能进步。”所谓自我批判是一个人自我剖析，重新审视自我价值观和心智模式的过程，同时也是一个向别人学习，不断完善自我的过程。

（六）“基于价值观的文化管理系统”如何激活员工

是否充分发挥员工的作用，彻底激活员工的潜能，是企业能否取得长足发展的根本。

员工的能量由两部分组成：一是天赋使然，二是后天培养。能量在封闭中衰减，在交换中放大。有天赋的人不懂得提升、放大自己的能量，天才也会衰减成庸才。后天的能量是通过学习、交换来获得的。这两部分能量都是需要提升的，而员工能量提升的核心，不是“代替”，也不是“填充”，而是“激活”：激活员工、激发员工创造财富和献身事业的热情，使其具备更高的斗志和更强的创造力。

员工的激活机制，最基础的当然是物质激励，包括薪酬和股权激励等。除此之外，还有精神激励。从企业文化落地的角度来说，主要着眼于精神激励。这里我们通常使用两个抓手：政委制和全面认可激励体系。

1. 政委制

企业的各级干部善于做业务但不善于带团队是个普遍现象。这样的管理短板，通过政委制的形式可以得到弥补，即每个重要岗位，既有抓业务和管理的干部，也有抓团队和员工的干部。两人相互配合，功能上互补，相得益彰。

政委体系在企业管理优化方面具有四大优点。

（1）团队更具“战斗力”。

（2）最大限度地避免决策盲区。

（3）政委就是一个巨大的“司令”储备库。

（4）打造最具独特的企业文化。

这一切源于对政委角色的定位。政委是：关于“人”的问题的合作伙伴；人力资源开发者和赋能者；公司与员工之间的“同心结”和桥梁；公司文化的倡导者、贯彻者和诠释者。

政委通过打造文化的方法来激活员工，其内容如图 2－8 所示。

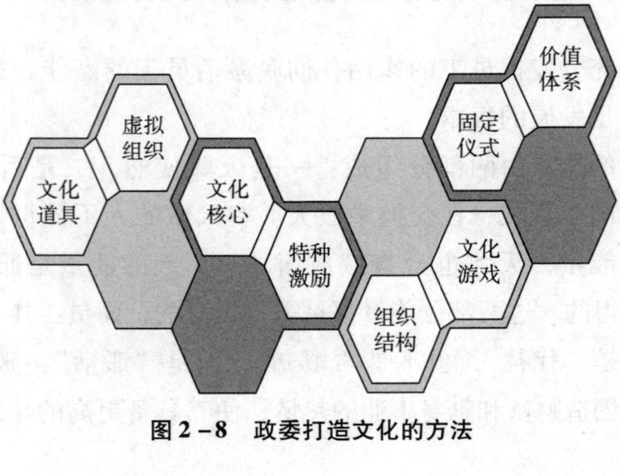

图 2－8　政委打造文化的方法

需要强调的是：政委制的实施必须是实实在在的，不能只是一种形式，要明确以下三个方面。

（1）明确定位：公司上下需要明确政委角色的定位，政委应当是公司派驻到各个业务部门的人力资源管理者和价值观管理者。

（2）明确职责：政委的首要职责是把企业的使命、愿景与价值观变成员工的信仰、习惯和行为，注意区分政委与业务经理的工作职责与分工。

（3）明确作用：政委的具体作用与价值是推动领导与员工间的信任融合；充当员工的心理咨询师；赋予组织角色，为人力资源提供业务支持。

2. 全面认可激励体系

据调研，现代企业的员工对物质激励和精神激励的关注程度基本等同，“80 后”“90 后”员工对自己能得到企业和领导的认可尤为关注。认可激励是指员工只要做出有利于公司、有利于客户价值、有利于自我成长的事，都能得到公司和员工的肯定或奖励。

全面认可激励体系的全称是“基于价值观的全面认可激励机制”，是一种新的管理工具。它将解决以下问题甚至更多。

（1）资源有限，如何做好员工的非薪酬激励？

（2）如何以互联网方式管理员工？

（3）如何建立开放、透明、共同认可的组织文化和管理规则？

（4）如何更加数据化、科学化地评价员工的表现？

（5）如何激发组织中 70% 以上的人力资源效能？

全面认可激励体系的主要内容如表 2－5 所示。

表 2-5　全面认可激励体系的主要内容

项目	说明	项目	说明
绩效认可	绩效评优员工将获得一定的积分	员工关爱认可	重大节日、公司纪念日、员工生日公司给员工发放积分，以表达对员工的关爱
员工发展认可	员工参加培训项目，或者作为内训师授课，或者开发课程都将获得一定的积分，参加公司认定的专业考试也将获得奖励	合作认可	员工之间的项目合作、部门之间常态化的合作工作给予协作人员一定的积分
管理改进认可	员工对于公司提出的合理化建议，对相关部门和个人的投诉经审核后都可以获得公司认可或积分奖励	客户认可	客户满意，由主管给予当事员工认可
文化认可	员工做出符合企业文化所倡导的行为或参与公司倡导的各项活动，将获得积分奖励	……	……

其信息化系统如图 2-9 所示。

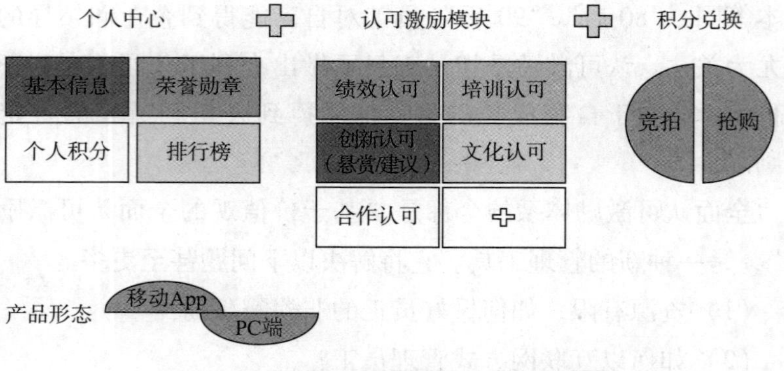

图 2-9　全面认可激励体系信息化系统

“基于价值观的全面认可激励机制”将通过以下系列报告体现出来，如图 2-10 所示。

（七）“激活人”，在组织层面如何着力

基于价值观的管理优化系统方案的另一条重要途径，就是组织的优化。这里所说的组织优化，实际上是指组织管理效能的优

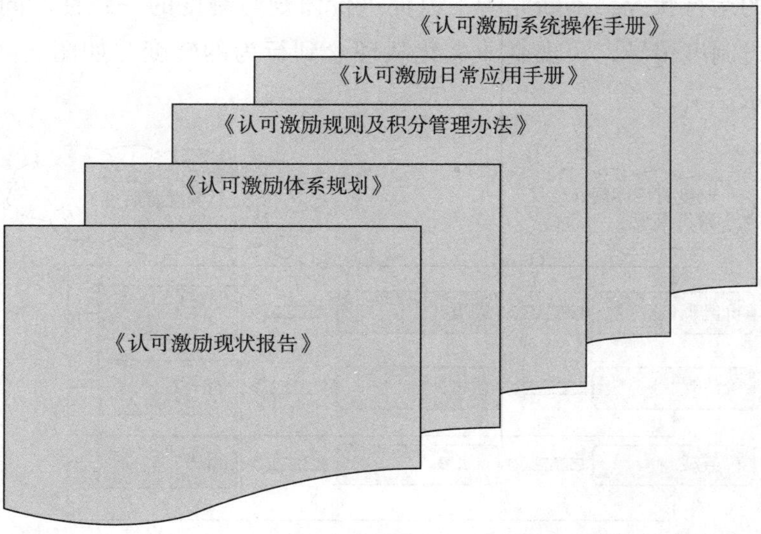

图 2－10 “基于价值观的全面认可激励机制”的体现形式

化。提升组织效能能够体现组织存在的价值，进而完成组织使命。无论组织战略如何改变，提升组织效能是永远不变的。

从企业文化落地的角度，基于价值观的组织优化主要有三个抓手。

1. 价值观与制度的匹配性建设

一种新的文化价值理念被接受，不能简单地通过对旧价值观的批判来实现，必须借助制度化的力量引导员工逐步接受新价值观。制度化是为了让员工更好地理解和落实企业的价值观，是固化企业文化的过程。所以在制定和执行规章制度时，必须掌控好企业文化与制度的匹配性，防止“知行不一”现象的发生，凡是企业文化理念提倡的，必须在制度中有解码、有体现；凡是与文化理念相悖的内容，必须修正或废弃，防止现有的刚性制度对文化理念的抵触和侵蚀。

我们的做法是：依据顶层设计的理念要求，确定形成制度体系的各个环节，通过制定、发布、执行和修订四个环节在组织体系的运行状况，不断完善，以促进价值观与制度的一致性。同时通过制度传导，实现企业文化从理念到行为的转变，如图 2－11 所示。

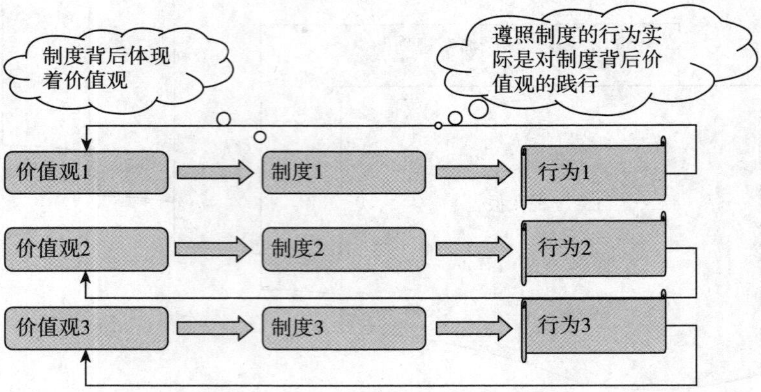

图 2－11　价值观与制度的匹配性建设

附：3M 公司案例

在价值观与制度的匹配性设计方面，著名的 3M 公司是一个非常成功的案例。它之所以能够成为全球企业创新的典范，关键不在于其创新理念的提法，而在于其在落实创新理念方面所进行的一系列制度创新。

15% 规定：鼓励研发人员把自己 15% 的时间，花在自己选择和主动提出的计划上。鼓励未经规划、可能意外变成成功发明的实验与变化。

25% 规定：每个部门从 5 年前推出的产品和服务中产生的营业收入，应占年度营业收入的 25% 以上（后提高到 30%）。鼓励继续不断开发新产品。

进步奖：颁发给负责在 3M 内部推出新事业成功的人。刺激内部的创业精神。

创世纪奖金：内部创业投资基金，分配给开发原型及做市场试销的研究人员。支持试验新构想。

研发共享奖：颁发给开发出新产品，并且成功地和其他部门共享的人。刺激开发新产品与创新。

卡尔顿学会：荣誉研发社团，被选为会员，代表承认他们在3M内部杰出、有创见的研发贡献。刺激内部形成研发与构想的传统。

“自营事业”机会：成功推出一种新产品后，可以有机会把这种产品视为自己的计划、部门或事业部来经营（视产品销售额而定）。刺激内部创业精神。

“双梯并行”生涯道路：容许研发和专业人才不必牺牲研究或专业兴趣，可以在公司内部升迁。顶尖专业研发人才升级途径。

新产品论坛：所有事业处分享最新的产品。刺激跨越事业处界限的新构想。

研发论坛：拿出研发论文，彼此交换新构想和新发现。孕育新构想、新研发与发明。

疑难杂症解决小组：派出特遣小组到顾客的工作现场，解决顾客怪异、特殊的问题。发现新机会的根苗。

高冲击方案：每个事业处选择一到三个优先产品，在规定的短时间内推出上市。增加进化式“变化与选择”的周期。

在价值观与制度的匹配性建设中有一个重要环节，就是基于价值观的制度性匹配审计。价值观与制度匹配性审计的目的在于发现并解决价值观与现存制度的矛盾。比如我们鼓励团队内互相协助，同时又在实施末位淘汰制，这显然是不可能实现协助行为的提升。

审计的目的是为了找出矛盾之处或问题所在，即系统的整理、分析和明确价值观与制度两者之间的关系，哪些是一致的，哪些是离散的，哪些是冲突的。尽量让两者的关系呈现高度的一致性，才能使企业文化和企业制度一起共同推动企业管理的提升，更好地促进企业的发展。

企业管理制度的文化匹配性审查一般采取文化和制度两条线路并进的技术方法。两条线路中，文化线路先行，如图 2－12 所示。

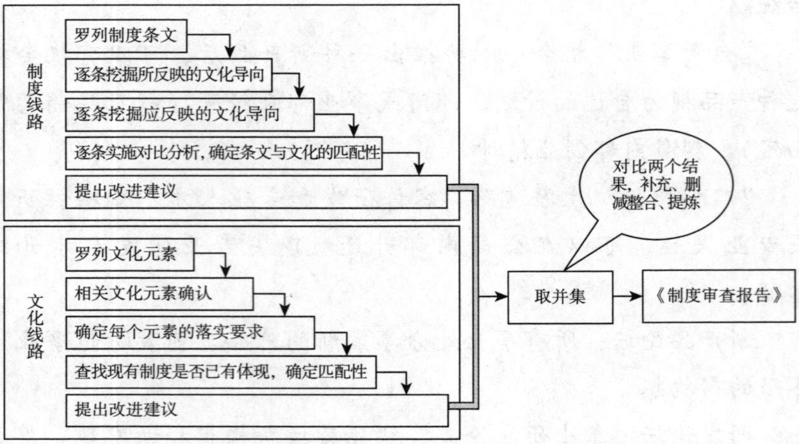

图 2－12　文化匹配性审查技术方法

2. 管理优化平台

价值观指导管理优化的实施，管理优化体现价值观的本质。管理优化的直接结果，是整个组织效能的提升；收获的内在，则是员工的自我优化与提升。因此，管理优化平台的搭建，旨在提升能力与效率，使其更好、更快地符合企业未来大发展的需要。

管理优化平台定位在：成为企业管理提升的有效发力点；为企业贡献管理效益；作为管理提升的平台长期运行。

以价值观为基础，确定管理优化的核心理念，打造管理优化的文化场，提高员工的能力、效率和自信，是管理优化平台的另一个目标。

管理优化平台的核心理念是：

——把今天所有的水平当作是最差的；

——以显微镜般的观察力去发现企业管理问题，用雕刻师的要求对企业中存在的管理问题进行解决，用专家的专业精神持续改善来提高工作和组织效能；

——人人成为企业的管理者，人人都是管理提升的推动者。

图 2 – 13 是管理优化平台的基本内容。其中，自我批判是组织层面的经营管理反思，合理化建议是管理优化平台的主要载体。

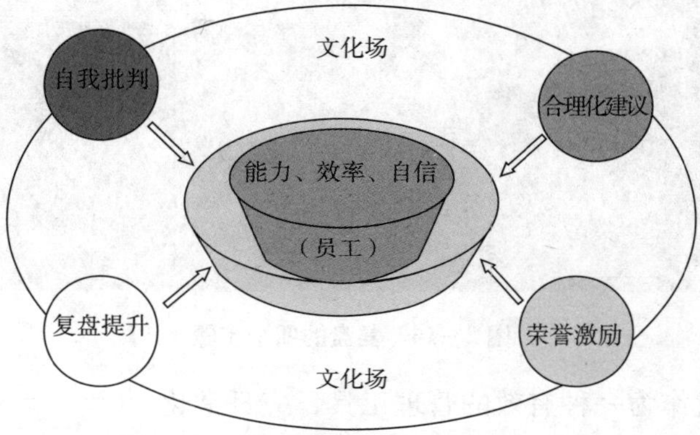

图 2 – 13　管理优化平台的基本内容

3. 反思与复盘

复盘是围棋术语。用到企业管理中，就是指从过去的经验、实际工作中进行学习，帮助管理者有效总结经验，提升能力，实现绩效的改善。

柳传志很早就在联想推广复盘，并且于 2011 年在全球推广联想的复盘方法论。他说："复盘是文化，是行动学习，是提升组织智慧的手段。"在联想，复盘的四个理由（或意义）已经为全体员工所熟知：为了知其然与知其所以然；为了同样的错误不要再犯；为了传承经验和提升能力；为了总结规律和固化流程。

复盘，可以重现过去，模拟多种场景，并且可以实践多种方案，而且不用承担现场的压力。复盘是一个不断学习、总结、反思、提炼和持续提高的过程。我们认为，复盘可以分四个步骤，如图 2 – 14 所示。

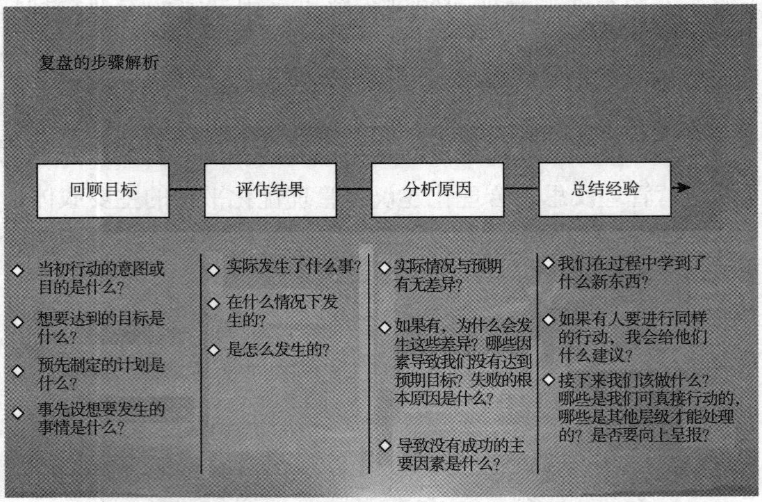

图 2-14 复盘的四个步骤

复盘作为一种有效的管理工具，应日常化。

（1）小事及时复盘：行动结束后及时进行复盘，制定改进方案并落实。

（2）大事阶段性复盘：大的项目在进行中，要阶段性复盘（半个月或一个月），对目标和策略及时进行调整。

（3）事后全面复盘：大的项目或战略结束后，要进行总复盘，总结经验教训，找到规律。

对企业来说，最关键的是要推广复盘并形成习惯，开任何会、做任何决策，负责人都要有复盘的工作行为和习惯。这样做，一方面能扩大复盘结果的共享范围，让复盘不只是实现某个局部单位的改善，还对其他团队乃至整个组织产生影响；另一方面，增加复盘结果的应用类型，不只是从中学习，还要实现行动的改进和组织运作等深层次的提升与改善。

最后，基于价值观的管理优化系统方案的内涵很丰富，以上所讲的是它的几个重点，在操作中则会依据企业的实际需要进行调整或增加。

用企业文化提升经营绩效

第三篇　研讨篇

一、今天，我们怎样拼搏奋斗

企业打开拼搏奋斗文化的正确姿势

发言嘉宾：

杨　杜　　中国人民大学商学院教授，华夏基石领衔专家

姚　宇　　中设设计集团副总裁

丁　嵘　　中设设计集团人力资源总监

张建国　　人瑞集团董事长，华为首任主管人力资源副总裁

彭剑锋　　中国人民大学劳动人事学院教授，华夏基石董事长

杨卫东　　中设设计集团董事长

苗兆光　　华夏基石副总裁

特邀主持：

张小峰　　华夏基石高级合伙人

策划/主持/文字编辑：

尚艳玲　　《洞察——华夏基石管理评论》主编

开场语：国内外经济学家普遍认为，改革开放加人口红利是中国经济过去几十年来持续增长的重要原因。国外有些观察家更是把中国的经济奇迹称为“勤劳革命”，正是中国人的勤劳与奋

斗，推动中国用几十年时间走完了发达国家几百年走过的工业化历程。但他们也发出疑问：中国人还能拼多久？

起因在于中国社会各界热议的“996”工作制。关于“996”工作制的争议，很大程度是由于模糊了工作时长和拼搏奋斗的概念，把拼搏奋斗等同于超时工作或者等同于强制加班。最终，这场争论平息于《人民日报》发声“崇尚奋斗，不等于强制996”。

拼搏奋斗是一种自强不息的精神，一种积极进取的信念，一种勇于担当、孜孜以求更好的职业态度，绝不是一个时间概念，更不等同于延长工作时间。正如《人民日报》评论中指出的：“今天，从梦想改变命运的个体，到在经济下行压力背景下负重前行的企业，再到我们这个正在进行复兴冲刺的民族，都仍然需要奋斗精神、需要艰辛劳动。拼搏奋斗，仍将是我们这个快速前进社会的主题词。”

对中国企业而言，一方面要承受经济下行、劳动力成本上升的压力；另一方面也处于从资源型驱动到人才与创新驱动、谋求品质发展的转型升级关键，激活人才价值创造的激情与活力、激发拼搏奋斗精神实现企业跨越生命周期实现持续成长，仍是企业文化建设和人才管理的主旋律。

但企业必须正面一个现实挑战，那就是在经济社会发展到今天，劳动者，尤其是年轻一代的劳动者更要求“有价值的工作”与“美好生活”的平衡、物质的高需求与精神的高需求并存。这对企业的管理提出了新挑战：如何既要依靠员工的汗水，又要激发员工的灵感；既要让员工努力工作，又要激发员工更高效地工作；既要满足员工的工作成就感，又要让家人的陪伴、身体的健康、意义的饱满也成为工作的奖赏。

今天，企业究竟该如何拼搏奋斗？

（一）姚宇：我们不提倡无谓的拼搏，而是有价值的创造

客户价值和品质追求促使我们建设拼搏者文化。

中设设计集团提出塑造拼搏者文化，并成立文化小组，董事长任组长，我被任命为副组长兼文化推进办公室主任。

中设设计集团目前有近5000名员工，基本上是高校毕业后直接进集团的专业人员。2018年的营业收入为四十多亿元。中设设计集团原为交通厅下属企业，2005年改制为全民营企业，2014年上市。经过近60年的发展，集团形成了以规划、交通、水运、城建、铁道、环境与智能和工程管理与检测七大业务板块为引领的全行业、多领域融合发展的战略格局，可提供从战略规划、工程咨询、勘察设计到科研开发、检测监测、项目管理、专业施工、后期运营等全寿命周期的一体化解决方案。

为什么提出拼搏者文化建设？与几个背景有关。

一是外部环境的转变。多年来，基础设施行业快速发展，信息技术、大数据、人工智能等带来深刻的影响，外部环境发生很大的变化。2014年，中设设计集团成功上市，在资本市场上得到更多的推动。

二是企业内部的转变。在原来快速发展的过程中，中设设计集团也面临着一些问题。现在改革进入深水区，从高速发展转向高质量发展，由于外部的机会"红利"越来越少，我们希望企业平台化，确定新的定位，变成内在系统的生长。以前我们主要做设计，现在转向以设计为主的工程公司，做行业里顶尖的工程咨询公司，战略目标很明确。

三是人的变化。十几年前，中设设计集团是事业单位，不太在意有没有业务，把领导交代的事情完成就可以了，那时候是工程师文化。2004年以后变成市场驱动，讲的是效益、指标，每年规模的增长，特别是近几年，保持30%左右的增长率，是市场文

化。现在我们提出拼搏者文化，希望从客户导向的维度，回归企业本质，踏踏实实把产品做好，为客户提供更高的价值，实现基业长青、生生不息。

总的来说，中设设计集团拼搏者文化建设的源起是“两个方面、两个核心”。第一个方面是市场需求；第二个方面是企业的战略发展，通过这些实现个人的价值提升。第一个核心是让客户满意，客户的背后是整个社会；第二个核心是持续创造价值，除了产品和服务，还要提升效率效能，让客户获得高品质产品，让股东拿到业绩回报，让员工拿到物质利益。

拼搏者文化建设现在才刚刚开始，还处于统一认识的过程。我们实践下来也发现一些问题，也有不同的声音。比如有人怀疑在这个时代是不是还需要提倡拼搏者文化，还有人认为这是不是在开展运动，集团推一推很快就会过去，等等。这些都是需要回答并探讨的问题。

（二）丁嵘：我们不提倡不创造价值的拼搏

文化是一家企业内在的基因，中设设计集团从2005年改制到2014年上市，从二三百人到近5000人的规模，从营业收入几亿元到几十亿元，是一代一代中设人拼搏奋斗的结果。

我们怎样看待拼搏奋斗文化？

第一，拼搏奋斗的精神是永恒的，只是要讲方式方法。我们不提倡无谓的拼搏，一定要有价值创造，不强调无限延长劳动时间，而是要基于客户需求，为客户创造更高价值的拼搏奋斗。

第二，价值观的认同更重要，即主人翁意识。有了主人翁意识，就可以把公司的发展、个人的发展、客户的发展融合在一起，把客户的满意度、企业的绩效、个人的品质和管理者的行为统一在一起。

第三，拼搏的机制。自驱动的主动拼搏者并不多，但我们自身有很强的自驱动力。在考核机制上、行为标准上把员工的被动奋斗变为主动奋斗，把盲目拼搏变成有智慧的拼搏，并成为中设设计集团长期发展的一种内在驱动。我们有这种文化基因。

（三）彭剑锋：时代赋予拼搏奋斗以新的含义

我非常赞同中设设计集团在这样一个发展阶段，旗帜鲜明地提出拼搏者文化，而且正在把拼搏者文化变成企业文化和行动纲领，这在人力资源管理和企业文化建设方面是一大创新。

实践是我们最伟大的老师，拼搏者文化、奋斗者文化都来自实践，并不是来自学者的创造。企业界类似的提法还有以华为为代表的奋斗者文化，以及在餐饮企业中提倡的勤奋者文化。

1. 拼搏者文化与奋斗者文化异同

拼搏者文化与奋斗者文化有什么不同？我认为，拼搏者文化指向的是，企业革命尚未成功，还没有解决基本生存的问题，还需要拼命去“拉山头”“占地盘”。在这种条件下，只有比别人付出更多，比别人更拼搏，“狭路相逢勇者胜”，才能获得生存权。对一家处于高速成长的企业，拼搏者文化更有针对性。

奋斗者文化指的是企业已经功成名就，成为行业领袖，作为成功者、领先者，就会面临要不要持续奋斗的问题。如果不持续奋斗，整个组织就会懈怠，没有变革精神，成为“不思进取的鱼”，被“游得快的鱼”吃掉。当华为成为世界级企业的时候，明确提出要持续奋斗，要以客户为中心。

如果说这是二者的区别，那么相同点是什么？从企业的角度讲，不管是拼搏者还是奋斗者，都是基于价值创造。基于持续为客户创造价值，基于持续为股东创造价值，基于持续为员工的发展成长提供机会和舞台，基于企业的持续生存和发展，最终推动企业的基业长青，所以必须要持续拼搏奋斗。

只要市场存在竞争，拼搏奋斗就永远存在。没有哪家企业说，不拼搏、不奋斗、坐享其成、不思进取，就能在市场竞争中脱颖而出的。只要参与市场竞争，不拼搏、不奋斗的企业肯定会被淘汰。最终市场经济的本质离不开竞争，只要参与竞争，就必须强身健体，必须比别人付出更多。从这个角度讲，拼搏奋斗实质上是企业参与市场竞争的必备精神、必要条件。

2. 拼搏奋斗不等于牺牲身体健康

整个社会发展到今天，拼搏和奋斗的方式要发生变化，要对拼搏者和奋斗者在不同的发展阶段赋予不同的含义。拼搏精神与奋斗精神是永恒的，但是怎么拼搏、怎么奋斗，这是方式方法问题。在不同企业的不同发展阶段，在不同的社会文化背景下，方法可能是不一样的。

早年一无所有的时候，拼搏者、奋斗者在最艰苦的地方，天天加班，不顾身体去拼命，哪怕牺牲。今天，在拼搏奋斗的同时，我们要合理加班，有智慧地奋斗，不能蛮干、苦干，要巧干、智慧地干。

今天讲拼搏奋斗，要回归到对人的尊重上来。首先要尊重和保障人的身体健康。在某种意义上，现在不鼓励以牺牲身体健康为代价，要珍惜生命，珍惜身体健康。很多人追求工作、生活平衡，追求既持续创造价值又保持身体健康，这是最好的方式。

在华夏基石做咨询师，既是高强度的脑力活动，也是体力活儿。常年奔波在全国各地、各个行业企业，很累很辛苦。我们那群有着高自驱力的合伙人经常讲要“快乐拼搏、快乐奋斗”。

衡量所谓的“996”工作制也是如此。如果“996”工作制并没有让一些人不快乐，那就无所谓；如果让人感觉很痛苦，那就不要施行了。如果是被别人驱动着不得不做，短期可以为了目标妥协；但从长期来看，还是要靠自驱动，企业能做的还是调动人的积极性、自驱动性。

我在欧洲连讲了3天课，按说是很累的，但是却越讲越兴奋。

为什么呢？因为我把华人企业家的情绪都调动起来了，使他们受到感染，我也很有成就感。有了成就感就不觉得连讲3天课是痛苦的，而是觉得很快乐。我在大学任教三十多年了，也是如此跟一拨一拨的年轻人打交道，看着他们成长，始终是充满新鲜感。有成就感，就不会觉得是一件痛苦的事情。

拼搏奋斗一定要基于价值创造，不创造价值的拼搏奋斗叫傻干。拼搏奋斗一定要基于自驱动，拼搏奋斗的过程不能是一个感到痛苦压抑的过程，即使到最艰苦的地方去，也要很快乐，因为快乐最重要。

我认为奋斗者的代表人物是企业家。

比如任正非就是一个奋斗者。任正非很伟大，读书很多，视野很开阔，天下大事尽收眼底。虽然七十多岁了，但他的洞察力、判断力，连年轻人都比之不过。2019 年他几次接受媒体访问时，很多话说得恰到好处，说得很绝妙，说得很透彻，使你不得不服。这需要有学习能力，有自我批判精神，有很强的底气。

还有我非常欣赏的企业家何享健，我认为他做到了工作和生活的平衡。在把企业大权交给方洪波后，他有更多的时间去打他喜欢的高尔夫球了。这与他的胸怀、境界有关系，不留恋权力，充分信任继任者。

我不太赞成企业家把企业做成功了，身体变差了；我也不太赞成企业做成功了，却牢骚满腹，觉得自己受了多少苦，经历了多少磨难。

拼搏者、奋斗者是从来不抱怨的，是苦中作乐。苦都是自己找的，本身就是以奋斗为快乐。

据我的观察，以奋斗为快乐的人，往往寿命很长。中国人民大学的一级教授中，最年轻的 89 岁，最大的 96 岁，很多人还在讲课、写文章。人要持续奋斗，只有持续奋斗才能激活身体所有的细胞，才会始终保持着生命激情。我一直认为，奋斗精神比身体上的劳累辛苦更重要，持续奋斗的精神是永恒的。

3. 四个标准判别拼搏奋斗者

在企业里建设拼搏奋斗者文化有两层意思：一是判别拼搏奋斗者，即什么样的人叫拼搏者、奋斗者，要有一套标准；二是制度机制的设计。

如果给拼搏者、奋斗者定个标准，我认为有四个标准。

第一个标准是使命驱动。快乐来自使命驱动，再加上天赋，如果天生就是一个自驱动的人，就会有激情，就会快乐。

第二个标准是能提出挑战性目标，不断挑战自我，实现自我超越，达到一个目标又提出一个新的目标，给自己提出更高的要求。拼搏者、奋斗者都是对自我要求很高的人，对自我要求不高的人是“差不多主义”。只有拼搏者、奋斗者才给自己不断加码，不断挑战新的目标。

第三个标准是有自我批判精神，不会自满，不会自大，也不会自我膨胀。我非常欣赏任正非的地方是，他能把姿态放得很低，即使他已经功成名就了，这体现了他的底气和信心。可以说，拼搏奋斗者从心态上来讲是快乐拼搏、快乐奋斗、永无止境，能够自我批判。

第四个标准是超常付出，先付出再讲回报。做什么事情，想要做好做成功其实都需要拼搏奋斗，都需要超常付出。拼搏者、奋斗者必须要付出，要有奉献精神，但是超常付出并不是简单的加班文化，用加班制度约束大家被动“拼搏奋斗”不是真正的拼搏奋斗。自我驱动，自我拼搏奋斗，先付出再讲回报，而不是先谈回报再付出，这是拼搏奋斗者很重要的标准。

4. 要让拼搏奋斗者能脱颖而出

作为一家企业来讲，中设设计集团、华为都提出了拼搏者、奋斗者文化，实际上是创造了一种机制，使得拼搏者、奋斗者能够脱颖而出，能够获得更高的成就感。

如果一家企业没有拼搏者、奋斗者文化，那么那些拼搏者、奋斗者就没有成就感，其行为就得不到赞赏。我们常说："向雷锋学习，但是绝不让雷锋吃亏。"要形成"好人不吃亏，坏人不得志"的拼搏奋斗者机制和文化，核心是建立一套拼搏者、奋斗者评价标准，把那些不愿意持续奋斗、不愿意持续干下去的人淘汰，使那些有奋斗精神的人，愿意为公司多付出的人能够脱颖而出，得到更高的评价，有更好的机遇、待遇和发展前景。

从个体角度来看，拼搏奋斗与否其实和人的性格、天赋有关。简单地划分一下，企业最常见的有两种类型的人：一种是被驱动型的，需要在别人安排下、用规则约束着干活，他不是不干活，而是被动干活；另一种是自驱动型的，就是他能主动安排活干，自己给自己设定目标，所谓"不待扬鞭自奋蹄"。

所以，企业选对人比培养人更重要。企业用人，第一选有拼搏奋斗精神的人，第二选有价值创造能力的人，这两点非常重要。

一个组织中的人，首先要志同道合。如果你的兴趣、自驱动就是想拼搏奋斗，自己就是一个正能量的人、快乐的人，那你就来；如果是那种天天抱怨的人，那就别来，免得破坏组织氛围。在这个基础上，你必须要有能力，要能够创造价值。有的人有意愿拼搏奋斗，但是没有创造价值的能力也不行。

现在要特别强调拼搏者、奋斗者的能力建设。过去的拼搏奋斗者形象，往往过于强调比别人付出更多时间、更能拼命。但到了现在这个阶段，要通过组织变革提高人均效率，提高创新与科技含量，提高整个人力资本的价值创造能力，这是中国企业下一轮人才驱动最重要的地方。只有比别人更有智慧地工作，更有专业能力地工作，更有效率地工作，才能赶超别人。

现在企业新的战略转型面临的最大问题是知识能力跟不上、人才素质跟不上。这就是为什么任正非面对媒体采访时，不谈华为的问题，而是谈教育问题。芯片的问题就是一个教育的问题，钱要砸在科学家身上、砸在老师身上。如果老师自己活得“灰溜溜”的，没有自信和尊严，又怎么能教育好学生呢？同样的，要使拼搏奋斗者脱颖而出，绩效价值取向要转型，建立让拼搏奋斗者脱颖而出的绩效价值导向，才能把拼搏奋斗者选拔出来，让拼搏奋斗者得到回报。其实还是华为的价值创造、价值评价、价值分配，这是人力资源的三个要素。

5. 今天我们仍然需要提倡拼搏奋斗

一家企业也好，一个国家也好，任何发展阶段都需要奋斗者，即使未来有很多智能机器人，也要不断创新创造。智能机器人可能会替代很多工作，但人类的创新创造精神和奋斗精神是机器人替代不了的。

拼搏者、奋斗者首先是价值创造者，这种价值一定是基于客户价值。过去的公司治理是股东价值最大化，现在相关利益价值理论认为，除了为股东创造价值，还要为客户、为人才发展、为合作伙伴创造价值，为社会进步做贡献。换句话说，现在奋斗者的价值创造是多元的，从单一的股东价值转向客户、股东、员工、合作伙伴、社会，是一个综合的价值体现。

那么，企业为什么要提倡奋斗者文化？从老板的角度、股东的角度说，就是要多创造价值和利润，这是财务指标。从员工的发展、客户的体验、社会责任承担的角度讲，又不仅仅是财务价值，还包括精神价值和社会价值。从企业的角度来讲，直接的体现是员工创造的额外溢价，体现在两个方面：一是你比别人付出的更多，靠的是勤奋；二是你的人均效能比别人高，更能有智慧贡献价值。

快乐的奋斗者、身心健康的奋斗者是最值得推崇的。身心不健康、不快乐的人，最终不能真正实现价值诉求。

实事求是地讲，中国的企业在技术创新和管理水平上，与世界先进企业差距还很大。这种差距使得我们不能懈怠，未来10~20年还要比别人付出更多才能超过别人，才能更好地参与全球化竞争。中国经济之所以能够持续四十多年不衰，就是因为我们比别人付出更多。

很多人羡慕欧洲人民过着“慢悠悠”的高质量生活，相比较之下，中国人太忙了，生活节奏太快了，生活质量不高。的确，欧洲虽然经济在走下坡路，但人民生活得很幸福、很快乐，主要是他们有本钱过这种慢生活，因为社会财富积累到了一定程度，允许他们过慢生活，慢并不是一种退步。而我们的整个社会发展还没有达到让每个人慢下来的程度，说简单直接点，就是国家的综合实力还没有那么强，很多关键技术还掌握在人家手里。华为为什么一直提倡要有危机意识，要持续艰苦奋斗，即使发展到今天这种程度，也要比苹果、高通付出更多才行，否则就有可能被淘汰。

我们的技术优势、竞争能力都还需要培育和积淀。在市场经济中，在全球化竞争中，我们不拼搏、不奋斗，就会被淘汰出局。

所谓的慢生活，其实是有质量、有文化内涵的慢。我去罗马，在短暂的停留时间内就想去逛逛古董店，结果恰逢周末，街上的商店都不开门营业。好不容易等到周一，一早上就去古董店门口等，结果上午十点半古董商才过来开门，但是这里的古董商颠覆了我对于古董商的印象。他们穿着打扮很正式，很绅士，一举一动都透着气质和文化，看得出来，他们是真的认为自己从事的行业是艺术行业，而不仅仅认为自己从事的职业只是个谋生手段。联想到我打过交道的国内很多古董商，他们就真的只是在经商。

我觉得未来至少20年内，中国还是要比别人付出更多、要持续拼搏奋斗。当社会财富积累到一定程度，人们的文化修养达到一定境界以后，才会真正懂得享受生活。

我相信，随着经济和文明的发展，社会财富的积累，我们也会逐步放慢步伐，追求生活品质，就像是从吃快餐到吃正餐，再到吃法式大餐的转变。但当前和未来一段时期内，我们还处于快餐和正餐的转型过渡期，所以还要持续奋斗，健康地奋斗。

（四）杨杜：从个人、时代、环境三方面看待奋斗

1. 从个人、时代和环境三个方面看奋斗

（1）个人层面：理想人生应是先逆后忙再闲

从个人层面上讲，拼搏奋斗不是一个理论，而是一种行为，是说的话、做的事、面色上所展现出来的精神状态。

把历史拉长了看，才能让赞成和不赞成拼搏奋斗的人找对自己人生阶段性的定位，这和身体的精力、素质相关。

中国有句古话：“少年经不得顺境，中年经不得闲境，老年经不得逆境。”说的是小时候生活太顺，没经过磨炼，长大以后就很难承受挫折；到了中青年就要勤奋忙碌起来，整天游手好闲、懒散惰怠人就毁了；进入老年就不能再磕磕绊绊、犯错误。这就是提醒人们在不同的人生阶段去经历不同的状况。我们把顺境、闲境、逆境这“三境”换句话说，即“少年不惧逆境，中年争取忙境，老年享受闲境”。

青少年时期应该是准备拼搏、准备奋斗的，通过努力学习提升自己的知识、能力、素质准备走向社会；到了中青年，进入社会各种各样的竞争环境中，你就要有责任感，要养家糊口。如果这时候还不拼搏奋斗，就不能证明自己，不持续奋斗，就不能积累资本，结果就基本是应了另一句俗话“三十不豪、四十不富、五十将近寻死路”了。人到了老年，就应该退居二线，让别人去奋斗拼搏，而不是自己冲到前面当英雄。老年人要为青少年、中年人提供平台、提供机会、提供助力。

准备奋斗、持续奋斗、让人奋斗，这既是人生成功的三个阶

段，也是一家企业持续成长的三个阶段——创业、成长和成熟。

（2）时代因素：做那个时代应该做的事情

从历史上看，拼搏奋斗跟年龄其实没有多少关系，甚至跟你的意愿也没关系。不管你认同不认同，奋斗不奋斗，反正每个时代里都有人在拼搏奋斗。

从中国史看，20世纪的前半段，“00后”到“40后”的中国人是在流血、流泪的拼搏奋斗中过来的。那时候不是你要不要拼搏奋斗的问题，而是只有拼搏奋斗才能不落到家破国亡的悲惨境地，只有拼搏奋斗才能把国家、把家园建设起来。“50后”到“70后”的一批人，赶上了改革开放，是流汗、流浪地拼搏奋斗，待在原来的单位和熟悉的家乡就没什么机会，追求奋斗的人们就四处谋生，抛家舍业到有活干的经济特区、沿海城市去，条件艰苦，薪资微薄，也没日没夜地干，有能力和抓住机会的人就成了先富起来的那部分人，成了成功的企业家。再往后，“80后”到“00后”这代人，他们的机会就更多了。他们不再固化在一家公司和一个地域，不断地跳槽、闪辞，不断地创业、失败，再创业。他们的奋斗不是年龄问题，甚至不是致富问题，而是“从心而欲”的流动，跟着自己的价值判断和心情走，是寻求“知识的价值化”的流知的一代。

一个多世纪里，中国经历了翻天覆地的变化，经历了从流血流泪到流汗流浪，再到流动、流知的不同奋斗。一个人生在哪个年代，就要做那个年代应该为之奋斗的事情。

（3）环境因素：奋斗是竞争环境逼出来的

我跟一家公司的老板聊工作聊到很晚，公司司机一直在外面等。在回去的路上，我说：“实在抱歉，让你等到这么晚，这活儿不好干啊。”司机说：“杨教授别客气！我要不干，肯定会有人干。”中国人多，总有想干和想挣钱的人，你不想干随时会被别人替代。所以说，奋斗精神和行为也来自环境压力，也是竞争出来的。

机会相对来说是有限的，你不抓住，那就是别人的了。企业也是一样。

我们来看看竞争环境因素下，企业会产生哪几类拼搏者、奋斗者。

一是干部。一方面因为干部承担更多的企业竞争责任；另一方面是由于职位相对较少，干部比一般员工的竞争也更为激烈。

二是拼搏奋斗型的员工。自驱力强、有进取抱负心的人，闲着就很难受，这样的人有机会提拔为干部。

三是股东，这部分人需要再界定，有的是拼搏奋斗者，有的不是。股东中有专门吃息的，有上市之后抛掉解禁股票走人的，也有继续奋斗的，情况复杂。

四是客户。他们有不断变化的需求，逼着公司员工不得不拼搏、不得不奋斗。

五是合作者。优秀的同伴让你优秀，你想要与更优秀的合作者合作，那你就必须让自己变得更优秀。

六是竞争对手。假定在产业空间不变的情况下，竞争对手跑得更快，你的份额就会被蚕食，这时候就不是干不干、想不想的问题，而是能不能活着的问题。

虽然从时代来说，一代人有一代人的责任和活法；从环境来说，竞争产生奋斗。但具体到个人层面，奋不奋斗还是自己的事情。主动选择的奋斗，才会产生快乐奋斗，产生奋斗的幸福。被外界各种因素强制的奋斗，不就成被迫了吗？拼搏奋斗一定来自自己内心驱动。

2. 理解人性，用价值衡量奋斗

理解人性：价值观、人生观、苦乐观。

任何一个组织里一定有不太奋斗的人，要不然也看不出奋斗的人来。如果企业需要奋斗的人，就去找这样的人。所谓选人比培养人更重要，培养人是需要成本的，而且人的价值观是很难通过教育改变的。有的人就觉得只有拼搏奋斗才能感到安心、感到快乐，有的人则完全不这么认为，背后就是价值观的不同。

价值观不同是性质的不同，有些价值观是不可通约的。A 价值观就是 A 价值观，B 价值观就是 B 价值观，好比血型，A 和 B 血型不能互输，否则会得溶血症。奋斗和不奋斗都是价值观，一般很难改造。企业只能通过建立奋斗的机制，迫使人从不奋斗的价值观转为奋斗的价值观。

苦乐观也是难以通约的。拼搏奋斗是苦还是乐，人和人的感觉不一样。有的人闲着就难受，有的人想方设法偷懒，这就是苦乐观不一样。

每个人的人生观也是不一样的，即对人生下来是来干什么的认知不同，就会做出不一样的选择。

选择做什么样的人，喜欢安逸生活还是拼搏奋斗，能不能快乐地拼搏奋斗，这和每个人的人生观、苦乐观、价值观有关系，也不是容易被扭转的，尤其是在企业里。

一个人做什么事都会有动机的，那么，人为什么会拼搏奋斗？我认为大致有四个方面：一是为财富、为权力、为名望奋斗，这是最基本、最世俗的。二是为公司、为家庭、为胜利奋斗。三是为职责、为使命奋斗。比如战士上战场，教师上讲台是职责，中国共产党党员为组织为国家是使命，必须完成。四是为爱好、为享受、为幸福奋斗，幸福是奋斗出来的。

不管是为了什么而拼搏奋斗，都要站在“人生是自己的，价值是体现在社会上的”立场上。但是，拼搏奋斗的“姿态”要不断进步：首先，勤劳奋斗——延长劳动时间，提高劳动强度；其次有效奋斗——找对方法，不断改善，提高劳动的产出效率；最后，让自己能够借势、借力，通过领导和管理实现目标。

对企业来说，要理解人的价值观、苦乐观、人生观是有层次的，人的行为背后又是有动机的，这都是人性。只有理解了人性，才能充分尊重人性，从人性出发，思考和实践奋斗文化。

3. 拼搏奋斗的价值来自算账

人有太多目的，每个人选择适合自己的就可以。对于组织来说，也要选择适合的进来，要让奋斗者创造价值，也要让他的拼搏奋斗有价值。

拼搏奋斗的价值来自算账。拼搏者文化、奋斗者文化概念的背后一定是数学逻辑。

但我认为企业不要去评价一个人的动机、年龄、身份，甚至不要太评价他的股权，要评价的是这个人的言论和行为转化成了多少被客户认可的价值。企业可以计算一下企业的利润表，签了多少单子、创了多少营业收入，减去各种费用，就是员工为公司创造的附加值。这些附加值又有多少用于企业未来的持续发展。一个员工为客户做了什么，同时为企业贡献了多少，这就是要衡量的奋斗价值。

然后要和同行比，找到相应的衡量尺度，才知道拼搏奋斗者为客户创造的价值是否超过了竞争对手。以中设设计集团来说，如果按照5000人、40亿元的营业收入来计算，人均营业收入接近80万元。如果这是奋斗的结果，把员工放到别的地方去，他会高于还是低于这个结果？对个人来说，也会算一笔账，我在这里创造了多少价值，得到了多少回报。

奋斗价值的高和低，按人均算就会比较简单。客户给了公司多少钱，公司给了员工多少钱，是不是比业绩结果更高的薪酬，再跟同行业比一比，就可以衡量奋斗的价值和相对价值了。有价值的奋斗一定是为客户的奋斗，一定是有贡献的奋斗，这样企业就可以决定到底要鼓励哪种奋斗行为和奋斗者。

当然，不一定只算财务价值账，还可以算组织价值账。同样一个设计方案，一个人去提交可以产生溢价，另一个人就不行，溢价出来的东西就是超额利润和超额价值，与设计人员、营销人员、市场人员等都有关系，要知道是谁能做这样的事。华为叫“刨松土壤”“占领战略制高点”“备胎”，不是计入当期利润表的，但这是有未来价值的重要工作。得到评价拼搏者和奋斗者的价值贡献一个结果，价值衡量就有了落脚点。

一个人加班加点是拼搏、奋斗行为，这会体现组织活力和氛围，但还得看行为的贡献、看回报。一定要量化算账，只有这样，才有奖励与激励拼搏者、奋斗者的科学依据。

此外，从需求层次来讲，公司里一定有人挣够钱了就懈怠、不奋斗了，那就必须再给他设定一个挑战目标，让他有危机感、饥饿感，持续奋斗。

4. 保持人力资源的活力曲线

企业的人力资源分布一般是偏正态分布。一个比较有活力的组织应该符合韦尔奇的“二七一”活力曲线。跑在最前面的20%是能力强、业绩好的，一定是拼搏者、奋斗者，中间的70%跟着前面的20%跑，其中一部分人会跑到20%中去。有了这样的组织氛围和队形后，跟不上队形的后面的10%就会被淘汰掉。

以中设设计集团来说，算好了账后，就可以依据两个指标“横竖各切一刀”。横切一刀是看是否认同拼搏者文化，纵切一刀是看价值贡献大小。对于不认同拼搏者文化又没有业绩贡献的，就可以“切掉”，否则不但会破坏整体氛围，还容易出现腐败问题。

华为就是这样，做新员工培训时，一些员工经过了解发现相互不合适，就会选择走人；还有一些人留下来但没干出业绩，就会被淘汰，总体上就是淘汰10%左右。因为在一支队伍跑步前进的过程中，在和同行赛跑的过程中，如果没有竞争淘汰机制，队伍的整体中心线就会靠后，就会跑不过同行。

在实际操作中，前面的20%还可以再细化。最前面2%的人中可能有想自己当老板的，或者认为怀才不遇的，公司很难留住，愿意走的不要强留。剩下18%的人一定要留住，一定要有所谓的不公平倾斜，给够他们超过行业平均水平的收入待遇。特殊人才可以给几倍的待遇，这是有贡献的拼搏奋斗者应该得到的回报。华为就是用这种向真正的奋斗者倾斜的机制，使得A、B+和B待遇级别都在70%～80%这一群人里。成功的奋斗者占比高了，后面跟着跑的那70%会军心稳定，敢于冲锋。

一个组织不能让多数人是失败者，如果多数人是失败者，成功者就会被孤立。一定要有可操作的评价分配方案，合理的价值分配，才能促进高效的价值创造。是否建立了合理的价值评价分配机制，衡量标准就是看看调动起来的人数和比例是多少，是否形成了奋斗者吸引奋斗者，奋斗者激励奋斗者的氛围。唯有如此，才可以帮助企业跑得更快、跑过同行。

（五）张建国：机制牵引，建设身心健康的奋斗者队伍

1996年、1997年的时候，华为新员工培训专门有一个企业文化议题——“学雷锋，不让雷锋穿破袜子”，这是非常典型的华为奋斗者价值观。对员工来说，首先要奋斗，要学雷锋，同时企业也不能让奋斗者吃亏，不能让奋斗者穿破袜子，只有这样才有可能持续发展。一个人如果满怀热情地努力工作，最后没有得到相应的回报，他的积极性肯定会受挫。对企业来说，重要的是创造一个奋斗的机制。

1. 假奋斗一辈子就成了真奋斗

员工中，有主动奋斗者，但大部分是被动奋斗者。他们并不是为奋斗来的，而是为生活来的，为一份工作来的。

自驱动的奋斗者一般来说是比较少的。一个人没有钱的时候，看不出来他是主动奋斗还是被动奋斗。当有了足够的钱，他

还是选择去奋斗，那就是自驱动的奋斗者，这是衡量二者的一个标准。一家企业如果创造一个机制，使被动者产生奋斗行为，就能让更多的人愿意去奋斗。

华为当时创造这套机制，更多的是让原来不怎么爱奋斗的人变得爱奋斗。为什么？因为谁都不想穿破袜子。当公司可以给一双好袜子时，他的行为就变成了奋斗，这需要靠一套机制去牵引。

当已经有好袜子穿了，还能继续奋斗吗？就要看有没有更好的东西吸引他。比如职务的提升、更大的责任、相互比拼的文化等，都是激发奋斗的动力。在这种机制下，尽管开始时可能很多人是被动奋斗，是假奋斗，但假奋斗一辈子就成了真奋斗，这就是企业管理的价值。这种机制不仅是文化和口号的宣导，更像是一台机器，把人才不断生产出来。

现在的企业不能要求一个人一辈子在一个地方工作，要不求人才所有但求人才所用。特别是年轻人，换工作很正常，企业不要去管他奋斗的动机，只需要关注奋斗的行为，以及这个行为是否可以创造更多的价值就可以了。选择用人时，要让一部分人愿意跟着公司走，并尽可能留住这些人。

华为当年选人时有几条不成文的规定，叫“父母亲戚当官的不要，邮电局出来的不要（因为很多是客户），长得太帅太漂亮的不要”，就是从用人源头筛选能跟着公司艰苦奋斗的人。同时建立了包括《华为基本法》在内的一套机制，把知识变成资本，华为八九成的员工都有期权，包括一部分司机也有，这样员工可以获得更大的利益。而要获得更大的利益，就得不断奋斗，因为每年的期权都要重新分配。

2. 最根本的是机制设计

在公司的人力资源机制里，要激发20% ~30%的优秀人才。他们是第一梯队，要使他们的收入水平不只比别人高一倍，而是高出六七倍。因为这些人对公司业务的驱动、业绩增长做了非常大的直接贡献，给公司创造的价值远远高于其所获得的奖金。换句话说，奖金拿得越多的人，对公司的贡献越大，对这部分人的激励机制很重要。

第二梯队是中间40%左右的人。他们的工作大部分人都可以做到，但还是要靠一套机制牵引，使他们的贡献和待遇匹配。对大部分人来说，不能只喊口号，最根本的问题是机制设计，通过机制牵引奋斗事业、保障奋斗回报的落实。

第三梯队的人员，即20%～30%的人要实行末位淘汰制，甚至可以硬性淘汰。有一段时间，华为硬性要求5%的末位人员下岗，到生产部劳动锻炼，每天向市场部汇报。经过3个月的考察，如果觉得自己的水平够了，可以重新在内部应聘，如果受不了就走人。当时华为内部流行一句话，叫“5%的落后分子推动公司前进”，因为大家都怕成为这5%的人，所以就努力上进。可见，淘汰机制很重要。

人力资源上要区分出来优、中、差，在制度上要不断驱动一部分员工，或者淘汰一部分员工，形成内部的竞争机制非常关键。企业最开始的时候，招聘往往比较盲目，优秀和淘汰的比例不可控。到了一定的程度，选人比培养人更重要。尤其要成为行业的领先者，必须靠自己去选择有素质的人。

人瑞集团在招人时会抓住三个关键词：气质、素质、态度。气质说的是气味相投、文化特质雷同的人；素质说的是综合素养和逻辑思维，主要考察的是他的积淀和学习能力；态度说的是意愿，这份工作是不是他想做的，是否符合他的性格特征和兴趣特点。特别是对中高层管理人员的招聘，不能因为觉得这个人过往表现很优秀，就赶紧把人“忽悠”进来，结果往往是双方都很痛苦。应该一开始就把这个岗位上的困难、压力讲清楚，让他思考是否愿意来工作，如果真的愿意，到岗后信心就会比较大。一个人做这件事情的意愿和驱动力是否跟这个岗位给他的东西相符，这点非常重要。这也是人瑞集团这几年创业过程中的一个很重要的经验教训。

3. 培养健康的奋斗者文化

从建设奋斗者文化的角度看，企业员工可以分为三类：一是“消费者”，贡献小于收入；二是贡献者，达到平均水平；三是奉献者，创造的价值远远大于一般员工。企业创造奋斗者文化，要进行区别对待，针对这三类员工分别形成机制。“消费者”的负能量在组织中一定会存在，因此组织要不断清洁空气，强化正能量，防止变成负能量组织。

建设身心健康的奋斗者队伍很重要，这样才能真正在企业里建设可持续的奋斗者文化。奋斗者一定要做到身心健康，在奋斗中得到快乐感、成就感，而不是被压迫。

我认为，当一个人完成基本物质需求的时候，健康不健康跟钱没多大关系，而是跟心理有关系。如果一个人总去攀比，发现别人比自己的钱多就痛苦，这种奋斗就不是一种健康的奋斗。心里总有不平衡感、扭曲感、不满足感，这种奋斗不是良性的，是不可持续的。所以，在一家企业里引导培育员工的身心健康，创造一种身心健康的奋斗者文化很重要。

现在年轻一代的员工越来越多，我认为可以根据年轻一代的员工的特征，引导培育多种形态、多种形式的奋斗文化。比如过去按照“马斯洛需求”模型，假设一个人的需求一定会从低层到高层一层层迈进，但事实上现在并不完全是这样。相比前几代似乎更注重精神需求的“90 后”，也会注重物质需求，物质需求和精神需求往往是混合在一起的。企业在设计奋斗者机制的时候，更加需要跟健康的文化紧密结合，要有更加开放包容的文化。

（六）杨卫东：拼搏者，为客户价值而“拼”

《洞察——华夏基石管理评论》：中设设计集团为什么会提出拼搏者文化建设？

杨卫东：文化跟企业的发展阶段紧密相关。最初，中设设计集团是工程师文化，在事业单位改制前，经济利益和客户满意度并不是最重要的，最重要的是技术革新和技术水平。因为那时是省里的交通厅给项目，并不需要自己去做市场，就没有经济效益的概念，因为效益好坏和个人利益没关系。改制后，又出现唯市场的倾向，过度关注绩效，从上到下都以市场为主导，干部和员工都在关注项目、关注产值，实行市场文化。有时也会关注客户的满意度，但主要是出于别影响下次拿项目的原因，很少有人会想着作为设计方，我们的本质是设计出一个美好的作品。

在工程师文化、市场文化的导向下，人们习惯性认为是外面的事情更重要，优先满足客户的需要及市场的要求，内部的事情（内部建设）相对慢一些，在心里也没觉得那么重要。事实上，内外发展是要同步的，当内部建设跟不上市场的发展变化，企业就会出问题。

第一，我们提出建设拼搏者文化，要回归企业的本质，让客户满意，创造客户价值。客户满意，就是通过设计更好的作品，实现客户价值和社会价值，让交通更通达，让城市更宜居。

第二，拼搏者是面向未来的。符合新时代的理念，做利他主义者、公益主义者。以前中设设计集团的成功靠市场、靠机制，现在面临新的转型需要新的领导力，完全市场导向已经不能领导企业的未来，只有引领大家为客户价值、为社会价值的最大化而拼搏奋斗，大家才有未来。

第三，拼搏者文化建设会给工程师带来自身价值和情怀。最初工程师的情怀是为了理想和好奇而奋斗，后来是为了利益而奋斗，现在我们提倡利他主义。工程师首先是为了别人的成功、社会的价值去努力，在这个过程中不仅给公司带来价值，也实现了个人的价值。

工程师必须具备情怀。工程师通过高质量、快速、低成本地完成客户和交通发展需要的作品，获得更长远的效益。不要把个人利益作为唯一的追求，要从追求个人利益升华到追求社会价值的实现。

个人和企业共同发展的过程就是思想境界升华的过程，拥有与企业共同价值理念和理想的人就是拼搏者。

《洞察——华夏基石管理评论》：有段时间社会热议“996”工作制，我们提出建设拼搏者文化。怎么理解拼搏的内涵，又怎么为之进行长期建设？

杨卫东：“996”绝不是拼搏者文化的核心。拼搏者文化并不是每天苦干、加班，而是为客户创造价值，为客户创造高品质的产品。

为了企业的发展，我们倡导艰苦奋斗、勇于担当。但核心是为客户创造价值，为公司创造价值。只有创造了客户价值，为公司带来了价值，一定也会实现个人的成功。什么样的人是实现客户价值、公司价值的关键呢？公司各条业务线、各个事业部的带头人。带头人的比例有30%就够了，这群人发挥着带领全体为了客户价值、公司价值去拼搏的作用。对这部分人有比较高的要求，因为他代表的是企业，要以身作则，有利他主义和牺牲精神，达到为了共同理想而奋斗的境界。同时，这群人一定是自驱性很强的，为了提升客户的满意度，有时可能需要加班，但这并不是必然的选择。拼搏者需要有付出，但不是强制性付出，单纯延长工作时间，而不创造价值就更没有意义了。通过创新、创意、集思广益、多专业融合，满足老百姓高质量的行和住，才是拼搏者必然的选择和最终的追求。

这也对我们做这项工作提出了几个要求。

第一，如何体现拼搏者的理念和文化？通过宣传其实是很苍白的，最重要的是通过价值导向、激励机制和人力资源策略等，从“骨子”里去切实影响每个人，使拼搏者文化最后在日常工作中体现出来。

第二，文化建设是个长效机制，是个改变人心、稳定价值观的长期工程，并不是一蹴而就的，要长期坚持，有长效机制。

首先是价值观的重塑。工程师不是数据的奴隶。拼搏者不仅仅是为了多打粮食，也是为了生产好的粮食，生产适合社会的粮食。利他，长远利己。比如一个设计师设计了很多精品的工程，虽然并没有多得到一些设计费，但是长远来讲，大家都会看到他的价值。

其次要梳理拼搏者的要求，发挥榜样的力量。如果我们的方向在东边，那么向西走是不行的。改制企业，不可能每个人都是拼搏者，但是我们可以先把往东走的人凝聚起来，把他们的能动性发挥出来。当往东走的人群多起来以后，就会带动所有的人一起往东走。

《洞察——华夏基石管理评论》：中设设计集团拼搏者的核心定义是怎样的？怎样体现？

杨卫东：为企业和客户的价值而努力，这是拼搏者的第一个核心。拼搏者实际上是利他主义。通过让客户成功、企业成功而实现自己的价值。通过绩效管理，在分配的时候会考虑付出和回报的关系，将拼搏者文化的很多要素体现在全年的考核中。我们不是把拼搏者文化变成运动，也不是把它变成特别具象的、即时的回报。它是一个方向，一种价值观，应通过一系列的行动逐步落地。

将客户满意、企业绩效、个人成功和管理者行为相统一。在原有的基础上，将简单的市场导向，即为了更多项目和更多钱而让客户满意，升华到站在社会价值和客户的角度去思考。这是我们拼搏者文化区别其他公司文化的地方。

拼搏者的第二个核心是如何提升企业的竞争力，为企业品牌提升和平台价值做出贡献？竞争力是客户满意的最大支持，也是企业持续发展的动力。拼搏者为了提升企业的竞争力，创建新的管理模式，改革内部工作流程，提升了工作效率、员工的责任心及管理的手段和理念，这就是拼搏者的具体体现。

第三个核心是要有责任心和创造力，要用同样的时间创造更大的价值。有责任心是最基本的要求。设计是一份很严谨的工作。设计师第一个就要有责任心，对每一个细节都要负责，比如把海拔 1.5 米写成了 1.8 米，这个造成的损失非常巨大。要讲求效率，比如设计出一个烂方案，后面需要一大堆人复审还找不出问题，劳民伤财。

更高一点的要求是通过创新改造工作流程，同样的时间创造更大的绩效价值。同样的产品，成本比别人低，这就是核心竞争力。人工智能时代的拼搏者，应用机器帮助人，用更高效率的工作手段取代效率低下的工作手段，而不是要求天天灯火通明。

《洞察——华夏基石管理评论》：建设拼搏者文化对管理者提出了哪些新要求？

杨卫东：管理者要以战略为导向，构建全体员工的共识，要把如何实现客户成功作为每一个人的工作导向。拼搏者应有情怀，始终牢记使命和愿景，把使命结合到工作中，而不再是想办法拿到单子后，其他就不管了，应围绕客户满意和公司价值来确定工作重点。不要一味地追求数量，要超前谋划和管理，使得项目实现甚至超出客户的需求，公司的管理层、部门的管理层、项目的管理层都应执行这个要求。客户、公司、股东、员工的利益一体化是通过效率提升、创新创意和流程创新实现的。

管理者要率先垂范，提升思想境界。企业要广泛宣传、全面发动，让普通员工充分领会如何让客户满意，将思想落实到行动。例如一个项目给谁做，选择A所长还是B所长，你是根据自己的喜好还是根据客户满意度、公司绩效去做选择？比如客户要求做一些设计调整，本来张三做最合适，但是张三因故来不了，你为了快速做完拿到项目款，就随便找一个人来补缺；本来这个活儿能做到八九十分，结果只做到了六十分的水平；员工也许还有更多好的想法，但是所长说差不多就行了，快速做完拿到钱就行了。那这样带出来的员工以后都是六十分，对企业的伤害就是长远的。

所以我说拼搏者文化不是靠数量堆砌的文化，不是以多做项目多打粮食为导向，而是生产优质产品，提供品质服务，实现客户利益的最大化，这个就需要干部的境界。

（七）苗兆光：管理的正确姿势不是“996”

管理的正确的姿势不是“996”，而是找到那些“主动工作者”，把他们引入公司发展的航道。这样的人多了，小河就成了洪流。

二十多年前，我刚从大学毕业，正逢国家开始推行五天工作制。那时和现在不同，好企业总是先响应这些法定福利，烂企业才推三阻四。

我工作的企业属于烂企业，不仅没有五天工作制，多数时候都是工作七天。其实企业里也没那么多事，没事干的时候就三五个人扎堆打牌。我的打牌技术就是那时候提升的，以至于现在偶尔露一手时还能让人刮目：“你怎么还会这个？”

同事们都心知肚明长久下去肯定不是个事儿，但苦于当时被户口、福利分房等各种政策锁定，心里再惶恐也要奉陪下去，只等政策解锁再陆续散去。也有很多人被低效的散漫和狭窄的社交圈磨尽了意志，压制着内心的惶恐，用“大把的时间挥霍在企业就是奋斗”之类的话麻痹自己。

我当时所在企业的老板的口头禅是“人家一周工作七天，你工作五天，怎么能拼得过人家”。因为那时年轻志大，并不抵触工作的辛苦，而是恐惧天天被限制在狭小工作空间中，会逐渐失去与外部世界的互动能力，所以对老板充满诡辩的“口头禅”非常抵触，甚至曾经一度用最坏的恶意去揣度老板，有“用控制时间的方式限制员工的眼界，搞愚民管理”之类的想法。

于是，合同刚一到期，果断离开，义无反顾。

多年过去，当初的同事已经散落在各行各业，事业有好有坏，但总体情况还是可以做出区分的：忠诚于“997”的那拨同事后来多成了“下岗职工”，那些因无所事事消耗时间而感到恐惧，并早早离开的“不安分”的人，经历了短暂的“落魄”之后，大多追上了社会的“波流”。

企业里的人大致可以分为两类：被动工作者和主动工作者。

被动工作者是那些以生活为第一要务的人。对他们来说，工作是生活的成本，是提升生活质量必须付出的代价，所以成本当然越小越好。他们在工作中呈现一种被动的状态：思考事情从自己出发，按部就班，很少主动张罗事，掌握一项技能就想吃上一辈子，最常说的话就是“你交给我的事我从来都没耽误”之类的解释，最喜欢做的是那种显而易见、容易被领导看到的工作，因为这类工作收益最可靠。与前者不同，主动工作者不仅视工作为谋生的手段，还在于“工作本身是实现个人价值的载体”。对他们来说，为了实现个人价值，千方百计在工作中寻找机会才是重要的。发现机会之后，还要努力让自己满足机会的要求，为此去学习、去充电、殚精竭虑地去提高自己。要做到这些，他们投入的远不只“996”，而是全部。

由此可见，“996”根本不是企业的“第一性”事项。管理的正确姿势不是“996”，而是找到那些“主动工作者”，把他们引入公司发展的航道。这样的人多了，小河就成了洪流。

管理者必须清楚，无论是主动工作者或被动工作者，他们都不为“公司”工作，他们追求的是自己的人生目标。当你的航道承载不了他们的追求时，他们都会离开。而且，主动工作者离开之后，对公司的伤害会更大。这种伤害不仅仅限于离开，还在于与公司抢夺生存空间的可能。

所以，“996”之争并没有意义，琢磨着怎么让员工提高工作时长并没有意义。企业还是要踏踏实实回到对管理的尊重上，对人性的敬畏上。让被动工作者得到善待，有尊严地生活；让主动工作者得到空间，实现理想的空间。这是管理必须遵从的人道、符合天道的人道。

二、不确定时代，如何坚守确定

第一部分：不确定时代，经验是否终结

——如何理解不确定与确定，经验与创新的关系？

第二部分：变革时期，企业家如何保持战略定力？

嘉宾：彭剑锋　王祥伍　孙　波　苗兆光　孙建恒

策划及主持：尚艳玲

文字编辑：尚艳玲

（一）不确定时代，经验是否终结

——如何理解不确定与确定，经验与创新的关系

1. 苗兆光：不确定并不是这个时代独有的

最近我的确认真地想了想，究竟怎么理解不确定这个概念。据我发现，不确定这个概念，彼得·德鲁克提出来是在20世纪60年代。那时他有一本书，台湾版本的书名叫《不连续的年代》。书中明确提出了不确定，而且说了一些未来将会发生的变化。如“知识

工人既是知本社会真正的资本家，又必须依附于某项工作。知识不仅仅是一种力量，也拥有所有权”；“商人将不得不去学习创建和管理创新型组织”，这些可以说在今天都变成了现实。彼得·德鲁克从思想者的角度，超越了那个时代，预见了50年后的商业世界。当然彼得·德鲁克也很骄傲，他说：“一个思想大概被接受要50年。”那么从他提出到现在，正是五十多年。所以我想说，不确定并不是这个时代独有的概念。

《人类简史》中讲到，从猴到类人猿进化用了几十万年，从类人猿到人仅仅用了几万年；农耕时代，人类用了几千年，而工业时代只有200年；但在互联网时代，短暂几十年里，人类创造和积累的财富是工业时代的N倍。所以，人类发展速度的本质就是：越来越快！

在越来越快的发展速度中，我们站在每个时点，用过去的经验看现在的时代都是不确定的。现在我们觉得日新月异，感觉最近十年变化特别大，但可能未来一年、几年的变化是加速度的。从慢节奏到快节奏的过程中一定是不确定的，而且所有变量变化的速度都非常快。

我在想，到底不确定是不是现在的特色？如果它并不是这个时代独有的，是否意味着有些经验仍然有效？

所谓“未来”，其特质之一就是不确定。如果说“经验终结”，那可能只是因为发展速度过快，经验跟不上而已，并不是说经验无用。互联网时代跟工业时代对比，有些经验仍然是有效的。比如大规模生产方式是从福特汽车开始的，以“福特制”为代表的大规模生产方式是以规模降低成本，用分工和流水线的方式提高质量。这个规律是人类的一大发现。再往后的丰田方式，比大规模生产方式要更定制化、更小批量，是精益生产，其实背后遵循的还是大规模生产方式，只不过是把不同品种的模块标准化了。现在工业互联网开始定制，定制的背后还是大规模生产方式，还是要集成，只是从技术上解决了柔性化的方式，比如用机器人。机器人在不同工作之间切换的时候可以自动，不容易犯错，所以是在技术上解决了，变得更柔性。背后大规模生产的原理仍旧适用。

不确定的时候，其实不是经验的颠覆，很多时候是对经验的延续——技术更新了，信息手段增加了，使得以前的原理性经验以另一种形态出现了。另外，人类的经验本来就是这样发展的，即在不断地创新变革中总结新经验，不断地淘汰过去的经验，这也是一个规律，也是我们强调企业要变革的原因。一方面人不总结经验没法进步，没法做事情；另一方面你的经验总会过时，尤其当时代变化加速度时，经验吐故纳新的节奏也变得更快了。

2. 王祥伍：最可怕的是不能坚守“确定”

不确定并不是互联网时代的新词，只不过进入知识经济时代以后，不确定性开始增加。欧洲的查尔斯·汉迪就是专门讲不确定性，以及如何应对不确定性的管理学家。20 世纪 70 年代末，他出版了《非理性的年代》《变动的年代》等一系列讲时代不确性的书。近几年，“不确定性”再次成为热词，非常重要的原因是互联网技术的突飞猛进，互联网技术因素增加了不确定性。

20 世纪六七十年代所讲的不确定性，我的理解是从人类的需求角度来讲的，是指市场需求的不确定性。20 世纪 70 年代之前，以大工业化产品、同质化的需求为主，之后需求就开始向个性化、时尚化转变，相较于大工业时期的同质化大规模需求，市场环境变得更加多元化，更加多变。所以，最早的不确定性是指市场需求的不确定性。再加上近几年，互联网技术的发展冲击和影响原有的技术秩序，带来新的一些不确定性。这是我对不确定这个名词的理解。

回到论题：“不确定的时代，是否意味着经验的终结？”如果我们要判断经验是否已经终结，首先要判断不确定时代究竟有多少是不确定的。

很多人把“不确定时代”看作是一切皆变。所有东西都在变，没有什么可以确定的。但实际上这个时代跟以往时代相比，我认为大部分还是确定的。从个体来讲，一日三餐、衣食住行，消费习惯并没有根本性的变化。人类社会是个体的累计，个体没有根本的变化，整个社会能有多大的变化？中国经济体制、市场体制也没变。世界主流国家的经济体制没变，实际上全球化的趋势也没变。

这个时代跟以前相比，大部分东西还是没变的，但有一些东西确实变了。第一，市场变了。与二三十年前市场相比较，今天中国的市场确实变得更多元化、个性化、品质化，以前是大规模的同质化需求，现在是产能过剩；中国进入中产时代，需求开始个性化、时尚化，对品质的要求更高，这是一个明显的特点。第二，互联网技术因素。互联网技术导致人与人之间的沟通方式、企业与企业之间的合作方式，人类学习和接受信息的方式确确实实在发生变化。第三，企业的人变了。企业的主流人群从原来的“50后”“60后”“70后”逐渐地变为“80后”“90后”“00后”。这三个因素对企业管理来讲是影响比较大的因素。除了这三个因素还有什么更大的变化吗？真正值得讨论的大变化似乎并不多。

这说明一点：实际上不确定性是可以界定的，并不是漫无边界、深不可测的。对于企业经营来说，最可怕的并不是那些不确定因素，而是过分夸大不确定性，否定经验，提倡不断变革，患了“焦虑症”和“变革多动症”。

任正非在《华为的冬天》一文中曾讲到变革创新与秩序的关系。他提出“不盲目创新”，“对变革要保持一颗平常心”等观点。文中写道：“我们有些员工，交给他一件事，他能干出十件事来，这种创新就不需要，是无能的表现。这是制造垃圾，这类员工要降低使用。所以今年有很多变革项目，但每个变革项目都要以贡献率来考核。既要实现高速增长，又要同时展开各项管理变革”；“各级干部要有崇高的使命感和责任意识，要热烈而镇定，紧张而有秩序”；“‘治大国如烹小鲜’，我们做任何小事情都要小心谨慎，不要随意把流程破坏了，发生连锁错误。”

我理解任正非讲的就是如何处理企业稳定发展和创新发展的关系。没有稳定就没有效率。几万人、几十万人的企业如果大家都在搞创新，没有稳定流程、组织、分工、考核，这家企业肯定一团糟，没有一点儿效率。但是太稳定、太僵化，没有变革肯定也有问题。所以，要把握好稳定和创新之间的度：“要热烈而镇定，紧张而有秩序。”

这个时代确实出现一些比较重要的不确定性因素，如市场因素、互联网因素、员工队伍因素。这些重要因素的不确定性增大，会使企业的战略、组织相应地发生变化。如以往企业普遍会进行纵向一体化、横向一体化，追求规模效应，但是在互联网时代，战略方面要选择归核，聚焦主业务，非核心的业务通过外部合作等方式开展等。企业的组织也会因为前面三个主要的不确定性因素而进行相应的变革，比如从过去的集中式权威到分布式权威，组织架构从金字塔式的科层制向扁平化、集约化变革等。

越是在不确定的时代，我们越要清晰地判断确定的因素。不能说这个世界全变了、全乱套了，只有不断变革才会有前途，你得看清楚，谋定而后动。其实这个世界大部分还是有秩序的。相对来讲，我们大部分的经验，特别是很多管理理念层面的经验还是管用的。华为的“以客户为中心，以奋斗者为本”等理念在互联网时代、在未来仍然是管用的。在实践中探索提炼出来的管理理念永远不会变，只是在策略层面、组织方式、人力资源机制等方面，随着时代变化会有一些改变。

最后强调一下，在不确定的时代要能够确定性地判断不确定因素，再寻找应对的策略，不能把变化绝对化、泛化、夸大化，避免“多动症”；找到变化当中不变的、相对稳定的规律，就在相对不确定的时代中找到了制胜的方法。

3. 孙波：不确定是发展中的问题

我理解的不确定是个发展中的问题，是中国经济从高速增长到增速放缓、调整转型发展中的不确定。既然是来自发展中的问题，那无非就是发展的速度和发展模式的问题。由于经济结构化调整，与高速增长时期相比，规模化、线性增长的发展模式受到抑制，新的模式又还有待在改革中探索，所以大家普遍感受到不确定性。

老实说我没有从理论上对不确定性进行追根溯源，但直观地感受到，企业所感受到的不确定性来自对发展模式和发展速度的“不确定”，因为过去的发展模式无法应对现在剧烈的变化，可以说是发展模式本身遇到挑战所带来的不确定性。

不确定性增大给企业带来的一个问题是，还能不能依靠过去的成功经验？我觉得经验可以分为两个层面：一是表层经验，包括技术、知识等应用层面的经验；二是底层经验，即支撑表层经验的理论、价值观等。底层经验是经过时间和事实验证过的基本理论，这和在理论应用过程中技术层面的经验一定是有差异的。

如果说经验不管用了，我认为是指因为发展模式的变化，使得技术应用层面的经验可能不太适用了，但是底层经验仍然是不变的、仍然能指导应用。比如在企业管理实践中会发现，在解决具体问题时，所用的理论仍然是以前的。我们现在讨论的绩效管理创新的问题，提出周边绩效（周边绩效又称为关系绩效，是指与周边行为有关的绩效，周边绩效构成了组织的社会、心理背景，能够促进组织内的沟通，可以营造良好的组织氛围，对工作任务的完成有促进和催化作用，有利于员工任务绩效的完成及整个团队和组织绩效的提高）。其实周边绩效理论在 20 世纪 90 年代初就产生了，之所以一直没成为主流理论，是在过去的经营环境中，周边绩效的应用所发挥的价值不明显。而现在，当企业内外部环境发生变化，组织与人的关系在进行重构时，周边绩效的应用价值就显现出来了。

由此可以看出，正如大家谈到的，经验是个在应用中不断创新和淘汰，再在应用中总结提炼、创新和淘汰的过程。所以，要回答经验还管不管用的问题，我的看法是属于规律层面的经验一定是不变的，属于应用技术层面的经验一定是依据环境的变化而变化的。

总结一下，我认为不确定性的问题还是发展的问题，来自速度和模式的变化；而经验可以分为两个层面来看它的变与不变。

4. 孙建恒：不变的东西要固化到流程里

企业经营管理中很多不变的东西要固化在流程里，固化到企业的经验里，企业发展的关键要素不能改变，必须保持。

从战略角度说，华为的任正非一直强调：没有正确的假设就没有正确的方向，没有正确的方向就没有正确的思想，没有正确的思想就没有正确的理论，没有正确的理论就没有正确的战略。

华为在制定战略时，首先对未来有一个大胆的假设，如未来通信管道的容量是不是会像太平洋一样宽？基于这个假设再制定战略。包括著名投资人孙正义所设立的1000亿美元的技术基金，就是建立在未来人工智能会大爆发、互联网技术会大爆发的假设上。未来每个人都会连到网络，巨大的连接会产生巨大的数据，巨大的数据经过建模之后会形成巨大的智能化，即人工智能的高级智能化。正是基于这种巨大的假设，一想到未来30年里，全球新技术领域会产生巨大变革，人工智能将深入到人的生活，80%的劳动力会被机器取代这样的图景，孙正义说："我非常激动，感觉连睡觉都是在浪费时间。"

郭台铭也投资了孙正义的基金，也看到了这个巨大的产业机遇。基于未来的市场前景，基于产业发展前景，基于过往的商业经验做出的判断，就是在不确定中找到确定性。换句话说，确定性来自对产业、对需求深刻的认识和判断。

这些确定性就是经验，而经验就是流程。如管理团队中20%的人是精英，把他们的经验提炼固化后，让剩下80%的人复制经验，去模拟经验并操作，整个公司的运作效率就会大大提升。我认为这就是不变的东西，要固化在组织流程里，固化到企业的经验里。就像王祥伍老师说的，不管外部环境发生什么样的变化，华为“以客户为中心，以奋斗者为本”是绝对不会变的。这是华为行之有效的市场策略，是华为过往的经验，我相信也是华为未来不会变的经验。

（二）变革时期，企业家如何保持战略定力

1. 彭剑锋：不确定时代的最大确定——企业家意志

（1）不确定是常态，确定也是常态

今天讨论的主题是“不确定时代的管理定力与机制创新”，不确定、定力、创新是三个关键词。

先说不确定。从哲学层面来讲，不确定的另一面就是确定。确定性和不确定性本身就是一个整体，是不可分割的。确定中有不确定，不确定中有确定；变与不变，如果按照量子力学的观点来看，它们就是“态叠”，是量子叠加态。

但为什么现在大家感受到很多不确定性？正如大家说到的，一是整个世界变化的加速度使人感觉把握不了未来；二是现在是互联网时代、新经济时代，整个社会形态在发生改变，而这种改变处于起步时期，很多东西还在摸索，还不成熟，自然会有很多不敢确定的。相比较而言，工业文明有200年的历史了，有很多东西是确定的，如企业的组织形态、企业的商业模式、客户的需

求都相对稳定。而互联网新经济时代刚刚起步，是一个全新的时代，要面临的不确定性很多，所以大家对未来感觉不好把握。

这种不确定是基于未来，感觉把握不好未来。而从技术进步的角度来看，有了大数据、智能机器人以后，其实使原来的一些不确定变成确定了。比如过去企业最不能确定的是消费者的需求偏好，但现在有了大数据，稍加分析，不仅能找到过去的轨迹，还能把他未来的需求弄明白。因为数据会引导消费者需求。比如苏宁等企业现在探索智能营销商场。顾客一走进商场，通过传感器或手机定位，关于他的一些信息就会出现在后台系统里，系统根据这些信息会推荐顾客可能要购买的商品，影响他的购买行为。而顾客一旦购买，关于其个性化行为又会被记录下来，进一步被精准营销锁定，消费者需求就变得确定了。精准营销的核心是消费者倒逼生产方式，同时生产方式也在影响消费者的行为，这是一种交互。连接和交互，使得很多事情变得既确定也不确定。在不确定的时代，很多东西恰恰可能会变得更加可预见、更加明确、更加确定。

这说明什么？实际上，这个世界在确定中有不确定，不确定中有确定；不确定是一种常态，确定也是一种常态，它们本来是交互、交融在一起的。如果说大家感到，现在似乎比以前有更多的不确定，那是由于整个世界的变化速度在加快，企业经营的外部影响因素更加复杂了，而且各种因素相互交织。但是我认为，随着基于大数据、基于工业文明的智能化时代到来，整个社会会变得更加确定、更加有序。未来可能就是精准配置需求的世界。

（2）经验的变与不变

如果经验成为一种规律，它就是确定的；如果经验还不是规律，那就是不确定的，就可能不好用。比如市场经济要讲诚信，这就是一个在市场经济实践中总结出来的规律性经验。“以客户为中心，以奋斗者为本”，这个经验也成为企业生存发展的规律了。哪家企业真正做到了以客户为中心，以奋斗者为本，那它就一定有市场竞争力。

规律性的经验相对来讲是不变的，变的是很多策略层面、工具方法层面的经验。在整个社会以加速度的方式前进时，变化也以高度浓缩的方式发生着。中国改革开放几十年里就走过了西方用两百年走过的路；从世界范围来讲，农业文明经历了几千年，工业文明才一两百年，智能文明可能才几十年。技术革命压缩了时空，迫使我们的思维、认知方式也在加速度变化。最近我在关注量子力学，它从科学上证明了灵魂的存在、精神的存在，证明物质和精神是可以互换的。过去我们对物质的认识是三维结构，如果进入四维、五维，甚至是十一维的结构，就会颠覆我们既往的认知体系。我越来越感到，世界变得既可测又不可测。

就管理经验来讲，我认为有些经验到了互联网时代更强化了。比如科学管理的"四化"，即最优化、简单化、规范化、标准化，这就是规律。现在所提倡的企业要构建能快速响应个性化需求的前端组织，但它恰恰要建立在后端的最优化、简单化、规范化、标准化上。只有后台达到了"四化"标准，才能满足前台的个性化。

科学管理就是基于经验，是对企业里最优实践动作的总结提炼，是经验的积累，并把经验的积累上升为一种规律，所以它就是永恒的。企业什么时候可以不要标准化？现在企业之间的竞争在于标准的竞争，你拥有了标准，就占据了竞争的制高点。这是企业管理最本源的东西，本源的东西是不变的。越是在不确定的因素增加时，经验越是变得更加重要。

但是，在这个时代我们又不能局限于经验，必须突破资源和经验的约束，要创新变革。中央专门发了有关弘扬企业家精神的文件（全称为：《关于营造企业家健康成长环境，弘扬优秀企业家精神，更好发挥企业家作用的意见》），我认为党和政府确实看到了企业创新是经济社会发展的活力之所在、动力之所在，企业家精神是最稀缺的资源，是整个社会的创造力之所在。在不确定时代要鼓励创新，就要弘扬企业家精神，因为企业家精神本身就是创新，没有创新就没有企业家精神。

为什么现在提倡要包容失败，要宽容失败，要保护企业家精神？其实就是在强调不能完全基于过往的经验。社会变化速度更快了，要主动拥抱变化，创新求发展。

（3）管理定力来自战略、文化和人才自信。

在不确定时代，在企业主动拥抱时代变化，创新求发展的过程中，恰恰需要更强的定力。

这种定力首先来自文化定力、文化自信。对企业价值观的坚守，对使命追求和事业理论的坚守，这就是文化自信。在不确定时代，企业更需要有文化定力，更需要确定文化自信。如果一家企业没有文化定力，对自己的价值观产生动摇，可能就会迷失在这么一个急剧变化的时代，找不到自己的方向。

中国企业自改革开放发展到今天，到了需要总结经验，并创新经验的时候了。绝大部分企业都已经过了十年、二十年甚至更长的历程，需要总结提炼过去成功、成长的经验，确立自己的核心价值观、事业理论，建立起企业的文化自信。文化自信就是对过去的成功经验进行继承。你要有自信：你能走到今天一定有你成功的道理、成功的规律。在企业文化方面建议企业，一方面是要建立起文化自信；另一方面就是对未来做出正确的假设，引领企业朝着正确的方向去发展。某种程度上可以说，未来是由现在构筑的，如果每个人的内心深处都觉得未来会成为什么样，可能就会朝这个方向发展。

其次是战略定力，战略自信。这个时代，战略选择方式发生了变化，过去叫“非对称性资源配置”，就是我看准了目标，就把鸡蛋都放进一个篮子里面，进行资源“压强”式配置，这就是华为的“针尖战略”、聚焦战略。但是华为今天不可能再把所有的鸡蛋放进一个篮子里，要做“对称性的资源配置”了，比如华为开始做汽车了。将来无人驾驶汽车、智能汽车，华为可能是领先的。目前深圳市的无人驾驶公共汽车就是华为生产的。

前不久华为召开战略研讨会，召集全球战略专家研究华为的战略。任正非写了一封信，战略不要花太多的功夫，不一定非要找一个非常明确的战略，方向大致明确就可以，但是保持组织活力最重要。华为进入了“无人区”以后，不可能像过去那样聚焦战略了。过去有标杆，可以赌一把，把全部资源配置上去，比你更努力我就一定能赢。可现在真不知道该赌什么了，前面没有明确的竞争目标了。

不仅是华为，很多企业的战略选择也从非对称性配置资源走向了对称性配置资源，就是把鸡蛋放进5个甚至更多的篮子里，在动态选择过程中最终还是要回归到确定，进行聚焦。就是我从10个选择里面缩小到5个，5个里面最终还是会聚焦1~2个。对称性与非对称性战略配置资源是动态转换的，最后还是从不确定回归到了确定。

但是，从对称性到非对称性，从不确定到确定，背后都离不开大规模生产，大规模才能带来高效率。只是现在的大规模生产跟工业文明时代的大规模生产不太一样了。它的效率不仅来自生产效率，还来自满足消费者个性化需求的效率，规模化和个性化融为一体了。

那么战略自信就是基于未来，只要看准了大致方向，有一个战略逻辑，即从不确定到确定，从确定中又要走到不确定这样的战略选择逻辑。

最后不确定时代，企业需要有人才自信。人才自信，一方面来自机制制度自信，企业一旦在行业中成功了，在市场中成功了，就一定有厉害的方面。要保持企业在生存与发展实践中形成的规律性的经验，行之有效的流程机制的稳定性，在稳定中优化，在优化中变革创新。另一方面，要对中国的人才有信心。

航天是中国科技创新的代表。美国 NASA 的人说：“中国航天最可怕的是有这么一支年轻的高科技人才队伍。”在做国际技术交流时，我们这边是三十多岁的专家代表，美国是五六十岁的专家代表，俄罗斯那边是六七十岁的专家代表。年轻人代表有未来，所以说中国企业发展仍然还有人才优势，有人才红利。

不确定时代，企业有了文化自信、战略自信和人才自信，就有了定力。而我认为，不管什么企业，你只要坚定自己的选择，把规律性的东西认认真真做到位，一定会有你的成长和发展空间。

2. 苗兆光：别把特殊性当一般性，别把表象当规律

还是从确定和不确定、变与不变这两对概念出发来看企业家如何保持定力和创新精神。我认为，这个社会总是有一部分企业走在时代前沿，在这个社会中承担着创新引领的探路者功能，但只是一小部分企业而已。比如一些有影响力的科技型企业，他们做的本来就是富有想象力的事情。像美国的谷歌，中国的华为。但是大部分企业，如餐饮服务企业、路桥建设企业、医疗设备生产企业等，他们可能并不需要那么多创新变革，经营和发展的大部分要素是确定的。比如一种医疗设备从研发到投产，技术上没有大难题的话，最顺利的也需要三年时间才能上市，因为国家有管制，要求必须完成多少轮、多长时间的测试才能到市场上去销售。这个时候不管有多少不确定性，它确定的是需要三年时间。亚马逊是高科技企业，不停地探索新技术，不断地尝试，但产业后来者就不一定也去搞技术研发，而是等亚马逊研究成熟了，用资金叠加到技术上去，用它的成果就行了。

社会发展本来就是这种模式，有先驱、先烈，也有追随和模仿，或者通过资源的叠加、整合实现超越。IBM 从来没有第一个

做某件事情，一直在稳态的情况下往前走，没有听过要去颠覆什么。大型计算机并不是 IBM 先做的，而是等别人研发得差不多了，它觉得有市场，就纳入进来，在此基础上叠加自己的产业优势，两年内就做出一个成熟的产品。高科技本来就是混沌的，本来就是基于理想在探索，它面临的不确定性就大一些。但是，在更多的领域，尤其是与人们吃、穿、住、行相关的这些领域，它就是很确定的。

从行业的角度看，只有那些“领头羊”、大企业在承担着产业探路者的功能。我注意到，任正非在 2009 年左右讨论企业的问题时，并没有强调不确定的东西。2009 年以后，当华为超过爱立信之后，任正非才开始强调要开放、妥协、灰度。所以，不确定并不是普遍性的、需要每一家企业去面对和解决的问题。尤其是在传统行业里的、体量还不大的企业，要解决的还是怎么把行业的成果做扎实的问题。

Google 这种企业在世界上不可能有 500 个，它只可能是少数。所以，不能把高科技行业、高科技企业的一些属性当成所有企业的属性。在企业内部也一样，做不确定事情的只是少部分人和少部分的部门，多数人和多数部门还是要做确定的事情，做稳定、规范、重复的事情，做有自己核心竞争力的事情。

我想说的是，当企业判断外部环境时，要防止把少数当多数，用特殊性概括普遍性。不要把不确定性当作管理的全部对象，而是当作管理的一部分因素来考虑就可以了。不确定性怎么管，机制怎么建，资源怎么配；确定性又怎么管，怎么配置资源，而且要把不确定性转移成确定的，这样企业才有效率。

创新也是这样，可能只有 5% 的行业去做重大技术创新就可以了，并不是所有的产业都要去创新，比如服装行业实际上是个很稳定的产业。前几年突然流行 + 互联网，要探索智能化、定制化的模式创新。我去这些企业参观之后，觉得服务行业需要的创新不是商业模式方面的，而是制造技术方面的。在服装行业里，规模化、标准化会使成本更低，质量更可靠。如果你做定制化，生产技术没有突破，就并没有解决制造过程中如何保证做工的问题。我也花钱定制了西服，发现同样是1万元的西服，定制的在做工、面料、穿着体验方面，还不如买标准化的西服更省事儿、更合身。

我认为，创新一定是要解决“痛点”。服装行业的“痛点”是什么？我认为是生产技术的缓慢演进与个性化、高品质、好体验之间的矛盾。如果没有生产技术的改进创新，再怎么创新商业模式，它也解决不了这个矛盾。但是，在有些行业里，技术演进需要一个过程，这是确定的，并不是不确定。如果总觉得不确定，要么是没有抓住主要矛盾，要么是心态浮躁影响了认知水平。

三、企业文化重塑的挑战与希望

现场嘉宾：彭剑锋　孙　波　邢　雷　王祥伍　黄健江（排名不分先后）

特邀供稿：苗兆光　施　炜

策划统筹：尚艳玲

文字编辑：李海燕　尚艳玲

开场语：当文化建设与价值观牵引成为转型战略成败与否的关键命题时，很多企业却有一种深深的无力感：过去“野蛮生长”的文化经验和习惯显然已不适应今天全球一体化的市场环境；引进西方企业组织文化的管理方式又好像是“南橘北枳”，生存的土壤与环境截然不同。于是很多人呼吁在中国传统文化里去找精神支撑，却发现很多内容与现代社会似乎已格格不入了——这是最尴尬的，不知道怎么样才能“古为今用”。

还有一种困惑来自时代的快速变化：当你还在按照工业文明的成功定律进行建设时，却发现游戏规则早已改了，互联网的技术和观念在不断刷新工业文明时期的生产组织方式。“皮之不存，毛将焉附？”企业文化是为企业组织服务的，当企业的组织思维发生变化了，其文化建设也要求有全新的思维，是谓重塑。

今天，企业文化建设与价值观管理究竟面临着哪些障碍？中国传统文化与现代工业大组织的天然冲突是什么？互联网时代能为传统文化带来焕发新活力的机遇吗？转型时期的企业文化建设又应该从何处突破？如何塑造企业全体认同的价值观，而不是以企业家的价值观为替代？

以上诸多问题，都在等着我们给出一个答案。

（一）讨论一：中国传统文化与大工业组织的冲突

1. 传统文化分三类：理想化、庙堂化、江湖化

王祥伍：一般来说，中国的传统文化可以分为两类：一类是孔子、孟子所提倡的，存在于他们言论中的文化，这种文化称为思想家的文化或者学者型的经院理想文化；另一类是经过董仲舒等改造过的官方实用文化，也可以称为庙堂化的儒家文化，这种文化实际上是一种伪儒家文化。

庙堂化了的儒家文化，都是为论证天子的合法性应运而生的。这种文化服务于官，服务于管理者，服务于天子，而不是服务于百姓，本质上是一种官本文化，而不是民本文化，是与现代主流世界格格不入的文化。庙堂化了的儒家文化成为主流以后，儒家思想家的文化也就成为一种边缘文化，或者说是民间文化。中国社会一直是这两种儒家文化并存的。

黄健江：政治理想文化、上层建筑文化、民间的事实文化，这三种文化是割裂的，说明中国作为政治理想的文化从来没有落地过。真正落地的是实用文化，是对理想的一种嘲讽。中国的专

制主义导致了中国的文化没有形成。

孙波：过去的帮派，比如土家野夫写散文，写了很多文章，涉及很多江湖文化，比如船帮、盐帮。在一个镇上有一个巫师，这个人白天很低调，晚上的时候，老百姓遇到事的时候就会去找他。他又复活了，晚上又精神抖擞了。帮派江湖文化在专制之下暗流涌动，形成一个白社会及一个黑社会的现象。

2. 家庭文化与社会元规则

王祥伍：中国的宗族文化是大家庭的文化，就是“权威文化＋威权文化”的结合。在费孝通所著的《江村经济》中，揭示了社会形态的四种组织：纯粹的无政府状态—威权状态—权威状态—强权状态。通过这本书我们看到，在中国三千年的古国文明传承中，占据统治地位、主导地位的文化一定是强权文化，一定是权力场控制一切的文化。但是直到现在，权力场也没有办法控制底层。政治组织的威力一般只能渗透到县，而在县属的村庄里，氏族占据着主导地位，实现宗族自治，这是介于权威和威权之间的一种文化形态，适用于比较传统的自然经济时期。

黄健江：宗族文化通过“邀会”这种形式对经济起作用，其实就是一种非法集资。

孙波：文化的本质是规则。我去加拿大和美国时深有感触。这两个国家的高速公路车道比我们国家的少，而车的密度却更大。起初，当时速达到 140 公里时，我有点害怕，但习惯之后，开车就有一种开飞机的感觉，因为不存在不确定性。

王祥伍：我们国家缺少所谓的元规则，所以其他的规则体系都不可能建立。中国原来的组织基本上是以家庭为单位，但实质也不是规则主义，而是以情感、道德来实施约束的组织方式。传统意义上所谓的协同是家庭成员之间的协作。

黄健江：伦理规则首先发源于家庭，然后再泛化到社会，类似于宗教伦理。宗教已经超越家族了。

王祥伍：宗教伦理就类似于元规则，宗教伦理会提出基本的元规则。

黄健江：文化的本质确实是规则，但中国社会的规则是实力说了算，是一种强权规则。由合法化的权威制定规则，当合法状态不存在的时候是暴力规则。

邢雷：我们的家庭文化是什么呢？我们以前说的诚信，当各个村落聚集在一个地域生活时，家族的影响力，包括家长的威权能够覆盖这个地域。现在，很多中国人都少小离家，去了外面的世界，传统的家族文化对他们的影响还在，但是要怎么看待相互的作用。

家族文化到现代社会就是核心家庭的文化，而已经很少有家族的影响了，我们要从这方面看。为什么说“90后”更个性化和重视自我价值的实现？

第一，缺失大家族传统的影响；第二，没有社会主流文化的引导。埃米尔·迪尔凯姆的《自杀论》中把整个社会缺少主流文化的解体现象称为“社会失范”。在这个过程中，很多人不能跟组织连接，就会出现很多问题。

孙波：现在整个大环境对文化的牵引和引导的确是处于扭曲混乱中。当没有牵引时，只能是每个人都学着自律，使最基本的个人职业道德逐渐形成和规范，反过来再推动文化的变化，这样就推动了整个社会发展。

王祥伍：我认为，实际上家庭伦理的观念到现在还是比较强的，但是整个社会的确缺乏职业伦理，有些人为了挣钱罔顾职业道德。而职业伦理一旦成形，公民意识才会觉醒，公民意识是超越家庭、超越职业，上升到整个社会层面的。

3. 小农经济与大工业组织的冲突

黄健江：关于契约精神，熟人关系里有契约关系，陌生人之间难有契约关系。比如在温州那个地方，一个人在这一片很有信用，就可以“邀会”做投资。

彭剑锋：中国基于家庭、基于小团队是有契约关系的，是有面子的。回到一个家族里面，就是要讲面子。为什么福建房子盖的那么好，在外面赚多少钱都要回老家盖房子？因为房子就是面子。而且一问你是给别人打工的，再厉害也没面子，一定是当老板有面子，导致小团队个体特别多。所以，在福建这个地方就很难形成大工业文明，很难形成大企业。

黄健江：大工业组织代表着更先进的生产力，从个人福利的角度来说是比小农经济更有价值的一种替代。

王祥伍：小农经济就是以家庭为单位的生产方式，从英国开始到欧洲，甚至到全世界，中国从清末开始的矿藏企业形成对劳动力的吸引。在计划经济年代，成为一个煤炭工人比做农民更具诱惑，所以大工业组织必然替代传统的小农经济，这是第一点。

第二，大工业组织的基本特征是生产资料集中，矿山、汽车厂都是如此，所有的工业都是集中的。生产资料集中意味着使用生产资料的劳动者、生产过程也得集中，就不能在家庭里面生产了。这种生产模式会对生产的组织方式提出集中性的要求。也就是说，是组织统治人，而不是人统治组织，两者的关系就是不平等的。所以，所有工业组织的文化类似于老板的文化，都是基于权威的，而这种生产方式也必须有一个明确的权威。

（二）讨论二：互联网为传统文化带来机遇与活力

彭剑锋：中国文化生态是内在价值认定，而不是外在价值认定，追求自我价值认定和自我超越。工业大组织的集中化生产可能不适合，但平台化及分散式的项目制运作方式却很符合中国人的这种文化生态。

互联网时代实现了集约化管理和分散式生产作业。在自主经营体中，几个气味相投的人聚在一起，各自核算清楚自己的所得，彼此都不占对方的便宜。中国人的这种价值观反倒符合项目式运作。

所以有人说，中国文化可能不适应工业大组织的经济形态，但更适应现在的产业互联网和生态经济，适应互联网时代的集约化管理和分布式生产作业。

未来的生产组织可能有两种：一是大型工厂智能化，二是家庭工厂。小米的组织模式创新，首先要掌控智能机器设备，技能设备是分布式的，将来就放在一个家庭里面，生产一个单一产品，利用互联网全部串起来，就跟温氏模式一样，把三万个家庭农场都串联起来。温氏模式可以说是中国家庭主义经济文化的成功实践。还有乐视所倡导的合伙人文化与分布式的协同模式。组织由无数个小团队组成，既强调集体主义，又强调个人主义。

王祥伍：在工业化组织中，家庭主义基本上就和癌症一样；在东方文化的状态下，工业化组织的优势有时也难以发挥出来。互联网时代给出了工业化组织的新解决方案，家庭可以作为一个组织，通过互联网把一个一个家庭组织起来，能够形成规模化，与大工业组织抗争。

彭剑锋：对，通过把家庭经济体（或项目小组、工作室这种小团队）串联起来，还能满足互联网时代消费者个性化的需求。就像现在 Airbnb 网站（AirBed and Breakfast 的缩写，中文名：空中食宿）一样。这种组织模式涉及全球 192 个国家的三万多个城市中 80 万间不同的房间；在全世界任何一个国家、任何一个地方都能找到满足个性化需求的房间，人人都可以参与。但是，Airbnb 的产权归平台，赚多少钱分得很清楚。互联网解决了“亲兄弟，明算账”的问题。而这也是温氏的成功之处：养殖户死一只鸡要赔多少钱，多养活一只鸡赚多少钱，都能核算出来，公司也不占养殖户的便宜。

所以，中国经济以小农经济为基础，以家庭文化为本质特征的小团队文化可能更适合后工业文明时期早期。只是现在正处于工业文明到后工业文明的转型时期，所以矛盾显得突出一些。

王祥伍：的确，在工业时代、大组织时代，家庭肯定干不过大组织，没法建立起大组织。进入互联网时代以后，社会的协同方式改变了。以前更多是所谓管理的优势大于市场的优势，通过管理降低沟通和交易成本。原来对距离有要求的行业，把工厂都圈在一个大的工业区里，就像底特律一样，所有的大企业都跑到底特律，就能够造出全世界成本最低的汽车。

互联网时代，距离死亡了。距离的远近无所谓，我们都可以随时沟通、协同，大家就没必要圈到一块儿了。也就是说，集中大组织已经没有多大优势了。交易成本一旦降低，大组织的优势就瓦解了。原来企业的边界扩得很宽，从原材料到包装恨不能都在一个厂里解决。现在企业边界收缩了，甚至收缩到最后一家企业只做最核心那一块儿，其他工作都可以外包，就是所谓的生态组织、平台组织。

黄健江：目前来看，互联网组织的典型组织模式是“平台 + 生态”。互联网公司一定要搞平台化，在平台的基础上搭载各种各样的业务。这样的平台用互联网技术为价值和价值之间的各种协同创造了基础，生态是价值创造的实现过程。

彭剑锋：我们现在的企业文化思维都是建立在工业大组织的经济形态基础上的，那么在互联网时代，随着生产组织方式的变化，我们关于文化的思维也要有几个转变。

一是建立聚合思维。聚合不是占有，过去是占有思维，现在是聚合，聚合产生产业生态。小米、乐视探索的就是聚合，大家聚合在一起，把游戏规则定出来，围绕一个共同目标，把各自的利益算清楚，共同发展，互不侵犯，这是所谓的聚合思维。

二是跨界思维。过去是基于产业分工，基于产业价值链的思维，泾渭分明，你做好你的事，我做好我的事。现在在一个生态中，你中有我，我中有你，界线模糊了，这就是跨界思维。

三是共享思维。企业组织不再是雇佣思维，你干活，我给你钱的交换关系。现在的组织方式如优步这样的，一个人有车就可以参加优步，他就是个自主经济体，他和平台的关系不是被雇佣，而是合伙人，资源共享，利益共享，这是共享思维。

1. 王祥伍：企业文化的杂谈

摘要：现在大部分企业没做到无我而治，制度要么不符合事理，要么不符合人性，还得依靠一个所谓的权威。但如果做到最高境界的时候，这个企业家就好像隐藏起来一样，企业的人感觉不到其存在。

（1）儒家文化的兼容性

儒家文化的集萃是《论语》，而《论语》的核心说到底就是“己欲利而利人，己欲达而达人”。“己所不欲勿施于人”，这实际上是一种平等利他的精神，这与亚当·斯密所说的商人所要遵循的基本商业伦理，与彼得·德鲁克所说的管理者要遵循使员工富有成就的基本管理伦理是一致的。

《易经》中核心的两句话是“自强不息”与“厚德载物”。“自强不息”强调要不断地自我超越，实现自我创新；“厚德载物”强调要容纳万物，利及他人。从经院的这些思想家的思想来看，儒家文化核心的价值主张与现代市场经济是兼容的，与现代企业制度的核心内容是相通的。

（2）家庭主义文化下难以诞生大型组织

在弗朗西斯·福山所著的《信任：社会美德与创造经济繁荣》一书中专门指出，与西方社会的核心文化是个人主义形成鲜明对照的是，以中国为代表的东方社会核心文化的特点是家庭主义。

个人主义认为，个人应当以个人的利益和幸福为终极目的，而不是以抽象的家庭利益、集体利益、国家利益为终极目的，个人利益是所有利益之上最高利益。政府的存在是为了个人，家庭的存在也是为了家庭成员。除了个人利益之外，没有其他更高的利益。个人主义是西方所谓的元规则，无论是经济法则和政治体制，都是在这一元规则的基础上建立起来的。

家庭主义认为，个人应当以其所在的家庭（可以扩大至整个家族）的利益和幸福为终极目的，个人利益应当服从家庭利益。家庭文化有义务照顾家庭中的每一个人。家庭内部是相亲相爱、互利共赢的，但是，仅仅相亲相爱、互利共赢限于家庭范围。相应地，对于家庭之外的人，则极为漠视。社会的合作，其边界也因此止步于家庭或者泛家庭（泛家庭是指同学、同乡、朋友等有一定亲密关系的人）。

在家庭主义大行其道的情况下，人们除了关心自己的家庭成员之外，对其他任何人都很冷漠，不关心，也不信任，彼此之间很难进行合作。很多企业都只能以家族经营为主，无法在全社会范围内整合人才。

（3）家庭伦理与职业伦理、公民意识

中国传统文化中至今影响最大的只有家庭伦理，类似于父父子子的观念到现在仍然根深蒂固，这得益于中国动荡的社会变迁中家庭单元的稳定。

相对于家庭伦理的根深蒂固，中国人的职业伦理则随着行会等组织的某一些历史阶段的取缔和消失而淡薄。大部分行业的从业人员对于所在行业持续健康发展所必须遵循的伦理底线没有印象，而只是一味逐利，这是出现地沟油、三聚氰胺等问题的原因之一。

归根结底，食品安全问题频频出现于公众视野，是因为商家缺乏职业伦理，为了赚钱罔顾职业道德。

（4）宗教信仰与商业诚信

我与朋友晚上去吃烤串，因为无从判断好坏，我建议在几个卖烤串的店中随便选一家。但是，朋友坚持去清真店，理由是回民有信仰，吃得放心。当时我不以为然，但后来觉得朋友说的有道理，我下次吃烤串也选了挂清真牌子的店。至少，挂清真牌子的店不敢用猪肉、鸭肉冒充羊肉，他们的羊一定是由阿訇来宰的。

众人有信仰、有敬畏的时候，就会自律，有自律的人也才会有诚信。为什么这么讲？因为讲诚信从短期看，往往都是要付出代价的；从长期看，讲诚信才是有益的。

(5) 新型共同体文化是大组织建立的基础

中国的大型组织最早产生于上海，或者范围更大一点，是在长三角地区。究其根本，是因为闯上海滩的基本上都是单枪匹马，整个家族不可能随之冒险，他们的家族都留在农村，留在西安，留在江西了。在移民相对较多的地区，不存在盘根错节的大家族。而家族观念很淡薄的时候，家庭主义对大型组织建设的阻碍就小得多，就容易把人们组织起来。

而到了中国实施改革开放政策的时候，最容易组织起来的地方就是深圳。那时候，下海去深圳的最多就是核心家庭成员，比如一家三口，而父母是不会跟过去的，其他兄弟姐妹跟过去的也很少。亲友多在相隔数百里、数千里之外，深圳成了家庭主义文化最淡薄的地方，也是最容易建立大型组织的地方。缺少亲情的时候反而可以形成超越所谓的血缘关系、超越家庭之上的新型的共同体，而这个新型的共同体文化是真正的大工业组织建立的文化基础。这也是富士康、华为、万科、平安等在当时能够顺利地成长起来的文化原因。

(6) 从无为而治到无我而治

新型的共同体文化脱离了纯粹的老板文化，不再把老板的价值观强加给企业；新型的共同体文化的核心特点是一定要有基于企业全体人员的文化，老板可能是最早的提出者，但一定要获得大部分组织成员的认同。

有次我与一个老板聊天，那位老板说他追求企业达到一种没有自己也能够正常运行的状态。我给他总结为一副对联：做事循事理事事有条不紊，管人顺人性人人各展其能。横批“无我而治”。所谓的“做事循事理”，即做什么事要按照自然规律走，自然规律不以人的意志为转移，不能违背，这样才能事事有条不紊。“管人顺人性”，即管理人要遵循人性的规律，要符合人性，这样才能做到人人各展其能。两者都做到了，最后就能够达到“无我而治”的状态。按照吉姆柯林斯的话讲，这个企业的“钟”已经造成了，它会自动运转。

现在大部分企业没做到无我而治，制度要么不符合事理，要么不符合人性，还得依靠所谓的权威。但如果做成最高境界的时候，这个企业家就好像隐藏起来了，企业的人感觉不到其存在。

2. 彭剑锋：实用主义在企业中的“功”与“过”

摘要：在漫长的农耕文化中，中国人形成了根深蒂固的小农经济意识。人们的价值取向还是以个人为核心。个人超越组织，这是现在很令企业家困惑的一件事情。

如同改革开放初期一样，中国经济转型时期的首要问题依然是理念的转型。没有政府执政理念、社会的文化理论变革，中国经济就没法进行深层次的变革。

当生态经济、互联网、分享经济等概念风起云涌时，中国经济面临的最大的挑战是文化的创新、观念的创新，以及思维的创新。中国企业发展到今天，也要进行深层次的文化变革及观念上的转型。

中国社会的文化在实际层面，实用主义文化是主流。中国的企业也是如此，崇尚实用主义文化。过去的40多年，中国经济需要在全球产业分工体系中寻觅生存之道。相应地，文化也需要以生存为第一要义，否则就谈不上发展。可以说，没有实用主义就没有中国经济的今天。

在实用主义文化为导向的情况下，企业文化变革存在以下三个问题。

第一，企业家的价值观和行为方式转型难以自我超越。文化的本质是价值观和行为方式，企业家首先要进行价值观和行为方式的转型，要从企业家的企业转到企业的企业家。

现在很多企业的企业文化其实质是“老板文化”，是老板把个人的价值观强加给员工，而不是企业共享的价值取向。在企业中，企业家个人的价值取向没有真正达成共识，形成组织文化；只有企业家个人文化，而没有组织文化，只是把老板个人的文化当成企业的文化，这是企业面临的挑战。

过去，企业是在实用主义文化、在非规范的市场环境下诞生并生存的，累积了很多“成功的习惯”。但在面临新的挑战时，这种“成功的习惯”确实无法适应。一般来说，中国民营企业文化带有非常浓重的企业家的个性特点。不管是决策方式，还是企业的整个文化氛围，基本上与老板的个人偏好和价值取向密切相关。换句话说，如果老板的价值取向符合时代的要求，这家企业可能就做得很好；如果老板的价值取向与整个时代相悖，这家企业就做不好。所以，如果企业家很难改变过去成功的习性，在文化上很难实现自我超越，就会成为企业转型升级发展最大的挑战。

第二，形式上的集体主义，本质上的个人主义文化。中国人很难组织起来，这是根源性的问题。在漫长的农耕文化中，中国人形成了根深蒂固的小农经济意识，人们的价值取向还是以个人为核心。个人超越组织，这是现在很令企业家困惑的一件事情。企业高层在讨论企业的文化和价值观问题时，是以组织为核心的；但真正在判断价值立场的时候，又是以个人利益为出发点，以个人为中心。企业之所以组织不起来，就是因为形式上的集体主义、本质上的个人主义在作祟。

当然，在这样的生存环境中，企业家自身也存在天然的价值观缺失，即信仰缺失的问题。

其实，华为过去30年的成长中也奉行实用主义，经历了一段野蛮成长的阶段。但华为的伟大之处在于，只是把这些做法看作是短期行为，是在中国当时的环境下为了生存不得已而采用的手段。很多企业却没有意识到这点，认为“一朝为贼”，便终身不可能抹去这个烙印，失去了追求光明的原动力。

但华为不同，在它的内心中，一直有所追求，认同企业的长期发展一定要有信仰，一定要以客户为中心，其文化理念的导向一直强调正向牵引。导向是正能量的，整个文化是正能量的，而且不断地影响整个社会。可以说，华为在实用主义和理想主义之间找到了一个平衡点。

在中国“摸着石头过河”的特殊环境下，曾经出现过文化的扭曲，造成了企业家行为的扭曲。在这期间，有正能量牵引的企业渐渐走向正确的轨道，企业就会越来越规范，越来越制度化。

从历史发展的角度，我们应当理解中国企业家在特殊的生存环境下的做法。

但当经济面临新的结构转型时期，中国经济进入真正靠创新和人力资本驱动的时代，从以追求GDP为主转换为追求品质和效率时，整个社会价值的文化导向也在发生变化。没理想、没追求的简单生存文化是没有前途的，是没有未来的，也无法得到世界的尊重。对于企业来说，如果一直着眼于求生存，满足于现状，而没有前瞻的目光，没有打造百年老店的强烈愿望，持续发展也就无从谈起。

第三，契约精神缺位导致知行不合一。

中国没有经历过工业文明的大洗礼，是在40多年里浓缩了西方工业文明两百年的里程，所以骨子里仍然是小农经济意识，是以个人价值取向为核心的一种个人主义文化。虽然我们实行市场经济有 40 多年了，但并没有建立起真正意义上的以契约精神为核心的现代商业文明。

所谓契约，最简单的理解就是说到做到，对于已经签约的事情，做不到会受到应有的惩罚。缺乏契约文化会导致人们在关键时刻不讲规则，不按牌理出牌。缺乏契约的约束，就会造成言行不一致的情况。而现在违背契约的成本又很低，导致大家更没有契约精神。

王阳明曾提出知行合一，中国文化本质上知行并不合一，说一套做一套，即所谓的执行力差。这种文化生态对组织的破坏性是很大的。

我们的传统文化中的契约精神主要是基于“面子文化”，基于他律的。“面子”是有规则的，是照顾到群体规则的，基于“面子文化”的道德约束在某种程度上就是一种契约精神。比如五个人之中有四个人都说这件事不能干，剩下的一个人为了顾全大家的“面子”，最终也选择了从众，以取得群体中绝大多数人的认同。现在的问题是新生代的“90 后”更实在、坦诚。他们认为对的就是对的，错的就是错的，更讲究基于事实、基于结果，讨厌虚伪，不喜欢当“应声虫”。某种程度上说，是更直接的实用主义者，“面子文化”有无法维持的趋势。

3. 孙波：技术太快了，需要等等文化

摘要：当企业文化建设遇到最大的挑战来自不得不与外界交互的时候，原来那套在封闭系统里面建立的文化范式面临失效，而外界文化还处于混乱的状态。这些都会使得企业自身的文化建设缺乏环境支撑和引导，无法形成社会公义，进而带来认同的困难。

任何一种新技术的出现一定带着其独特的文化基因，或者说，只有当我们形成了一种与新技术相适应的文化，才能够更好地享有新技术所带来的福利。

我在美国、加拿大待了一段时间。在这些地方开车时，我发现一个问题。美国、加拿大的高速公路普遍都比较旧，而且以单向两车道居多，与国内高速公路的硬件设施相比的确有差距。但是，在道路硬件不如国内、很多道路车辆密度并不比国内低的情况下，我的实际感受是车的通过量非常大，速度也非常快。

经过观察，我发现了一个很重要的原因，就是驾车文化发挥了巨大的作用。刚开始在加拿大开车时，只要经过一个路口我就会习惯性地减速观察，这样一定会影响车辆的通过和速度。但是逐渐适应之后，我就习惯了高速通过。为什么？因为在拥有路权的情况下，根本不需要担心会有别的车或者行人突然窜出来，这种不确定性是绝对没有的。也很少有车随意并线的情况，强行超车的情况更是没有。每个人都自觉遵守这样的驾车文化，同时管理部门承担确定规则和创造维护规则、文化的环境。

在美国和加拿大如果左侧路边涂有黄线，说明这条路拥有路权。路权意味着具备优先权，驾驶员就可以放心大胆地开车，而不会受到他人的干扰。即使路况不好的时候，甚至在偏远乡村开一个小时都见不到一个人的山路上，属于主路基础建设的黄线会一直画过去，标识很明确。你可能见不到红绿灯，但一定能见到八角形的STOP标识，行车到这里必须停下至少三秒。所有的车都必须停下来，不管有没有车都得停下来，先到的车辆先走，特别有序。

通过这样的事例，就能感知到科技带来的技术进步。如果仅仅是引进先进的技术，而忽视了技术背后所蕴含的文化基因，那么就无法完全享有技术带给我们的福利。如果每个人仅仅是掌握了汽车的驾驶技术，忽视了汽车背后的文化基因，道路上可能是一团乱麻。

从本质上来说，互联网也是如此，如果我们把互联网仅仅简单理解为因为消灭了距离，致使传播速度可以无限大等技术福利，而忽略了互联网本身所孕育的独特文化基因，这是有问题的。互联网文化的根本在于供应者和需求者可以直接建立联系，构建供求一体化的关系体系，这是最关键的。供求一体化必然会导致组织更加开放。

在过去组织相对固化的情况下，老板可以通过强化个人的意志，甚至以个人的意志为核心构建一套所谓的企业文化体系，也就是我们经常探讨的“企业家的企业”还是“企业的企业家”的问题根源。通过这种文化能不能给企业带来一段时间的高速发展呢？答案是肯定的，因为这种文化具有很强的执行力。在外界环境相对稳定的情况下，企业经营的根本在于效率，通过稳态组织的高效运转带动企业的发展。所以，能带来强执行力的文化是适应的。

但是，进入互联网时代，外界环境迅速变化，企业需要不断感知、适应和应对外界的变化才能不断发展。供求一体化是互联网时代最重要的文化基因，也必然成为这个时代企业经营的核心。再加上员工成长环境及诉求的变化，这些都促使组织必须创造一切可能性，争取与外界产生交互的机会，组织必然更加开放，封闭体制的文化建设就有点不合时宜，必须构建能与外界充分互动的文化机制。在这种情况下，整个社会的规则或者说价值观就显得非常重要。

李克强总理提倡“大众创业、万众创新”。埃德蒙·费尔普斯在1995年所著的《大繁荣》中就明确指出：“大众参与的创新带来了庶民的繁荣兴盛——物质条件的改善加上广义的‘美好生活’。”看完之后，我不由陷入深思：埃德蒙·费尔普斯定义的创新为什么没有在中国出现呢？因为中国整个文化的导向不支持，企业或个人不是在创新过程中获得了巨大的认可和成就，进而带来利益，而是以个人利益为导向进行创新。这是本质的区别，是社会导向的问题。

但是，中国企业在这个特殊时期确实就遇到了这个特殊的问题。中国社会目前处于整体转型时期，这个时期一个很重要的特点就是所有的问题集中爆发，包括环境问题、诚信问题、价值观重塑等社会问题、经济问题甚至政治问题。我认为，中国企业在这种情况下遇到的很重要的问题是，中国社会过去传统文化的传承并不顺畅，新的文化和价值观正在重塑过程中，导致整个社会目前的大文化信仰缺失，还处于调试扭曲的过程中。所以，当企业文化建设遇到最大的挑战来自不得不与外界交互的时候，原来那套在封闭系统里面建立的文化范式面临失效，而外界文化却还处于混乱的状态。这些都会使得企业自身的文化建设缺乏环境支撑和引导，无法形成社会公义，进而带来认同的困难。所以，企业文化建设面临信仰缺失的困惑。

4. 苗兆光：转型期企业文化建设的三个核心命题

摘要：企业管理层到底信不信企业有价值观，能不能真正立足于把组织当作一个脱离老板个人意志的独立生命体，赋予其目标及宗旨体系，这是企业文化与价值观管理的核心问题。

目前，企业必须面对的现实是中国社会正处于转型期。所谓转型期，表现为三个特点。

一是社会价值观呈现出一种多元化的趋向。随着40多年的改革开放，尤其是近年来互联网带来的信息爆炸，中国社会已经完全摆脱了过去“整齐划一”的一元价值观时代。教育背景、利益诉求、社会阶层等因素都在促进社会成员的价值观朝多元化方向发展。

二是近百年来，在经历了数次或明或暗的文化革命，中国传统文化已经受到极大的冲击。而新经济革命内生的文化、随开放而来的西方文化、强势执政力量倡导的文化等几股文化源流并未有效融合，主流价值观尚未形成，中国社会仍处于一个文化混沌期。

三是残存的中国传统文化里，存在着与现代企业乃至现代组织形式不相容的文化基因，极大地阻碍了中国企业升级的进程。

在此社会背景下，企业在进行企业文化建设时，应处理好如下几组命题。

第一，正确处理社会文化与企业文化的关系。

社会文化、社区文化是社会群体为了解决外部生存和内部整合形成的一组范式。

比如近亲不结婚就是要保护种群的生存质量和延续而建立的一种规则；孝道是上下代之间的契约，要求上一辈人对下一辈人承担无限责任，而下一代对上一代人也承担无限责任，这样一个种群就有了连续性；"义"是朋友之间的义无反顾、两肋插刀，另外也强调"滴水之恩当以涌泉相报"，本质上是一种社会公认的契约关系；古代的师徒制要求师傅像父亲一样对徒弟承担无限责任，同时也要求徒弟对师傅也承担无限责任。这些都是社会文化的目的性，解决了人类自身的内部整合和外部生存的要求。

企业不可能脱离社会文化的大背景而独立存在，也不可能做逆社会潮流的事。企业本身也是社会的一部分，塑造企业价值观的本身就是对社会文化的参与。虽然社会正处于转型期，但整个社会的向好趋势仍然是明显的。企业在进行文化建设时，应当借鉴战略制定的思维，顺应社会发展大势，顺势而为。

第二，从企业家的价值观到企业的价值观。

企业的价值观是由企业的目标、使命、愿景演绎出来的价值原则，这个原则跟个体的价值观可以不完全一致。

员工只有在履行公司职务的时候才必须遵循企业的价值观，在履行个人的行为时应允许个体的价值观存在，与企业是一种价值交换关系。个人的价值观在组织中表现为动机，企业为了激发员工的积极性和对企业目标的认同性，要通过利益分配和控制机制让员工形成企业与员工之间的交换，引导员工形成组织的价值观。

区分清楚这个概念以后就会发现，其实员工价值观多元化并不是坏事。这种多元化只是相比改革开放前整齐划一的价值观而言，但与西方发达国家相比，我们的价值观并不多元化。

企业在进行企业文化建设和价值观整理的时候，不必把多元化问题看得很严重。员工层面的价值观多元化的严重程度远远小于企业家把自己凌驾于组织之上，而不是把自己置于组织之下的问题。企业管理层到底信不信企业有价值观，能不能真正立足于把组织当作一个脱离老板个人意志的独立生命体，赋予其目标及宗旨体系，这才是企业文化与价值观管理的核心问题。

个人认为，员工价值观多样化的问题之所以变得突出，或者经常被拿来作为文化与价值观管理的阻碍，根源在于大多数企业老板不是从企业宗旨思考企业应该建立什么样的价值观，而是把自己的价值观试图强加给组织。这会让员工觉得组织的价值观没有合法性，不是用来支撑企业目标的实现，也不是用来平衡企业各个利益主体之间的利益。

解决的正途还是回到我们过去常说的一句话：企业家要转型，要由“企业家的企业”转变为“企业的企业家”，真正把企业看作一个独立的生命体，以及各个利益相关方实现各自目标的一个平台。

第三，认清企业文化建设与管理面临的三大挑战。

企业在与社会互动的过程中，文化真正遇到的第一个挑战是在过去几十年里，中国传统文化出现断层，导致文化变得无序。

第二个挑战就是西方文化的冲击。西方文化与我们的文化是两套体系，有着不同的逻辑。西方文化传到国内以后冲击了我们的传统文化，使之出现无序和失衡。当两种文化拼凑到一起时，就变得不成样子了。

比如孝道文化本来强调上下两代都对彼此承担无限责任，而西方文化强调独立。这种文化传到中国以后，就出现了一种情况：上一代对儿女还在承担无限责任，而下一代对父母却强调个性，造成上下两代人之间的失衡。

西方企业文化建立在契约经济之上，而中国又强调师徒制。师徒制下，师傅对徒弟不承担无限责任，如同契约经济下不强调自己的义务，而是把所有的责任都强加在员工身上。这就造成利益失衡，是中国秩序重构中产生的一个问题。

第三个重大挑战是，由于企业这种组织形式是根植于西方文化基础上的，中国文化从根子上有一种与现代企业制度不相容的东西。

比如中国人缺乏原则性（太强调实用和灵活），但企业是建立在一组原则之上，管理的起点也是原则。如果没有原则性，组织很难存活，管理也很难有效。缺乏原则性很多时候使得组织的价值观无法贯彻。往往是一群人商量，包括老板也参与合谋，就把组织的原则性颠覆了。这是大问题，是每个组织都应该警惕的最大腐败。

价值观其实是一种契约，是一群人走到一起，在组织中共同约定的必须恪守的方式。没有契约精神也就意味着对组织的价值观没有发自内心的认同感。

正是这些中国文化根源上与现代企业不相容的东西，使得企业的价值观很难建立。从这个意义上讲，虽然我们关注华为，有那么多研究华为的成果，但华为的案例还是被严重低估了。其实华为不仅仅是一个成功典范，还是一个在中国文化的土壤上如何培育出现代企业的范例：其立足于中国文化的土壤，向西方学习，把西方的制度精髓、文化精髓硬生生地拿过来，建成了一个现代企业的样板。如果我们从文化的视角来研究华为是如何与社会文化互动的，更有现代性的意义。

从这一点上说，中国的企业家比西方的企业家更艰难。西方企业家更多致力于商业创新，而中国企业家还要在组织形式上创新。只有在两种创新上都有突破，才有可能做出成就。不过，时下的小米、乐视等企业强调的生态圈概念在西方并没有那么火，这属于中国企业的组织创新，既尊重了中国集体主义旗号下的个体主义，又强调了整体抱团的概念，是适合中国文化的一个组织形式。

5. 黄健江：企业文化是对人性的响应

从某种意义上说，企业文化可以脱离时代，脱离具体的产业形式。但是，纯粹地从组织的角度说，企业文化要遵循两点：第一，企业文化必须反映企业成功的规律和道理，如一定要以客户的价值观为企业的价值观，所以企业文化一定得迎合企业成功的客观要求。第二，企业文化一定得响应人性。这两点是任何企业做文化必须遵循的东西。

（1）经济形态变化对文化提出挑战

现在，中国有几种代表性的经济形态：第一种是存在于大城市的互联网经济。这种经济形态是对大规模集中的工业生产组织方式与价值创造过程的一种否定。其组织的边界发生了变化，模糊化了。

第二种是区域性经济。如浙江、福建、广东等地，形成一村一品、一乡一产，或者是一县一产的经济形态。意大利的中南部其实也是这样，其陶瓷工业、制鞋工业、皮革工业全部是这种模式发展起来的。说明这种组织模式能形成区域性竞争优势，甚至有可能在全世界的产业价值分工里占据非常重要的位置。

第三种是大工业组织。代表性的企业如富士康。大组织、大工业从某种意义上说最不符合中国人的文化特点。富士康这种形态的组织，是典型的工业革命时期的组织形式。富士康为什么不能在一个地方长期持久的生存下去，而是要不断地搬迁？

因为富士康这种工业组织方式无法持续依托于一种文化，只能通过搬迁在一个新的文化环境里成长。深圳是最典型的例子。富士康刚进驻深圳的时候，深圳经济还在起步阶段，所以富士康一度风头无二。但当深圳经济逐步发展起来后，对企业的“软环境”有了更多要求时，富士康的生产和管理方式等却没有任何改变，不得不向外地搬迁。当富士康进驻河南时，河南的经济相对落后，农民还没有更多的选择，所以他们选择了富士康，却牺牲和损害了自己的信仰或价值准则。他们不无挣扎，内心并不淡定，也并不认为自己会在富士康工作一辈子。假设当这些人在富士康工作10年之后，那时河南经济也逐步发展起来了，人们能找到更好的工作时，富士康可能就失去了在当地雇佣的基础了。

在工业经济时代，生产资料是集中化的，生产资料的生产过程及对劳动者的要求也是集中化的，富士康是工业发展到极致的典范。

但是，未来的生产方式将发生很大的变化。

首先，纯工业经济的大生产模式已经不再完全依赖于人了，而是依赖机器人和智能化生产系统。但凡不完全依赖于人力而是依赖于智力投入的生产，都可以采用分布式组织。这时候，生产就从大组织回归到相对小规模的团队，甚至是个体，由他们来承担经济责任，而且可以独立核算。

其次，互联网技术解决了经济体和经济体之间的交易机制和内部价值认定，完成了对工业经济的初步替代。京东奠定了其在家电零售企业的地位，其品牌得到了业内的认可，有助于其与其他商家的合作变得顺畅。从这个角度说，中国传统在社会组织化程度相对比较低的经济状态下孕育出来的小农经济文化是能够适应现在的互联网经济的。

工业组织是基于权威而建立的，必须有一个很明确的权威。

就像指挥军队一样，这符合工业经济的要求。但现在随着技术的发展，在工业经济中，只要能够集中生活资料、生产过程和劳动者，机器就会在一定程度上替代人的劳动。以前需要10000人的工厂，现在也许只需要几百个或1000个知识劳动者进行设备监管维护就可以了。这些知识劳动者围绕工厂运行的所有环节，形成一个一个的小经营体。虽然传统工业经济的生产过程仍然存在，但是基本实现了智能化和知识化。其组织方式发生了变化，对文化的要求也就不一样了。

比如一个50000人的服装工厂大概有50人的设计师队伍，或者是一个设计工作室来支撑全部的设计。这个工作室的设计师可能都是熟人，甚至是师兄弟的关系。这群人可谓志同道合、价值观趋同。这种小经营体的模式就与中国社会的家庭经济或小农经济的文化特征接近——当人和组织没有违和感的时候，生产力就能爆发出来，相对最大化。

从这个意义上说，中国传统的经济形态，如家庭经济、村庄或族群，甚至是地域经济，也许无法支撑大工业组织，但在后工业时期，在“平台化+生态”的互联网经济形态里，是能起到支撑作用的。

（2）企业文化的本质是为企业服务

文化在企业里有三个层次。

第一个层次是解决产业权力和政治权力的问题。简单地说，它不再是只解决企业内部人和组织、人和事、人和人的关系了，要解决的是企业和政府、企业和社会等“非企业的问题”。

第二个层次是基于产业的文化，即用企业文化的各个层面，如使命、价值观、愿景进行组织和管理。

第三层次是基于业务的文化。开发一个单一产品的项目组，或在一家大公司里面的某一个业务单元，这些组织方式用使命、愿景、团队文化、熟人文化，或者家庭文化就可以支撑。

第一个层次的文化是企业秘而不宣的，如同隐藏在孔雀漂亮羽毛后面的屁股。第二个层次的文化是企业最应该宣扬的文化，用它来阐释企业在全球产业竞争体系里面自身的竞争思想及组织模式。第三个层次的文化可以归结到团队文化范畴里。

这么多年，企业改造的大多数是第二个层次意义上的文化，即解决价值从哪儿来，价值怎么生成，怎么组织企业去实现和创造价值，这种价值在人与人之间是一种什么样的关系等问题。

这个层次的文化仍然是下一个阶段企业要着重建设和塑造的。因为企业是一个功能性组织，企业文化本质上是为企业服务的，所以企业文化一定是强势的。当企业构建自己的规则系统时，一定会反映出企业的利益，这个本质不会变。

在实践中，企业文化存在的问题也基本源于此。

第一个问题是，根本没找对企业（事业）成功的规律，而是有点主观唯心主义，一厢情愿。比如唐万新的“七个锅盖九个锅”，或孔府家酒只靠营销就想持续成功，不管其文化搞得再好，人才士气再高，凝聚力再强，队伍再强大，也是白搭。马再强健、车再扎实，方向不对，但使命、经营逻辑、战略不能反映事业的成功规律，只能是白跑，甚至可能离目的地越来越远。

第二个问题是，企业的使命、经营逻辑和战略体现了企业的成功规律，却提不出对人的思维方式和行为方式的要求。只知道挥起指挥棒，说“向东”，却不知如何诱使与逼迫人“向东”。个人只凭喜好做事，东向者愈东，西向者无动于衷，甚至心怀鬼胎，则事业同样很难成功。

第三个问题是，假设前两个问题都解决了，但提炼出的对人的思维与行为要求以及据此采取的机制，完全是反人心、逆人性的，则组织倡导的文化建设就不会成功。

（3）尊重个体是文化契约的根本

文化本质上是一种契约关系。西方社会的文化里确实承认并保障个人权利，而中国的文化却并不是基于个人权利的。我觉得这是东西方文化在企业组织里出现冲突的根本问题。

诸子百家里面最接近西方理论的就是道家。杨朱主张“拔一毛而利天下，不为也”，为了社会苍生，拔他一根毫毛都不干，这是一种极端的利己主义。但是，个体这么做也无可厚非。与人共处，这种思想就会转化为合理的利己主义，即个人有主张自己利益的权利，而合理的利己主义是培养一切进步文明的前提。一直到现在，主流价值观从来没有认可杨朱的这一观点，不认同个人应该有权主张自己的权利。

国家的法律也好，企业组织的规则也好，都是在处理人与人之间的关系。但是，处理人与人之间的关系的前提是承认个人的权利，真正的文明一定是建立在尊重个体权利的基础上。

要处理人与人之间的关系，就需要个人把一部分纯粹利己的东西让渡出来，然后形成大家认同的规则。西方的那些规则之所以被接受，是因为个人的权利不会受损害，而中国很多规则之所以不能够得到执行，是由于常常忽视了个人权益存在的合理性。

人之所以是理性的，就因为人具有选择的智慧，可以权衡在什么场合下使用什么手段能够达到目的。有时候，一个个子矮小的人也有可能与姚明那样的巨人抗衡。但仅有智慧是远远不够的，人还要具备德行。德行不但能创造价值，还能带来权威。当某人德高望重的时候，在乡村或某个组织里就能起到“规则”的作用，所有人都服他。

尊重个体的权利是个人和国家、组织之间的契约关系的根本所在。当企业构建自己的规则系统时，一定会反映出企业的利益，这个本质是不会变的。同时，企业文化还具备另一特征，即尊重人性。

尊重人性有两方面的含义：第一，尊重员工自私的想法；第二，尊重员工选择的权利。

当员工进入一家企业时，就要遵循企业的规则，在此前提下以劳动换取生存所需的物质，并获得精神满足。但是，如果不认同企业的规则，那就只有卷铺盖走人了。因此，任何企业文化的构建都要同时满足这两个条件：符合组织高效率创造价值的需求，这是必然条件；符合员工的选择。只要符合这两点，企业倡导的就基本上是合理的。如果这两个点中有一点不符合，即使企业文化说的再天花乱坠，也起不到应有的作用。

人性中都有对于美好生活的向往，虽然人们所向往的目标会有个体的差别。比如有人梦想事业有成，能拥有一座大房子；有人希望家庭和睦，子女能健康地成长。在企业中，只要员工能够遵循企业文化的导向去工作，就可能实现自己的愿望。这是文化构建的第一个要素，即尊重人性、响应人性。

有时，企业文化的导向却与此背道而驰，是违背人性的。比如企业要求员工在喝咖啡的时候必须加班。在这种情况下，就产生了矛盾：组织文化的要求是反人性的，但是组织文化的管理机制又是响应人性的，员工需要在这种两难境地中做出选择。那些愿意遵循企业这套游戏规则的人会留下，而那些愿意继续喝完那杯咖啡，愿意保留在周末休息等权利的员工会选择转身离去（注意：是主动选择，而不是被迫离去）。这是一种相互选择，是一种契约精神。

任何一位老板都会受社会价值观及个体成长环境的影响而形成自己的价值观。他们的价值观有可能与上述两个规律是交集的关系，是完全合拍的，不会有违和感；而有些是不符合这两个规律的。这时企业家如果想要成功的话，在某种意义上就要革自己的命，而不是革企业的命；要有从“企业家的企业”变成“企业的企业家”的觉悟。

有些企业也提出“共同发展，共享成功”，理念是没错，但重在落地。

我印象非常深刻的是，在2007年时，我和彭老师曾就美的集团的文化对何享健进行访谈。何享健谈了一个小时，主旨就是讲两点：第一，一个人不能包打天下。企业要做大，不可能仅仅依赖于个体的力量和智慧。老板要舍得授权、放权。第二，既然一个人不能包打天下，就要具备“有钱大家挣”的意识。岭南人崇尚财聚人散，财散人聚，这句话不是挂在嘴上的。美的是真放权、真分享、真给钱。这就是对人性的响应。

四、未来领导者与领导力

特邀嘉宾：孙健敏 彭剑锋 苗兆光 宋杼宸 吴越舟

策划主持：尚艳玲

文字编辑：尚艳玲

（一）回顾三代民营企业家，探寻领导力本质

1. 孙健敏：“速描”三代企业家，看领导和领导力

“我之所以佩服任正非，一个重要原因就是他在‘法、术、势’这三个方面相对比较兼顾，既有制度，对权术的驾驭也非常娴熟。”

要在改革开放40多年的大背景下来讨论领导者与领导力，就应先来扫描一下领导与领导力在中国“是什么样”。不过，在中国，国有企业和民营企业的差异很大；地区之间的差异很大；产业间的差距也很大。我经常讲，中国一直都是企业博物馆，在中国能找到各种企业类型，所以很难整体概括中国企业和企业家的情况，我们权且以民营企业的企业家为样本，来解一解“领导与领导力”这个命题。

（1）三代企业家“速描”

《中国企业家》刊登过一期“中国企业家画像”的专题，以第一代民营企业家为主。他们之中有农民，有转业军人……在20世纪80年代，这些人的显著特点是“光脚的不怕穿鞋的”，“人

有多大胆，地有多大产”。

从时间上看，柳传志、张瑞敏、任正非应该算是第一代企业家，但他们的共同特点决定了应该被归为第二代，那就是受过系统教育，文化素养相对较高，有一些专业背景。

以马云、马化腾、雷军等为代表的是第三代企业家。他们是科班出身，受过系统训练，直接或间接与所从事的专业有关联，有的人甚至是这个领域里的专家。

如果这个划分成立，从商业经营领域的选择来看，第一代是农民出身的企业家，简单说就是万元户；第二代更多是从体制内出来的企业家，相对专业，不是完全的拳打脚踢、打擦边球，相对来说是“旁门左道”的经营；第三代是完全按照现代企业的模式运作。而真正从领导力的角度来看，这三代企业家本质上差异不大。

（2）领导者与领导力的本质

应该从两方面来说：领导本身是一种现象，领导的现象到处存在。但是领导者是一个人，是一个位置，只要有人群的地方——两个人以上的人就需要有一个领导者。作为一个领导者，要解决的问题是激发信心、给予激励、领导变革，更多是角色行为。从这个角度讲，在不同的情景下，每个人都可以是一个领导者。但当大家在一个特定的情景下，没有想法，没有主意，不知道该怎么做的时候，当有人说我们可以这样做，并且大家都认同，那他就有领导力。

中国共产党一直强调公仆意识。20 世纪 90 年代，西方也出现了公仆型领导的概念，我很喜欢这个概念。它最基本的定义是：一个人要想成为领导者，首先要给别人提供服务。你能够给别人提供服务，别人就依赖你。这个依赖不是因为你的位置，而是因为他需要你、离不开你。

我曾经看过一个故事，说的是西方的一群达官贵人到东方去旅行，雇了一个仆人打点行程。这个仆人非常周到，把这群达官贵人照顾得非常开心，什么都不用他们操心。结果有一天，这个仆人走丢了，达官贵人们就迷失了方向，不知所措。大家突然发现，实际上这个仆人是一个领导者。

这个故事告诉我们，“领导”一方面是领，另一方面是解决方向问题，这是领导的本质。这个本质说的是，一个人不管在什么样的位置，都可以领、可以导，给大家一个方向。

从这个角度说，在一个组织里，领导者确实是被下属定义的。下属认同你，你就是领导者；不认同你，你就不是。但这个角度不能走极端，一个人不是去哪儿都是领导者，在全球范围里也没有人类共同认可的领导者。

在中国的传统社会文化里，讲究尊卑有别、长幼有序，不在一定位置的人即使能够提出一个好想法，也是人微言轻，不会引起重视，最后就把领导力和领导者混在了一起。混在一起也可以，那就需要领导者去激发信心、给予激励、领导变革，去影响别人。领导力的本质就是去影响别人，让别人跟着走或者说按自己定的方向走。

(3) 领导者靠什么影响别人

最常见的是行政手段，控制别人的行为，就像老师常对学生们说：“坐好了，好好听，谁不好好听罚站。”还可以让别人心甘情愿，最典型的是宗教。在中国传统文化里，还有法家靠制度、规范；儒家靠修身养性，等等。

这个影响靠什么来实现？法家说，法、术、势，三者缺一不可。法，就是制度规则，不管是谁，在制度规则面前人人平等；术，就是权术，也叫领导艺术；势，就是威势，在一个位置上，位高权重。要影响别人必须“三管齐下”，少一个都不可以。

过去40多年，法、术、势三者普遍没有平衡好、没有兼顾好，容易走偏。相对来说，最弱的是法。我之所以佩服任正非，一个重要方面就是他在这三个方面相对比较兼顾，既有制度，对权术的驾驭也非常娴熟。下属犯了错，不找下属，而是把部门经理撤换，逼着下属难受。这就是典型的权术，但是有“一箭双雕”的效果，既考察部门经理有没有担当，也考察下属敢不敢承担责任。如果下属主动承担责任，不但不会受罚，还会得到表扬。

另外，到了任正非的位置，适度的低调是有用的。位置越高的人越需要低调，最底层的老百姓则应该高调，因为连“调”都没有，怎么低呢？韩非子讲，对于有一定位置的人来说，要懂得怎么样利用这个位置。这在物理学上叫“势能”，也就是我们通常讲的“气场”。

（4）从影响力看企业家的过去和未来

从影响力这个角度来说，三代企业家都可以概括出一些共性的东西。第一代企业家做得不错，但形式上不够高雅。任正非所代表的第二代企业家，有一些东西超越了那个时代，比如远见、抱负、追求。这些特质是决定中国企业能不能做大做强的根本。我之所以不太看好一些新兴产业的创业者和企业家，主要原因也在于此。

这真的不是唱高调。任正非进入电信领域时，没有说过要做到几千亿元、几万亿元，只是说要在电信设备领域成为世界级的领先企业，这是一个多么了不起的人生抱负和追求。美国的老福特先生创立福特汽车时，没有说要追求多少财富，要创造多少个亿万富翁，想的是让美国的工薪阶层都开上小汽车。类似的还有爱迪生等等。这些人不是从赚钱的角度来做事业，只是在这个过程中无意中发了大财，偶然成为亿万富翁。

与此相反，我看到和了解的许多国内企业的创业者，更多则是利益导向。想赚钱不能说是错的，但和事业导向、价值导向相比，确实有差异。20 世纪 90 年代，李东升说，TCL 的目标是一年做到1500亿元时，就知道这家企业不容乐观了。方正集团当年提出要打造100个百万富翁时，就知道方正也走不远了。我们可以把钱当作一个副产品，而不能把它作为一个核心追求目标。人生核心的东西是价值追求和导向，无论到什么时候，都不会过时，这是必要条件，不是充分条件。没有这个，也许可以赚大钱，但一定不能真正把企业做大做强。

“财聚人散，人聚财散”，讲的只是一个方面，不是根本。当年我们在华为，从利益共同体转换成命运共同体，要做大文章。一个普遍的问题是，大家通过奋斗成为富豪，拥有无数财富，但财富生不带来、死不带走，为什么还要奋斗？中国企业没有根本解决这个问题。

任正非尽管没有完全解决命运共同体是什么、怎么实现的问题，但至少有了比较明确的方向。不否认有很大一部分人是利益导向，来华为就只是淘金，淘到金子就可以走。但是只有认同华为文化、传承华为文化的人才能在华为长期发展，成为所谓的命运共同体。对很多企业来说，如果只是在口号上提倡奋斗、创新、共患难、家文化等，是解决不了根本问题的。

不管是过去还是未来，企业家个人的追求、抱负、远见、影响力，在一定程度上决定企业能不能做大做强。越是高端人才，越不会被物质和一般的事业吸引。

西方曾总结出魅力型领导的七个特征，在马云、雷军等企业家身上表现得很充分。但表现最充分的还是任正非，就算不出门，也遍知天下事。他知道5年以后、10年以后的事，总是折腾、总是变革，三五年就来一次。1997年，市场部集体辞职；2001年，带头降薪；2007年，又是一波辞职……不断地流程再造，不断地折腾。这些折腾的出发点是思想观念，落脚点是改变思想观念，不断引导新东西出来。还有就是中国传统文化影响下的个人，在任正非、柳传志、张瑞敏身上，几乎没有漏洞可钻。

即使有人想坑他们，也找不到把柄，因为他们没有不良嗜好，这是在中国作为领导者的基本条件。

2. 彭剑锋：传统文化视角下的领导力

领导力就是影响他人实现目标的能力。这是彼得·德鲁克的定义，是最准确的定义。从组织的角度讲，如果你能够影响他人实现目标，那你就是领导，哪怕你只是个小人物。

那么，领导者怎么实现领导力，即影响力？我们从中国传统文化里找答案。

（1）儒、道、法、禅四种思想下的领导者

儒家：道德影响力。儒家强调道德影响力，提倡修身养性，对自己要求很严格。中国企业家里最具道德影响力的有两个人：张瑞敏和柳传志。我们为联想做文化项目时，深入访谈了包括柳传志在内的数十位高管，对柳传志身上体现出的儒家特质深为敬佩。最“干净”的是张瑞敏。我当了海尔10年的专家董事，访问了几十个人，发现张瑞敏早八点上班、晚八点下班，几十年如一日；酷爱读书。在他身上挑不出任何毛病，这就是修身养性，靠的是道德影响力。

道家：自然影响力。纵观中国文化，中国人内心深处理论上是追求成为知识分子。知识分子都是讲儒家思想的，但儒家思想从来没落地。真正落地的是道家思想，真正对中国人思想影响最深的是庄子。他讲的逍遥、自我自在、与世无争，是中国老百姓内心里推崇的，是融到骨子里的东西。中国人之所以很难组织起来，本质上是因为个人主义，与小农经济没有关系，与中国文化有关系。

法家：威权影响力。真正到了操作层面，最成功的是法家。法家是“帝王之术”，讲究威权影响力。中国从秦始皇开始，凡是国家强大全靠威权，威权带来富国强兵，而且客观地讲，管住老百姓最有效的方法就是威权。但思想的出现一定是在国家没有威权的时候，在国力不行甚至战乱的时候。我们所认为的威权和西方的威权是不一样的，西方讲制度、讲规则，讲法、理、情，“法”在前；我们讲的是情、理、法或者法、术、势，实际上“术”在前、“法”在后。在中国历史上，在操作层面，影响最大的、能富国强兵的是法家，带有个人影响力、个人威权的集权领导。

禅宗：综合影响力。能够把中国人管好的，我认为是禅宗。禅宗既强调使命、价值观牵引，又强调制度，还强调授权，兼具儒道法，是中国文化的集大成，具备综合影响力，有系统的影响力。领导的本质就是把儒家思想、道家思想、法家思想融为一体。任正非是带有禅宗思想的，身上存在着多重人格，这就是西方国家正在研究的领导者对矛盾的驾驭能力，赶时髦的话叫量子领导力。量子领导力强调的是，任何人没有截然相反的善恶之分，即一体两面，该用善的时候就用善，该用恶的时候就用恶，取决于价值观和环境的变化。一个人如果完全是恶的，最终走不远；但如果要做纯粹的善人，也是有问题的：一是很难；二是境界太高，一般人学不了也达不到；三是做纯粹的善人、圣人，未必能把企业经营好。凡是领导者要做圣人的，企业内部都缺乏创新，比较守成，因而活力不足。实际上，人是善恶交加的。领导者发挥影响力既要通人性，又要讲规则。

只是很可惜，禅宗思想在宋代以后就断代了，反倒是被日本学了过去，现在又在美国发扬光大。蒙古灭宋后，洗掉的还有禅宗文化。现在中国人的传统文化已经不算是正宗的文化，中国人身上的缺点也不是中华民族优秀品质的传承，而是多少带有落后文化的传承。从这一点上来讲，我们的文化在某种程度、某些方面断代了。

（2）数字化、智能化时代，中国文化能焕发新能量

为什么工业文明没有产生在中国，而是产生在西方？

从文化发展史看，无论是孔子的《论语》还是老子的《道德经》，全是以事论事，全是感悟，是没有逻辑的。到了朱熹、王阳明，稍微有点逻辑，但还是没有严密的逻辑结构：这件事对我有利，我就拿这句话来对付你，前后文不管，断章取义，比较典型的实用主义。而在西方，从苏格拉底到柏拉图再到亚里士多德，形成了严密的形式逻辑。有了形式逻辑就有了严密的系统方法论。二者奠定了科学基础，最终形成西方的工业文明。

几千年的文化根基，中国没有产生工业文明，但为什么现在又充满希望呢？

中国历史是跨界融合、包容开放的历史，思想上讲求回归人性、回归自然，讲自驱动。这些文化根基是符合数字化时代和智能化时代的，符合所有的管理原则。从这个角度讲，未来中国真正恢复的中华民族传统文化的精髓，是符合工业文明时期管理伦理的，是一种文化自信。

（3）时代呼唤“灰度”领导力

现代领导力，就是“灰度”领导力，即西方研究的矛盾领导力、悖论领导力，要求既要有愿景使命驱动，又要有跨界融合思维和驾驭各种复杂矛盾的能力，把握好度。这种能力对于领导者的要求提高了。

未来，改变全球的是5G。5G会使得物体开始有灵性，回到禅宗讲的“一花一世界，一叶一菩提”。当所有物体都有灵性，企业的竞争点就是每个物体都会产生的大数据。谁拥有数据资产，谁就拥有一切。

比如谁掌握了马桶，谁就掌握了未来。因为在触摸技术、感触技术之下，以后的马桶就是一台人体健康检测仪，每天都能监测人体健康指数。我们去亚马逊，一进门，不管你的眼睛朝哪个方向看，都能够产生对你个性和决策方式清晰的大数据描述。现在任何一个角落都有摄像头，未来就可以把你的数据融入大数据。大数据让人无处可躲，物联网让人变得透明。这就是5G以后的物联网世界：既要透明又要不透明；既要威权又要放权；道德被照到天花板上又要接地气。

人的社会责任感是自然的，你不承担社会责任，社会就将把你抛弃。你没有全方位的相关平衡能力，没有错综复杂矛盾的驾驭能力，就当不成领导。人是复杂的一体两面，未来要走向西方的复杂生态。领导者也是复杂的，要具有不分黑白的对立思维。有的时候需要三成善七成恶，有的时候需要七成善三成恶，要有度。

（二）未来领导者与领导力

1. 孙健敏：未来领导者的三个核心素质

现在对未来的描述，新名词很多，比如大数据、物联网、区块链、众筹、平台化、共享经济，等等。不管是什么产业方向、业务模式，在未来，对于企业的领导者，我认为有三个方面的素质是需要具备的。

一是个人的责任感。具体到企业，就是社会责任感会变得越来越突出。作为企业家，真的不仅仅是为几个人谋福利，而是要为整个社会造福。只有这样，才会在大的框架、格局里去经营布局，而不是机会导向下的野蛮生长。企业升级换代要体现在追求上，要有社会责任，要在遵纪守法的前提下创新经营模式、管理方式，进而盈利。

这对于未来的创业和经营可能都是一个挑战。比如共享单车，不否认这个想法很好。但它自诞生时，社会责任感就比较弱，因为没有考虑到环境问题，没有考虑到几年后这些单车怎么处理的问题。这些问题靠制度，是堵不住的，只能靠企业家的个人自觉。法律和制度肯定需要强化，但道德底线要靠个人自觉。

在西方，不是所有人都信仰宗教，但相对来说，整个社会有宗教基础。在中国，“五四运动”以前，修身养性的文化是起作用的，之后就相对弱了。华为好就好在，制度和文化两个方面一直在强化，一直在超前引导，没有短板。

二是要有平衡能力。在我国，可持续性不太好的一个表现是：大家都很累，天天在加班。要让大家活得更轻松一些，更舒服一些地去创造价值，这对于一个领导者全方位的、综合平衡的能力要求更高。过去，一个领导者可以是某个方面优秀的业务人员；未来，一个领导者，特别是创业的领导者，更需要具备全方位的平衡能力。

按照西方的说法，所有的利益相关者都要兼顾，包括员工、客户、股东、社会，等等。在具体工作的平衡上，就像华为的“灰度”管理，不仅仅在内部，在整个外部也要把握好度。比如考虑客户时可能会损失一些股东的利益，考虑股东时就可能会损失客户的一些利益。所以，怎么样平衡包括了方方面面。这里就要用到西方最近发展、中国人早就有的一个概念——矛盾领导或者叫悖论领导。

一个领导者一定是两面的，而不是单一的一面，一面非常善良，另一面非常狠；这边看到他的温和，那边看到他的暴躁。这一特点在任正非身上表现得很充分。涉及思想观念问题、人的问题时，他不轻易放权，但是在财物和业务上彻底放开，这就可以让手下的人找到感觉。现在的轮值 CEO 制度也是如此，一方面在考察人；另一方面让每个人都找到感觉。

柳传志也是如此。按照他的说法是：“我有把握的时候你就照我说的去做；我说服不了你，你也说服不了我的时候，你可以去做，但要承担后果。”一方面授权，另一方面专权，看似矛盾，但可以游刃有余，在矛盾中保持平衡。这与全方位平衡不完全一样，全方位平衡是指做事情，而矛盾领导、悖论领导更多的是思维方式和价值观。一个成功的领导者身上相对会表现出两种矛盾的方面。

三是要有包容胸怀。按照中国的阴阳理论，事情没有绝对的是或者不是，而取决于什么情境下针对什么人，不能用固有的方式针对所有人。这在一定程度上要个人修炼。黑白分明、是非分明，眼睛里不容沙子，好就是好、不好就是不好，你不好我就不跟你往来等，相对来说就是不够包容。不够宽容，更多的不是能力问题，而是胸怀问题。

权术和技巧也是如此，领导者一定需要有一定的技巧，能够在矛盾中把握平衡。任正非是在外面低调，在公司高调；公司好的时候低调，公司不景气的时候高调，看起来很矛盾，实际上考虑的是三五年以后的事。这些最终都落在个人修养和锻炼上，在这个前提下，业务方面也会有差异。

总的来说，不管时代怎么变，以上这些“主旋律”是基础的东西。没有这些不会长久，有了这些不见得长久，但是再加上别的东西，可能就可以更长久一些、更长远一些。

2. 宋杼宸：价值观领导未来

“任何企业的兴衰都源自领导力。领导力不是一种能力，而是一种力量、一种势。基于价值观的领导和领导力更能领导未来。”

领导力，我的理解是“领导者 + 力”。这个“力”的内涵根据时代的特征、企业的要求会发生变化。改革开放早期，领导者借力的时代，简单直白地说，那个时候更多借的是“蛮力”（比如能找来资源的领导者就有领导力）。现在的企业家也是借力，但基本上是借智力。中国进入互联网时代以后，大数据、信息化、智能化等构成了新的场景，这个场景对领导力有了新的要求。

（1）领导力就是影响力

任何企业的兴衰都源自领导力。基于价值观的领导和领导力更能领导未来。

我们经常把英文的"Leader"翻译为"领袖"或"领导者"，把"Leadership"翻译成"领导力"。其实"Leadership"这个抽象的概念很多时候不只是说技能技巧，更是强调品性价值观的内涵，在精神层面的影响与带领——能够促使众人挑战现状、推动变革。

领导力就是影响力，影响力就是气场、能量场，不存在技巧，但有方式。一个人有了影响力之后，大家心甘情愿地为他做事情。领导力不是一种能力，而是一种力量、一种势。当一个人对别人具有影响力的时候，别人愿意追随他的时候，这个团队不一定会成功，但基本上是有希望的。这个时候，这个人就具有了领导力，同时，他就会成为显性的或者隐性的领导者。在很多亚文化里，有的人虽然没有一官半职，但他的号召力强，那么他就是领导者，因为他有影响力。

领导力是领导者凭借其个人素质的综合作用在一定条件下对特定个人或组织所产生的人格凝聚力和感召力，是保持组织卓越成长和可持续发展的重要驱动力。

之所以说基于价值观的领导和领导力更能领导未来，是指这个领导者会把自己的价值观融入企业的管理经营、队伍建设、事业发展等方面，使员工的价值观趋同，形成公司的整体文化，这对于企业的管理和发展都有重大的意义。

（2）新领导力时代需要基于价值观的领导力

2018年，中国企业联合会邀请华夏基石一起合作研究中国企业家精神测评指标体系，现在还在讨论中。我的建议是：评估企业家精神不能完全以在位的、成功的企业家为标杆。中国的企业家精神是很多人牺牲了个人而成全的。他们可能不在位了，可能企业失败了，但是并不能因此而忽视他们身上的企业家精神。

很多企业家不在岗位上了，但是他们的思想仍然在影响着企业，因为企业家和企业家精神发挥作用的背后其实是思想和价值观。所以我建议，评估企业家精神应该有一项重要指标就是价值观管理，即如何形成基于价值观的领导和领导力、如何影响别人。要影响别人，首先要影响别人的思维，而要影响别人的思维，前提是人格富有魅力，核心是要坚持基于价值观的管理。

首先，了解基于价值观的领导力内涵。

一是要有自己“明确而不含糊”的价值观，并且要能以这个价值观来影响团队和个人。在企业中，领导具备的价值观应该是明确的、崇高的。“明确而不含糊”的价值观才能真正注入并影响企业；“崇高”的价值观才能赢得下属的认可和信任，让下属有信心并且乐于追随。所谓的成功，是企业的生存对社会的贡献追求大于对利润的追求。

二是把价值观融入企业。企业家要有自己独特的经营理念，并确保这种价值观融入企业经营管理和团队建设。一方面是通过制度来固化，华为就是通过制度把价值观落地的典型；另一方面是通过制定战略把价值观融入公司的经营管理实践，成为员工自己的行为和判断对错的依据。华为“以奋斗者为本”的管理纲要、“以客户为中心”的经营纲要，就是把核心价值观融入公司的经营管理中的做法。

三是必须有取舍、会取舍。企业在制定经营战略和实践经营过程中，除了要确定经营是抓还是放，还应该在价值观上判断应不应该做。一家企业有的时候在经营上是对的，是挣钱的，但在价值观上是错的。我一直跟百度打交道，有位百度高管问我：“你认为陆奇为什么走?”我说：“你们公司没有价值观。”高管问：“为什么没有?”我说：“你们的价值观很可笑，给员工定了行为十条，有四条跟政治有关。”百度和谷歌是一起发展起来的，谷歌做的都是对人类有意义的事情，百度只是在做赚钱的事。有的事从经营上可以做，但从价值观上就不应该做。

其次，基于价值观的领导力要掌握几条原则。

具体来说，基于价值观的领导或领导力应掌握如下原则或处理好如下关系。

一是愿景引领发展。《基业长青》指出，那些真正能够留名千古的宏伟基业都有一个共同点：有令人振奋并可以帮助员工做重要决定的愿景。

愿景就是公司对自身长远发展和终极目标的规划和描述。在不确定时代，愿景对于凝聚人心和指引方向的重要性不言而喻。它能开发出清晰的未来愿景，确定前进方向，并善于把这种愿景规划与下属进行交流；会指引企业或团队在风险和挑战面前，对自己所从事的事业拥有坚定的、持久的信心。在复杂的情况下，它能从大局、从长远出发，果断决策，从容应对。

二是信念重于业绩。每一位企业的领导者都应当把坚持正确的信念和价值观放在所有工作的第一位，因为它可以带给企业可持续发展的机会。反之，如果把全部精力放在追求短期指标上，虽然有机会获得一时的成绩，却可能导致企业发展方向的偏差，使企业很快丧失继续发展的动力。

三是人才优先战略。对于当今时代的企业管理者而言，人才甚至比企业战略本身更重要。因为有了杰出的人才，企业才能在市场上有所作为，管理者才能真正拥有一个管理者应有的价值。没有人才的支持，无论制定了多么宏伟的蓝图，无论制定了多么引人注目的企业战略，都无法得以真正实施，无法取得最终的成功。

四是团队大于个人。在任何一家成功的企业中，团队利益总要高过个人。企业中的任何一级管理者都应当将全公司的利益放在第一位，部门利益其次，个人利益最后。因为如果公司无法在整体战略方向上取得成功，公司内部的任何一个部门、任何一个团队就无法获得真正的成功。而团队无法成功，团队中的任何个人都不可能取得哪怕是一丁点儿的成功。

五是授权优于命令。当今时代是一个信息时代，人人都拥有足够的信息，人人都拥有决策和选择的权利。将选择权、行动权、决策权部分甚至全部下放给员工，给员工更多的空间，充分地调动员工的积极性，最大限度地释放他们的潜力。这样的管理方式将逐渐成为21世纪企业管理的主流。

六是信任好于权威。在企业管理的过程中，尽管分工不同，但领导者和员工应该处于平等的地位，平等的基础是信任。比如重视和鼓励员工的参与，与员工共同制定团队的工作目标，让员工有强烈的参与感和认同感，会因为被尊重而拥有更多的责任心。只有这样才能营造出积极向上、同心协力的工作氛围。

七是理智强于激情。领导者应善于在工作中自觉地、理智地进行自省、自控和自律。管理者应该对自己的能力有充分的认识和理解，清醒地知道自己的长处和不足，明白哪些事情是自己擅长的，哪些事情是自己办不到的。

领导者应善于自我批判和反思。能够从过去成功及失败的经历中总结、提炼经验教训，确保继续成功，或者避免再次失败。这个过程绝不是被动的，或者是靠别人填鸭式的吸收过程，而是一个发挥主动性、创造性的过程。

八是创新推动超越。不创新，无未来。现代科技的发展、互联网时代的信息支撑，要求企业以创新挑战未来。不进则退，不进则死。卓越的领导者应该让创新成为企业自身的基因，推动创新，抢占超越竞争对手的先机，实现企业的可持续发展。

这几个原则、方法，是使企业培育出有价值观的领导和领导力的有效途径。

3. 吴越舟：创变力与战略定力的平衡原则

“战略定力和创变力的匹配和选择是决定企业家领导力的关键点。为此，企业家必须平衡好创变力与战略定力的关系。”

具体来讲，创变力是企业家在互联网时代，应对动态、复杂、模糊的不确定环境，所应具备的引领新方向、开拓新领域、创造新局面的能力，是在识变、抓变的基础上，进一步创造有利于企业发展的未来前景，是用前瞻的未来愿景规划创造现实，把未来融入现实。这是一种认知方式的革命，打破了现实与未来的界线：未来就在现实的努力中，现实的努力就是实现着即将发生着的未来。

在企业家运用创变力、创造新境界的过程中，往往会受到新的变化因素的影响、诱导、诱惑，造成误判，进而动摇企业家的决心和信心，造成行动逐渐偏离最初确定的目标和方向，特别是对于处于技术领先的企业，如果企业家缺乏足够的战略定力，就会使最初的战略方向和目标在执行的过程中面目全非，最终错失机遇，走上发展的岔道。

可以说，战略定力和创变力的匹配和选择是决定企业家领导力的关键点。为此，企业家必须平衡好创变力与战略定力的关系，这就需要把握以下三个原则。

（1）价值原则

怎么判断创变力和战略定力这对矛盾，谁在前，谁在后；谁为重，谁为次；什么时候这个发力，什么时候那个发力。第一原则就是价值原则，即企业在为谁创造价值，如何创造价值。企业有长远的发展，应实现社会价值、客户价值、企业价值的统一。企业家什么时候大胆地创变，什么时候毫不动摇地坚守既定方向和目标，都可以在价值原则面前进行衡量。

价值原则的三个方面，社会价值、市场客户价值和企业价值是有排序的。国家、时代是大生态，客户是中生态，企业是小生态；大生态决定中生态，中生态决定小生态。

社会价值，即企业选定的方向符合当前社会发展的潮流和趋势，符合国家政策的导向，这是企业生存与发展的大方向、大环境。

2015 年，深圳汇川技术有限公司毫不犹豫地进入新能源汽车领域；2017 年，又大规模地布局智能制造领域，确定了未来 5 年的战略目标，即到 2023 年，力争成为智能制造之王、新能源汽车之王。“双王”目标的确定，将可能创造公司新的发展格局，这就是该企业领导者确定战略目标时，使其符合国家经济发展新动能的战略方针，做出的主动战略抉择。可以说，企业家的战略选择要与时代趋势、经济发展、政策导向同频共振，创造社会价值。

客户价值，即企业的技术、产品、服务要为客户解决问题、创造价值，而且要为客户创造相对于市场和竞争对手更加领先的价值，帮助客户实现领先价值。深圳汇川技术有限公司在 2003 年创业之初，在考虑生存问题时，创业团队就统一了思想，不走同行的低价之路，要着眼于为客户创造更多的新价值。2008 年，公司实现了从单一产品到综合解决方案的转变，以更多的性能价值，赢得市场和客户。

企业价值，即要让企业的资源实现最大价值，促进企业的发展，其中最重要的是实现人的价值，有利于培养具有使命、责任、能力和激情的人才。

（2）简约原则

简约原则，即人总是希望用最少投入获得最大的回报，少投入，多回报。生活如此，工作如此。从某种意义上说，人类的每一次技术创新都是试图“懒惰”的产物，以代替人类某方面的大量付出，而获取便捷的美好生活。简约原则体现为两个方面。

一是对客户。对于企业的客户来说，追求的是便捷、简单、实用、智能的技术和产品，用简单有效的手段或产品解决复杂的难题。具有创变精神的企业家，从客户的这一本性出发，需要自身承担复杂、烦琐的过程，打造简单、实用的产品，给客户提供简单、好用的体验，并考虑美学要求，做到满足审美的要求和感受。在当前我国市场消费需求升级的大背景下，还要求产品的个性化甚至定制化，这就是企业家在战略定力下创变的市场方向。

二是对员工。对于企业的员工来说，追求是自身价值实现的最大化，他们会考虑自身行为的结果，追求长远的目标，具有自身的价值取向，在付出自身努力时，会选择投入的程度。为此，创变力与战略定力的平衡，还必须考虑与企业员工现状的匹配。深圳汇川技术有限公司在投入新项目时，会考虑三个因素：有没有价值；有没有人愿意做；愿意做的人有没有能力做。同时具备这三个因素，才具有做的现实性。不具备这三个条件，创变只是空中楼阁，无法落地。此时，不选择，保持定力就成为一种明智的选择。

（3）统筹原则

统筹原则是一个拿捏的过程，有三个层面：空间上的结构、时间上的节奏及组织上的基因或者叫人性上的基因。前面两个原则是最主要的，最后一个原则实际上在拿捏、排序、匹配。现在国内研究创变力和战略定力的文章很多，把二者融为一体的文章并不多，但这是新一代企业家必须面对的命题。

如何应对？把传承和创新统一起来。

第一，要统筹利弊。选择比努力重要，企业家的战略选择，不仅是选择做什么，也是选择不做什么，放弃什么。选择也意味着放弃，这就要考虑四个方面的利弊，即选择做什么有什么利处，又有什么不利处，选择放弃有什么利处，又有什么不利处。统筹考虑这四种利弊之处，可形成模糊状态下对发展趋势的清晰洞察。

第二，要统筹时间要素，即统筹当前与长远的关系。长远是着眼点，当前是着力点，需要保持长远方向的大致明确，更需要当前的坚定努力。要符合当前与长远的一致性原则。

第三，要统筹空间要素。即统筹局部与全局的关系。常态下，全局推进，局部重点突破。而在互联网时代，局部重点突破的重要性大大增强，某一技术创新、某一“爆款”产品，就会改变某些企业、某些行业，甚至人类的生活方式，更需要企业家去关注局部可能的突破，以点带面。

第四，要统筹企业发展方向与企业使命、愿景、价值观的关系。企业的使命和价值观，是企业家创变的总方向，也是保持战略定力的力量之源。在这一点上，企业家的创变力与战略定力实现了高度的统一。企业家必须让企业的使命、愿景、价值观深入骨髓，深入每名员工的灵魂。

深圳汇川技术有限公司的老板说："做一件事，未来有没有价值、有没有发展空间是第一因素；有没有人愿意做，是第二因素；第三因素是能力够不够，能力包括营销界面的能力和研发界面的能力。"深圳汇川技术有限公司进入了几十个行业，每进入一个行业都设一个"行长"。这个"行长"必须有 15 年以上的技术背景，还要有一两年的市场经验。因为他们做的是技术密集型产品，需要把技术和市场打通作为一个重要的支点。深圳汇川技术有限公司认为所有的机械类设备都包括三个系统：控制系统、动力系统和机械传动系统。深圳汇川技术有限公司的强项在于动力系统，但他们会研究与选择各个细分行业，是否处于技术变革与升级阶段，之后选择目标细分行业中专长于控制系统的排名第二位的企业进行参股合作，签订周期性增长"对赌"协议。控制系统的排名第一位的企业一般规模较大，难以合作，通过与细分行业控制系统的其他领先企业的深度联盟，完成与引领一个行业的整体技术升级。

运用上述判别原则，在剧变的不确定环境中，企业家确定变与不变的界线与尺度。符合的要大胆创变，与这一原则相违背的因素，一般属于诱惑因素、干扰因素，都要坚决摒弃，防止偏离，保持坚韧的战略定力。

4. 访谈：彭剑锋——我眼中的中国企业家与未来新领导力

（1）三代企业家印象

尚艳玲：彭老师，您好！2018 年，《人民日报》发布了一个

“改革开放40年百名杰出民营企业家名单”。作为中国本土企业管理咨询业的开拓者，改革开放40多年中国企业发展的见证者、参与者，您可以说是见证了中国民营企业的成长，并且与一大批企业家有过深度的接触，所以今天能否请您重点谈谈您印象中的中国企业家群体？

彭剑锋：这个问题时间跨度有点大，我想想从哪里开始说起（沉思中）。其实，第一代真正的民营企业家还是要从1992年邓小平南行以后算起。1992年以后，中国企业真正进入了市场化进程，为中国民营企业家的成长和发展提供了一个很好的制度环境和舆论环境。舆论环境是大家呼唤企业家精神，那时候政府也有很多官员下海创业，很多国有企业的干部也下海了。

事实上，第一轮“下海潮”队伍就是由国有企业干部、政府官员组成的。何享健、任正非、柳传志、王石、李东升等，这一拨企业家有的是从政府部门走出来的，有的是脱胎于国有企业或集体企业，也有自主创业的。他们之中产生了一批代表性人物。如从政府机关和国有企业走出来的王石、任正非、柳传志、李东升等；脱胎于集体企业的鲁冠球、宗庆后、张瑞敏；自主创业的像新希望的刘永好三兄弟，温氏的温北英、温鹏程父子，苏宁的张近东，传化集团的徐传化、徐冠巨父子，山东六和集团的张唐芝，福耀玻璃的曹德旺，顺丰集团的王卫等，都是这一时期产生的有代表性的优秀企业和企业家。

要说这批民营企业家的特点，我觉得以下几点体现得比较鲜明。

一是这些民营企业家个性鲜明，个人特征比较突出，有超强的人格魅力。

二是在领导风格上相对集权。

三是有驾驭各种复杂矛盾关系的能力。

四是他们熟悉和了解体制。

五是领导方式带一点政治式、运动式，在企业内部会搞一些革命式、运动式的变革。

六是学习能力非常强。

尚艳玲：从比亚迪汽车的王传福身上似乎也能体现出那一代人的民族主义、产业兴国的抱负和情怀。

彭剑锋：对。王传福也是第一代企业家的代表性人物。他们具有很强的产业救国情怀，都有点个人英雄主义情怀，既有个人英雄主义的情怀，又相对集权，有独特的个人魅力，超强的学习能力，对体制很熟，熟悉体制，也熟悉市场。他们能够娴熟地驾驭错综复杂的政商关系。这些人一直都很坚定地发展实业。

尚艳玲：第一批民营企业家面临的是广阔的市场机会，比较薄弱的商业基础，得摸索着、试探着往前走。

彭剑锋：他们的逆境情商普遍很高，不怕挫折和困难，百折不挠。不抛弃、不放弃，是这代人最典型的特点。那时改革开放刚刚开始，这些企业家都善于抓机会，有很强的市场洞察力。虽然大多数并没有行业背景，但他们有敢为人先的风险承担意识。这些都是那一代成功企业家的特质。失败企业家就不谈了，因为他们的失败原因大致相同：机会主义导向，没有掌控住企业成长的节奏。

尚艳玲：经过您的概括，第一代企业家群体的特征鲜明地突显了出来。那么，以BAT（百度、阿里巴巴、腾讯）企业为代表能否构成第二代企业家群体？他们又有着什么样的特点？

彭剑锋：1996年至2000年，在互联网领域产生了一批企业，以BAT为代表，马化腾、李彦宏他们大多数是接受了东西方的教育，都是高学历，有开放的思维。简单来说，第一代基本上都是纯“土鳖”，第二代很多“海归”，有海外学习的背景。

这一批企业家普遍具有全球意识，具有全球视野。他们尊重专业，尊重专业人才，对产品技术有偏好，愿意为产生技术投入。

这一点跟上一代人不太一样，他们思维上是创新的，有宽广的知识面，对新技术很敏感。这一期间产生了一批随着互联网成长而成长的企业家和一批技术创新者。BAT、京东、东软、用友、科大讯飞，等等。

尚艳玲：我有一个印象，不知道对不对，如果说上一代企业家更多是市场机会导向，是发现和满足需求，那么第二代企业家很多时候是在引领和创造需求。

彭剑锋：商业模式往往是创新驱动，不一定是产品技术。我认为第二代企业家主要是商业模式创新，但他们对技术创新是有感觉的。

尚艳玲：我看到资料说，现在是一个企业普遍进入交接班的时期，第一代民营企业家普遍到了或超过了退休年龄，他们的接班人能算是第三批企业家吗？

彭剑锋：第三批企业家就可以分成两类了：一类就是接班家族企业的“富二代”；另一类是一批自主创业的人。这批人普遍有国际化的视野，有跨界的思维，追求商业模式的创新，善于运用两种杠杆，即资本的力量和商业模式创新的力量。

尚艳玲：比如美团的王兴，似乎就是擅长运用两种力量的代表。

彭剑锋：他们还很擅长运用互联网社交和传媒工具。很多企业老板本身就是网红，如双良集团、梦金园这些企业的接班人，他们和父辈的风格有很大区别。

尚艳玲：老板高调与否好像跟行业也有点关系，您刚才说的都是两家时尚行业。像刘永好的女儿刘畅，杨宗庆后的女儿宗馥莉，杨国强的女儿杨惠妍等，她们就很低调。

彭剑锋：也不会太低调，毕竟在那个位置上，想低调也低调不了。不过，接班的一代倒是有一个很有意思的特征：女孩子比较多。这种情况会不会带来一些新的变化，目前还看不出来。

还有一类是基于互联网的创业者，比如刚才提到的王兴，以及像陌陌、拼多多的创始人，他们都是“80后”“90后”一代。这批人具有开放的思维，从领导风格来说，没那么专制，没那么集权，具有团队意识。

这一批企业家最鲜明的特征是，高度认同互联网思维，具有互联网思维，而且比较注重技术创新，舍得在研发上投入，在产品上发力。他们不仅仅是靠商业模式创新，在某种程度上是靠产品技术创新去获取优势。

尚艳玲：对，我注意到这一批人很多都是在高中就被送到国外学习的。相比他们的父辈来说，他们天然有全球化的语言优势，天然对互联网思维、技术和语言有更好的理解和掌控。另外，他们可以说是消费主义的一代。这种成长背景会不会使他们对市场发生的新变动，用户需求的变化可能更敏感一些？

彭剑锋：从表象上来看是这样的，但目前他们还都没有独挑大梁，父辈还在“扶上马送一程”，所以他们个人的特征还没有表现出来。

尚艳玲：彭老师您对三代企业家的总结，我认为既是高度提炼概括，也有一种历史纵深感。

彭剑锋：不一定准确。大致印象中，比较能体现个性的，或者代际区隔的，大概就这三拨人。第一拨是早年的创业者，从体制里面出来的；第二拨是留洋回来的，赶上了互联网，赶上了技术创新的；第三拨是“富二代”，国外留学回来的一批人。第一代企业家基本上都是工作狂，对他们来说工作就是生活。第二代中的一部分，以及第三代企业家比较注重工作和生活的平衡，懂得享受生活。

（2）新领导力时代

尚艳玲：听了您的回顾与概括，我觉得企业家与时代是相互塑造的关系，就像宗庆后说的：“时势造英雄，英雄也造时势。”

未来是一个大数据、智能化、互联网的新时代，这个新时代的特征对领导者和领导力提出了什么样的新要求呢？

彭剑锋：我们经常讲的是企业家要转型，需要新领导力。面对新环境、新要求，首先要求的是企业家转型。企业家如果不转型，企业家就会成为企业转型升级的天花板，企业就很难抓住数字化、智能化时代的历史性机遇。企业家的八大转型：从个人领导力到团队领导力；从个人能力到组织能力；个人的魅力领导到团队领导；从不按牌理出牌到要对规则有敬畏感，过去对规则是没有敬畏感的，现在要有很强的规则意识。有规则意识，对法律有敬畏感。过去的领导有私德，公德不一定强。未来的领导既要求有私德，又要有公德，有时候公德比私德更重要，如图 3－1 所示。

中国企业家的八大转型：重塑企业家的创新使命、创新责任、创新领导力

所有权的角度	“我的”：个人自我价值与财富实现	⇒	“我们的”事业合伙制超越个人财富的社会责任
组织文化的角度	老板个体文化与领导风格	⇒	组织文化与共享价值观的团队领导
价值评价体系的角度	老板个人主观评价	⇒	构建客观公正评价体系
从敬畏感的角度	个人敬畏	⇒	规律、法律、规则敬畏
企业决策与智慧源泉	个人能力与智慧	⇒	群体能力与智慧、团队学习
企业家的关注重心	盯着几个能人	⇒	关注人背后的机制、制度建设
责任体系角度	对老板（股东）负责	⇒	对客、员工等相关利益者负责
人生价值目标追求	做生意、挣钱、短期机会导向	⇒	做事业、使命驱动、长期战略导向

CHINA STONE

图 3－1　中国企业家的八大转型

尚艳玲：企业家的八个转型，说得比较清楚了。在领导力方面，之前您提出过“灰度”领导力，在 2018 年的华夏基石十月论坛上提出“六大新领导力”，两者的内涵是一致的吗？这个“新”字怎么理解？

彭剑锋：新领导力就是“灰度”领导力。只不过跟前两年相比，因为环境的变化比较快，对企业提出了新的要求，所以领导

力的内涵有一些变化。现在要传达的是新领导力。

“新”体现在哪些方面？一是要有全球视野，开放式思维，现在全球视野非常重要；二是赋能的领导方式；三是跨界融合的思维；四是要有超强的学习能力（因为变化太快了）；五是对未来的“三力”，即对未来的洞见力、对客户需求的洞察力、对人性的洞悉力；六是自我批判与自我超越。如图 3－2 所示。

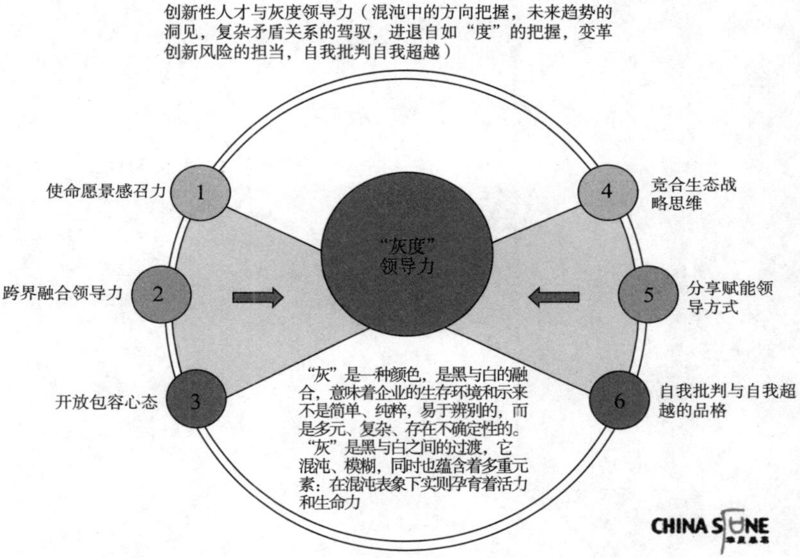

图 3－2 创新性人才与灰度领导力

尚艳玲：联系到刚才您所分析的第二代、第三代企业家的特征，其中对产品的理解、产品思维的能力似乎比较突出，如雷军、丁磊等人的探索。不知道产品思维是不是也属于新领导力的内涵？

彭剑锋：这是企业经营的必然的时代内涵。在一个品质发展的时代，一定要有产品思维。某种意义上现在的创业者要懂技术，起码要了解未来的技术趋势，有产品主义的思维。现在的企业家需要有强烈的产品创新和品牌的意识，不能单一靠商业模式创新。未来在国际化和全球的企业竞争的时候，我们的品牌意识，以及对国际市场规则的尊重很重要。

领导力的内涵很广，择其要的话，我认为全球视野、开放心态、对知识产权与国际规则的尊重、产品主义导向、产品与品牌意识，然后是跨界竞合的战略思维、自我批判的精神与快速学习的能力，会变得越来越重要。

第四篇　案例篇

一、现象与本质：华为经验与华为哲学

文/黄健江

华为成功的密码究竟是什么？笔者从企业管理的视角看，华为成功的密码分为两个层次，即现象层的华为成功经验；本质层的是这些成功经验背后的华为哲学。

（一）华为经验："三支柱"与"十要件"

现象层的华为密码，可以概括为"三支柱、十要件"。

1. 华为管理"三支柱"

从管理学的角度看，像华为这样的民营企业，全部的成功和成长或许都可以归结为"持续艰苦奋斗"。任正非大致也表达过类似的观点。

而"三支柱"，即"以客户为中心""以奋斗者为本""以价值为纲"，恰恰构成了华为人持续艰苦奋斗的依据、支撑和杠杆，从而也升华为华为管理30多年来的三条主线。如图4-1所示。

这三条主线，至少从概念上因为华为的成功而成为某种意义

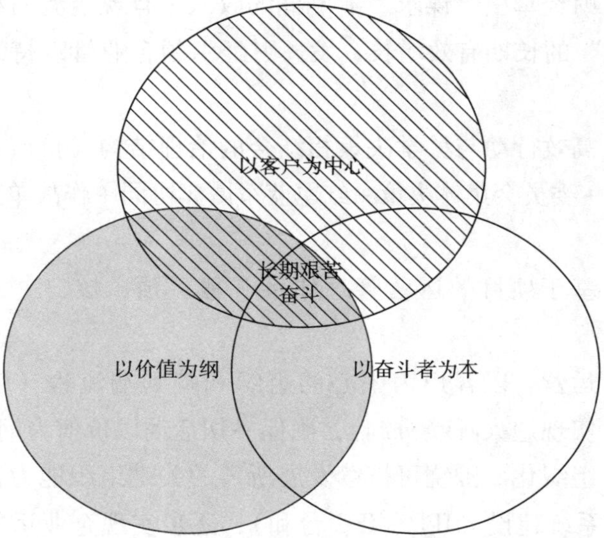

图 4－1 华为管理之道

上的“普适真理”，为众多企业所接受。但是彻底地践行，却非易事。从实践上看，绝大多数企业其实是远没能贯彻的。

2. 华为成长“十要件”

“十要件”，从华为经营管理的几个主要方面分析其成功经验，考虑很多企业管理界读者对华为都比较熟悉，也为便于记忆理解，此处仅概括而言，不做详细阐发。

（1）思想引领。伟大的实践离不开伟大的灵魂。作为企业家的任正非模范地发挥了这一作用。用他自己的话说，他就是华为的“文化教员”。

（2）压强战略。在确保“活着”的基础上，聚焦做实、做强、做深、做厚主航道；理论研究和基础研究打开喇叭口，发展技术领先优势，并确保“黑天鹅”飞不出华为的“咖啡杯”；依托以收拢为特征，以高市场效率为导向的技术产品化运作，实现技术的商业化价值；瞄准战略制高点和战略机会点，运用“范弗里弹药理论”打开“缺口”，顺势规模化。

（3）财经牵引。谋求“有利润的收入、有现金流的利润和不重资产化”的长期有效增长，发挥财经引领企业管理持续改进的作用。

（4）高效行动与科学决策相结合的治理结构（价值观和战略思维引领 + 委员会集体决策 + 红军蓝军博弈协同 + 作战单元首长负责制）。

（5）基于项目的运营管理体系（概、预、核、决，把账算清楚）。

（6）运营。以客户为中心的组织和端到端流程（依托项目“四算”，实现炮火呼唤机制），确保一切活动以价值为纲。

（7）组织化。围绕可持续发展所需的关键组织能力，加强管理平台和系统建设（IPD、IFC 台和），逐步实现企业运作不依赖于任何个人。

（8）以贡献为导向，以责任结果为依据的（绩、能、态、潜）评价。

（9）干部队伍建设。在“组织需要”的“熔炉”里锤炼干部，烧不死的鸟是凤凰，泥坑里爬出来的是圣人，造就既打得了胜仗又靠得住的事业接班人（团队、组合、制度，而不是某个人）。

（10）人才管理“三如”：彭剑锋老师总结为“爱才如命、挥金如土、‘杀’人如麻（即淘汰机制）”和“两高一夹缝”。30 多年，华为就是一个既超高激励又超高压力的奋斗场。认同和接受这个工作场的，只有一条夹缝式的路可以走，即变成“华为人”持续艰苦奋斗；不认同，走好不送。

（二）企业哲学：华为的成功密码

作为成功密码的企业哲学，必须是经过系统思考的理论自觉。笔者不认为华为在创业之初就考虑清楚了这一系列问题，但毫无疑问，华为善于在实践中总结，并将这些系统思考成果真正贯彻到了企业实践。

1. 企业经营管理的目的

在华为看来，企业的经营管理目的是什么？提炼一下，任正非的答案就是，“以客户为中心”多打“粮食”。功利导向，清晰明了。

附三段任正非文章或讲话摘录参考，供读者判断。

·避免管理者的孤芳自赏，自我膨胀。管理之神要向经营之神迈进。经营之神的价值观就是以客户为中心，管理的目的就是多产粮食。

·管理的目的，是提升一线的作战能力，是以客户为中心多打“粮食”。华为需要优化管理但不能管理过度，凡是不能增产的管理就都不是好管理。

·我们坚持“以客户为中心”，但是我们自己的利益要从有效的管理中产生。我们现在的管理不有效，项目经理不懂财务，项目 CFO（首席财务官）不懂业务。

2. 企业长治久安的基础

企业长治久安的基础是什么？任正非说：“经历了十年发展的华为，开始从幼稚走向成熟，开始明白：一家企业长治久安的基础，是它的核心价值观被接班人确认，接班人具有自我批判能力。”

这里注意一下，本处任正非说的“核心价值观”并不一定精准对应华为自己宣誓的那六条核心价值观，应作更为宽泛的理解。比如它一直宣扬，也是外界广为流传的核心管理逻辑“以客户为中心，以奋斗者为本，长期艰苦奋斗”构成华为密码的。本文要揭示这些经营管理假设。

3. 两大执行主题

华为认为，企业的使命与长期发展愿景定义好了之后，关键要处理好两大执行命题，从而构成企业经营管理的两对核心范畴。

（1）扩张与控制

道理谁都明白，不能扩张，企业没发展，甚至都活不下来；成长失去控制，乱作一团，终究分崩离析。

这方面，华为的顶层假设，一是最低纲领，保证“活着”；二是奋斗纲领，要追求“长期有效增长”。多年来，华为的实践逻辑和经验，概括起来就是：

· 将一切企业活动的基点定位在“活着”之上，先“活着”然后追求“活得更好”。“活着”首先依托的是市场拼杀；其次，在经济上具有比较竞争优势的技术商业化、产品化；最后，两者依托矩阵式的组织和运作结构，构成双轮驱动的经营发动机。

· 战略管理上，笃行压强战略。坚持做实、做强、做深、做厚主航道，基于主航道延伸和拓展事业（根深蒂固，才能枝繁叶茂）。

· 确保“有效增长”的运营，即追求“有利润的收入，有现金流的利润，不重资产化”。从财务指标入手，把握、揭示并不断改进规模增长带来的各种内部结构性、运行性和工作人性的问题。持续改进，补缝、补漏洞、补短板，反过来又进一步支撑长期可持续的有效增长。

· 策略和手段上，华为的经验归结为一点，就是始终依靠管理和服务（很长一段时间里，任正非都会并列使用“管理和服务”这个词组，这里与“管理”并提及的“服务”应当理解为，组织为更好地创造客户价值而在内部构建起的支撑、协同能力及其管理体系——笔者注）的提升来支撑其“长期有效增长”的企业成长逻辑。

（2）激励与约束

企业即人，既要激发人的聪明才智和潜能，又要有效控制人的行为，确保组织有效和团队制胜。规避人性弱点在企业活动中泛滥，必须把握好激励与约束的关系。

概括起来，华为的经验就是两条：第一，将企业的持续成长和成功奠基于人的奋斗之上。倡导和要求奋斗精神，贯彻“以奋斗者为本”“不让雷锋吃亏”的管理机制；第二，构建并不断完善“力出一孔、利出一孔”的行为约束机制，确保被激发的奋斗行为不走歪、不入邪。

4. 摆脱企业三大依赖，迈向“自由王国”

企业发展离不开资金、技术和人才。很多企业梦寐以求的就是在其中的某一个要素上构建起自己牢不可破的竞争优势，并以此作为企业持续成长的基石。

很显然，任正非看到了这些，但他的认知又超越了这个层次。他说：“我们真正战胜竞争对手的重要因素是管理与服务，并不完全是人才、技术与资金。”上述三要素没有管理形不成力量，没有服务达不到目标。至少华为近两三年生死存亡的问题是管理与服务的进步问题。

这里任正非既表达了要使华为的发展摆脱对资金、技术和人才的依赖，真正从做企业的“必然王国”迈向“自由王国”这一理想；也阐发了他对于如何摆脱三大依赖的答案：还是不断提升管理与服务这一条。换句话说，华为是真正将不断提升的管理和服务，视为其生存和发展的核心竞争力源泉。

5. 永无止境地与企业的四个自发趋势作斗争

黄卫伟老师说：“华为的所有管理举措都是在向企业的四个自发趋势说‘不’。”这四个自发趋势就是：

（1）偏离以客户为中心的趋势。而这恰恰是华为生存与发展的唯一理由。

（2）业务多元化的趋势。脱离了主航道，业务间的协同与整合能力被削弱。钱德勒很早就指出，整合是企业组织优势的本质。

（3）惰怠的趋势，使企业丧失了进取的动力。而企业生存学的根本规律是“逆水行舟，不进则退”。

（4）利出多孔的趋势。组织涣散，腐败滋生的企业迟早会被淘汰。

企业在市场竞争中运行，有其不可抗拒的客观规律在制约。很多企业没能认识到这些规律和趋势，最终不免失败。华为的厉害之处在于它不断地去探索这些影响和制约企业组织发展的客观因素，在实践中不断提升理性自觉的能力，并通过管理与服务的持续改进加以利用和应对。这是它不断成长，并构建起外界对其成功印象的重要根源。

6. 把握机制的本质，善用机制的力量

（1）交易的规则

在华为看来，机制的第一个本质，无非是组织内的“交易”规则。管理机制建设，就是要在组织需要和个人需要之间找到交集点，然后构建“交易”规则的过程。所以我们看到，华为在内部管理活动中，充满了以下“交易”逻辑：

· 利益可以给你，但我要求事情做好，还要能控制这些事情本身；

· 权力可以给你，但我要能够控制权力的使用；

· 荣誉和光环可以给你，但事业在我手中；

（2）动力的源泉

华为从来都把机制建设作为激发干部员工行为的根本动力源泉。任正非那篇《华为的红旗到底能打多久》，是他本人对《华为基本法》的系统阐发和诠释，承载着他对华为经营管理哲学的系统思考。对于驱动华为人持续奋斗的源泉，任正非说就是两条，主观为自己和亲人，客观为国家。

“两部发动机，为国家，也为自己与亲人。实事求是，合乎现阶段人们的思想水平。客观上实现了为国家。”

很多外界人开玩笑，说华为为什么成功，因为分“赃”分得好。道理简单明了，但为何很多企业做不到？从感性角度看，往往是企业家的胸怀不够，舍不得。从理性角度看，其实也是老板们没想清楚。不像华为，一开始就明明白白地承认，企业的成功只可能来源于人的奋斗；每一个员工都有权为了自己（和家人）的幸福而奋斗。这种理论自觉，是华为机制建设得好，或者说华为善用机制来驱动奋斗，进而成就事业的关键因素。

7. 一切成功的企业家都是也应该是“唯心主义者”

本处“唯心主义”主旨在于强调发挥主观能动性以改造客观世界的价值观导向，不可做上纲上线的解读。

黄卫伟教授曾说，《华为基本法》里有一段是任正非亲笔写的内容，后来一个字都没再改动——这段内容就构成了华为企业哲学的核心：“资源是会枯竭的，唯有文化生生不息。一切工业产品都是人类智慧创造的。华为没有可以依存的自然资源，唯有在人的头脑中挖掘出大油田、大森林、大煤矿……精神是可以转化为物质的，物质文明有利于巩固精神文明。我们坚持以精神文明促进物质文明的方针。”

什么都不改变，做企业不可能成功。任正非做企业，或者说华为的成功，可能真的不是建立在“唯物主义”哲学基础上的。至少在思辨的意义上，任正非和华为强调的不是世界“唯物”的本质，而是人的主观能动性对客观世界的能动的、革命的“反动”。这才是彻底的企业家创新精神！

举两个例子，说说华为和任正非的“唯心主义”。

第一个例子，很多企业都发愁“90后”不愿加班，奋斗精神明显弱于前几代人。老板们找不出解决问题的有效办法。华为也同样面临这个问题，它的答案据笔者所知最早由田涛老师对外释放：“蓬生麻中，不扶自直。”只要你建好了赛马场，就不怕千里马不来，人才不拼命。中国人这么多，三千弱水我只取一瓢饮，更不怕没有奋斗精神的人选择离开。

第二个例子，任正非通过分析产业竞争规律，道出华为建设奋斗文化的必要性：“ICT（信息与通信技术）这个产业的基础，一是取之不尽、用之不竭的数码；二是二氧化硅，做芯片的。总之，都没有太多成本。所以竞争下来，谁能够最大限度地围绕业务成功规律，把人的积极性、主动性和创造性调动起来，并最大限度地提升团队作战效率与个人单打独斗的效率比，谁就最终能赢。”

由此，华为必须发展出一条完全不同于西方企业的管理道路，就是“以客户为中心，以奋斗者为本，长期艰苦奋斗”。

8. 华为哲学的五大内涵

第一，紧扣一个中心，即以客户为中心多打粮食。

第二，把握两大命题：一是把握扩张与控制，确保“活着”基础上的长期有效增长；二是把握激励与约束，在“力出一孔、利出一孔”的框架下，激发并确保华为人长期艰苦奋斗。

第三，提升管理和服务，摆脱资本、技术和人才三大依赖，使企业从“必然王国”走向“自由王国”。

第四，永无止境地克服企业的四大自发趋势：偏离“以客户为中心”、多元化、惰怠和腐败。

第五，奠定企业长治久安的基石，即铸就接受华为核心价值观，具有自我批判精神的接班人。

这是多年来始终自觉地、彻底地贯穿在华为管理、服务和文化建设中的五条主线，也因其在华为成长中真正发挥出巨大影响力，而成为华为成功的底层密码。从企业哲学的高度和道德层面，这些理性思想对企业组织是普适的，无差别的，值得全部的中国企业深思和借鉴。

二、华为的英雄观变迁与管理进化

文/吴春波

华为的“英雄主义”大概经历了三个阶段：呼唤英雄、消灭英雄，再到呼唤群体英雄，背后是特定的历史阶段、环境条件。

（一）1987—1997 年：呼唤英雄

这一阶段英雄主义就是一种“血性”态度。

1987—1997 年是华为“野蛮生长”的十年。那个时期任正非至少有三篇文章是以呼唤英雄为主题的，因为这个阶段，华为的管理体系、团队、队伍、组织能力是无法和行业的跨国通信业巨头相比的。

这个阶段，对一家企业来讲，要和别人竞争，是取决于技能还是取决于态度？中国企业的技能无法和国外的企业比，那靠什么？靠态度，英雄主义就是一种态度。技能不行，态度要对，最怕技能不行，态度也不行。

英雄主义的态度是一种什么态度呢？就是“血性”！这个组织需要孤胆英雄、个体英雄，需要有人冲上前“挡枪眼”、“炸碉堡”，所以任正非在这个时期一直在呼吁这些英雄。当然，公司所推崇的英雄应该是一种行为和在行为中做事的精神，而不是具体的个人。

这一时期，任正非对华为需要什么样的英雄，为什么呼唤英雄做了这样的阐述：

“当我们思想上艰苦奋斗，不断地否定过去；当我们不怕困难，愈挫愈勇，您就是您心中真正的英雄。我们要将这些良好的品德坚持下去，改正错误，摒弃旧习，做一个无名英雄。

“公司的总目标是由数千个数万个分目标组成的，任何一个目标的实现都是英雄的英雄行为所为。我们不要把英雄神秘化、局限化、个体化。无数的英雄及英雄行为就组成了我们这个强大的群体。”

（二）1998—2013 年：消灭英雄

这个阶段任正非不再呼唤英雄了，英雄这个词几乎从他的文章中消失了。

从 1998 年起，华为开始采取各种措施消灭英雄，为什么？

因为随着《华为基本法》的诞生，随着国外世界级管理体系的引进，华为由野蛮生长变成了理性成长。这个阶段任正非不再呼唤英雄了，英雄这个词几乎从任总的文章中消失了，因为他关注的是顶层设计、管理体系的构建、核心价值观的认定、公司主流思想的形成，关注的是公司可持续发展和组织能力的提升。

而那些过去的英雄——孤胆英雄、草莽英雄和个人英雄，往往会成为公司变革的障碍，因为他们是功臣、老臣，是既得利益者。

1997 年华为集体大辞职，笔者认为就是一场“去英雄化”的壮举，说白了就是要打掉一批英雄，是为管理的改进和提升提供良好的条件。在这一阶段，任正非只发表了一篇以英雄为题的文章，题目是《不做昙花一现的英雄》。

“要把英雄理解成一种灵魂和精神，就是要将这种灵魂和精神注入管理中。我希望大家不要做昙花一现的英雄。华为确实取得了一些成就，但当我们想躺在这个成就上睡一觉的时候，英雄之花就凋谢了。凋谢的花能否再开，那是很成问题的。”

实际上，任正非的用意非常明显：华为曾经是一个英雄创造历史的小公司，现在逐渐变为一个职业化管理、具有一定规模的公司。淡化英雄色彩，特别是淡化领导者、创业者的个人色彩是实现职业化管理的必由之路。这也回答了为什么华为在这一阶段消灭英雄。

这一阶段，华为的运营与管理要如长江之水，滚滚东流，不舍昼夜，公司要做的是修堤坝，而不是造英雄。

任正非讲："管理就像长江一样，我们修好堤坝，让水在里面自由流，管它晚上流，白天流。晚上我睡觉，但水还自动流。水流到海里面，蒸发成空气，雪落在喜马拉雅山，又化成水，流到长江，长江又流到海，海又蒸发。这样循环多了以后，它就忘了一个岸上还喊'逝者如斯夫'的人，一个'圣者'。它忘了这个'圣者'，只管自己流。这个'圣者'是谁？就是企业家。"

华为对英雄的态度变化是有背景、有场景，有历史发展必然性的。

从呼唤英雄到消灭英雄，是因为企业发展阶段的要求不一样了。个人英雄依赖于时势，"时势造英雄"；但个人英雄的光环会抑制群体英雄的出现，因为群体英雄的出现依赖于机制，依赖于管理，依赖于土壤，依赖于氛围，依赖于文化。这就是个体英雄和群体英雄之间的差别。

1998—2013 年正是华为构建管理体系和组织能力的关键转型变革年。华为为了构建群体英雄诞生的土壤、机制、氛围和文化，才抑制英雄主义的继续蔓延，淡化和抑制个人英雄主义，为企业变革消除阻力。

（三）2013 年：呼唤群体英雄

经过十余年的管理变革，华为的世界级管理体系基本打造完成。华为又进入了一个新的阶段，就是呼吁群体英雄。英雄这个词又回到任正非的话语体系中，回到公司的管理体系中，回到华为的组织价值观中。

这个阶段的呼唤英雄和第一阶段是有区别的。现在华为召唤英雄不问出处，期待“英雄辈出”，希望英雄要成倍地出现，如果是“英雄辈出”，一辈一辈地出，华为等不及！

从2013年开始，任正非大量的讲话都和英雄有关：

“英雄不问出处；提倡做无名英雄；希望‘英雄辈出’，时势造英雄；让25%的人当英雄，不完美的英雄也是英雄。

“我们要团结一切可以团结的人，董事会决定要团结一切可以团结的力量，有广泛的思想，我们从来英雄不问出处，管他是从什么地方来的，只要是真英雄。你们要敢于把口号提出来，那还有谁不想上战场？上战场，枪一响，就会有牺牲，不能保证人人都能当将军，没有牺牲的是电影，但要相信，一路打下来，肯定有看破红尘的，那就是将军。”

“时势造英雄”，大时代一定产生大英雄。我们一定要让公司50%～60%的人是优秀分子，然后在优秀的种子里再选更优秀的苗。中间分子比例为20%～30%。让优秀的人来挤压稍微后进的人，这样他们可能也会发生改变。

华为《人力资源管理纲要2.0》用很重要的篇幅提出一个重要的理念——激励集体奋斗中的个人英雄主义：“鼓励集体奋斗中的‘个人英雄主义’，个人成功的评价首先要基于对部门及公司集体成功的贡献，而在评价公司与部门的集体成功中，也要识别驱动成功的个体与群体英雄。要回归不同业务的管理特点，针对不同业务特点及不同层级、不同类别的员工贡献特征，做好鼓励集体奋斗与鼓励个人英雄主义之间的激励导向取舍。”

在新的发展时期，任正非不仅重新呼唤了英雄，而且重新定义了英雄。他再次给以“80后”“90后”为主体的员工注入英雄主义的血液，塑造英雄主义的品格，激发英雄主义的行为，使这个由19.4万名员工构成的组织始终充满了活力。

从以上这三个阶段华为对英雄主义的态度变化可以看到：英雄主义在华为不仅是一种主义、理念、情结、价值观，还需要管理政策的促进，需要管理机制的培养，所以英雄主义在华为既有任正非理论上的牵引，也有政策和制度，包括管理举措的支撑。

三、OPPO 持续增长：文化竞争力与终端掌控力

文/彭剑锋

2016 年末，任正非的一篇文章不仅在华为内部，也在管理学界引起了关注。其主要内容是号召华为人学习阿里巴巴的云栖大会，学习 OPPO 和 vivo 对终端的掌控能力。任正非说："终端太伟大了，向一切优秀的人学习。真正敢批评自己，已经是伟大的人了。"华为要求员工去学习 OPPO 的终端精神。

OPPO 是一家很值得研究的企业。笔者到 OPPO 去讲学时，深有体会：中国企业卧虎藏龙，有很多优秀企业但非常低调！

2016 年，中国手机的出货量，华为是 1.4 亿部；OPPO 和 vivo 加起来成为最大赢家，是 1.65 亿部。OPPO 和 vivo 是连续四年盈利的企业，在国内手机市场如此激烈的竞争中能实现这种持续增长，实属不易。过去我们可能不太关注 OPPO，现在则要高度关注它成功在什么地方。

OPPO 是广东欧珀移动通信有限公司（以下简称欧珀移动）旗下品牌。成立于 2004 年的欧珀移动，是一家全球性的智能终端和移动互联网公司。vivo 手机则是维沃移动通信有限公司旗下的品牌，2009 年注册了 vivo 品牌。尽管从表面看这两家企业没有什么关联，但这两家企业的出身有着千丝万缕的联系，都来源于"步步高系"，因为最初的主要投资人是创立"步步高"的老板段永平。虽然现在股权已经稀释了，段永平已经不是 OPPO 和 vivo 的控股股东了。这两家企业现在股权结构是交叉的，基本上实现了高管层控股，也就是合伙制，全员持股的利益分享机制。

这是他们的股权结构和治理机构。那么除了机制，OPPO 持续增长的源泉是什么？笔者归结为是它的文化竞争力与终端掌控力。

（一）文化竞争力

笔者在 OPPO 体会最深的，首先是 OPPO 人的简单直接，爱学习、爱提问。笔者一般在其他地方讲课，听课的人只是听，很少提问题。但在 OPPO 讲课至少被问了 50 个问题，而且每个人的问题都有自己的角度，显然是思考过的，而不是重复别人的。

其次，年轻、充满活力。OPPO 有 3.7 万名员工，其人力资源总监是 1987 年生人，中高层骨干也多在 30 岁左右，员工基本都是“90 后”，可以说是一帮“80 后”带着“90 后”在干，有活力，有朝气，这是它很大的一个文化优势。相比之下，华为现在的骨干员工都是 40 岁以上。

OPPO 的价值观很简洁，总共四条：一是本分；二是用户导向；三是追求极致；四是结果导向。

本分文化，据称是源于“步步高”，本意是做自己该做的，挣自己该挣的，不投机取巧，不求一时暴富。OPPO 在时代背景下为本分增添了新的内涵：第一，“隔离外在的压力和诱惑，保持平常心态，回归事物的本源，把握住我们应该做的合理方向”。陈明永（OPPO 董事长）、沈炜（vivo 董事长），都被称为反互联网思维的人，都是最早提出企业要回归到产品和终端影响力的人。第二，本分是要求自己而不是要求别人，当出现问题时，首先求责于己。第三，本分规范了与人合作的态度：一起赚钱，一定要让合作伙伴赚钱，不占人便宜。第四，本分高于诚信，即使没有承诺，本来应该做的事情也要做到。

笔者认为，本分和华为的“深淘滩，低作堰”的战略思想有异曲同工之妙，提醒企业聚焦提升自身竞争力，用务实的态度谋发展，以及处理和外界的关系。

OPPO 的文化价值观看起来很朴实简单，却具有互联网精神。比如它的用户导向，要求简单专注，追求极致，聚焦于满足目标用户的核心需求，一切以用户价值为依归；秉持工匠精神，对产品持续不断地推敲、打磨、优化。还有它所提倡的结果导向，都是互联网精神的体现。如 OPPO 现在推出的机型并不多，但都是特别适合年轻人的，具有很强的针对性。在产品方面简单直接，只给用户需要的，并没有实施国产手机的“机海”战略。

（二）强大的终端

OPPO 文化基因中的结果导向，其实是一种执行力文化。他们强调达成结果才是有价值的，以终为始，以结果来驱动行为，对结果负责；强调不找借口，千方百计突破客观条件的限制，整合资源，达成结果；强调要关注团队结果，团队成功了才有个人价值。

强有力的执行力文化，造就了 OPPO 强大的终端掌控力和影响力。至于营销体系，在和华夏基石程绍珊老师的合作下，笔者认为 OPPO 把深度分销做到位了。

OPPO 建立了庞大的线下销售体系，2014 年已经达到了 25 万家销售点。跟小米去渠道、去中间环节相反，OPPO 恰恰是在终端下大力气，真正贯彻了线上线下、“全渠道售后服务”的全覆盖。即使是在三四线城市，甚至是县城和小镇，也能看到 OPPO、vivo 的专卖店。深度分销的理念最早是包政老师提出来的，其中程绍珊老师深得其精髓，并有创新和发展。在与程绍珊老师的合作中，OPPO 真正把深度分销的理念落实到位了。

笔者问华为的一个朋友，华为为什么要向 OPPO 学习？他说：“进卖场之前做市场调研，问客户会购买哪款手机？58% 的客户回答是：听说华为不错，想买华为手机；但是出了卖场，58% 的人都买了OPPO，把华为忘了。因为OPPO对卖场一线人员的培训很到位，消费者从进店到观察、体验，再到咨询对比、议价，直到成交，每一个环节、每一个细节都是流程化管理，每个环节都有服务方案。”

OPPO提出了“FABE”的销售法则，每个销售现场的人员都能够把它讲透，并且能用数据来说话。

F—特征（Features），产品的特质、特性等基本功能，以及它是如何用来满足我们的各种需要的。目的：说服顾客为了自己的需要，应该购买这种产品。

A—优势（Advantages），就算客户想买个智能手机，为什么一定要买你的？对应竞品一一分析，目的：我的产品比别人的好，买我的产品。

B—利益（Benefits），你买我的产品，你能得到什么利益和好处。核心、差异化卖点的体现。目的：从顾客角度出发，说服顾客买我的产品。

E—证据（Evidence），所有作为证据的材料都应该具有足够的客观性、权威性、可靠性和可见证性。目的：你可以放心购买我的产品。

根据消费者的需求，至少要给消费者三个独特体验。OPPO总结了“1335+1”的销售模式：1句最吸引顾客的话，3个独特功能体现，3种体验方法，5个技术参数，从而达成1个催单成交。全部都是标准化的，这就是终端管理。OPPO的终端掌控力和影响力就来自强大的终端覆盖率、终端管理能力、服务能力和体验能力。

还有一个有意思的现象：在国际市场上，70%的客户以为OPPO是韩国品牌；70%以上的购买者认为同样价位的手机里，OPPO的性价比最高。前一种情况跟OPPO请的形象代言人都比较“韩范儿”有关，说明他们对自己要塑造什么样的产品形象有非常精准的定位。后一种情况则体现了 OPPO 对于产品的把握能力。笔者了解到，OPPO 的很多高管都是做产品出身的，他们能真正回归到客户和产品的角度来定义产品和服务，这也是值得我们学习和研究之处。

总之，OPPO 成立不过短短数年，能在手机市场激烈的竞争中异军突起，固然有多方面原因，但笔者认为根源在于它的文化竞争力和终端把控力。

老板·创业			
一、经理人			
书名	内容	书名	内容
老总有想法，高层有干法 王清华　著	企业将、帅之间的定位问题、角色问题、方法问题、思维问题、管理问题等	**历史深处的管理智慧1：组织建设与用人之道** 刘文瑞　著	通过历史鉴照当今企业选人用人、二代接班人、创业团队管理等问题
历史深处的管理智慧2：战略决策与经营运作 刘文瑞　著	通过历史鉴照当今企业决策、战略规划、战略冒进、决策监督等问题	**历史深处的管理智慧3：领导修炼与文化素养** 刘文瑞　著	通过历史鉴照当今企业的领导修养、用权、管理风格等问题
老板经理人双赢之道 陈明　著	经理人怎么选平台、怎么开局，老板怎样选/育/用/留		
二、用人			
用好骨干员工 王敏　著	系统化分享关键人才打造与激励方法	**领导这样点燃你的下属** 孟广桥　著	领导者如何才能让员工积极主动地工作
让用人回归简单 宋新宇　著	帮助管理者抓住用人的要害，让用人变得简单	**激活新生代员工** 史量　孙斌　著	走进新生代的世界，一套行之有效的管理、激活90后、95后、00后的方法
三、转型·创业			
创业要过哪些坎 董坤　著	15年创业咨询经验总结的创业遇到的问题及办法	**高潜牛人** 董坤　著	创业和事业发展中如何找到牛人
成为下一个SaaS独角兽 崔牛会　主编	19位SaaS领专家，7个不同的视角总结SaaS行业实践	**创模式：23个行业创新案例** 段传敏　著	CEO社群23位企业家的思考与实践分享
重生——中国企业的战略转型 施炜　著	本书对中国企业战略转型的方向、路径及策略性举措提出了建议和意见	**7个转变，让公司3年胜出** 李蓓　著	企业估值、业务模式、营销、生产制造、客户服务、用户黏性、组织管理7个转变
企业二次创业成功路线图 夏惊鸣　著	五步骤给出了一幅企业二次创业经营突破、管理提升的成功路线图	**跟老板“偷师”学创业** 吴江萍　余晓雷　著	如何通过“偷师”学习与积累当老板的阅历
公司由小到大要过哪些坎 卢强　著	企业成长路线图，现在我在哪儿、未来还要走哪些路都清楚了	**跳出同质思维，从跟随到领先** 郭剑　著	66个精彩案例剖析，帮助老板突破行业长期思维惯性
极速增长：企业扩张策略 董坤　著	以“8shoes扩张法则”为思考框架，帮助处于这个阶段的创业公司及以创业公司形式孵化的变革型项目做出清晰的战略选择		
企业经营			
经营打造你的盈利系统 高可为　著	选择最有效的经营策略，打造属于自己的商业模式	**中国企业的觉醒** 王涛　著	企业告别自私、野蛮，转向善良、爱，才会赢得消费者
成为敏感而体贴的公司 王涛　著	未来有竞争力的企业，一定是那些敏感而体贴的公司	**有意识的思考** 王涛　著	对头脑中固有观念保持觉察，从而超越它们的局限
简单思考 孔祥云　著	著名咨询公司（AMT）CEO创业历程中的经验与思考	**写给企业家的公司与家庭财务规划** 周荣辉　著	以企业的发展周期为主线，介绍各阶段企业与企业主家庭的财务规划

续表

书名	内容	书名	内容
从10亿到100亿的企业顶层设计 刘建兆　著	重新定义企业成长方式，有效益、有效率、有效能、有效果、有品质的良性成长	**活系统：跟任正非学当老板** 孙行健　尹贤　著	造活系统，使系统活，靠系统活，活的系统
宗：一位制造业企业家的思考 刘建兆　著	发展20年营业额近亿元制造业企业家的思考与心得	**使命：驱动企业成长** 高可为　著	用大企业发展轨迹及企业家的心路历程，揭示企业成长的基因、做事的逻辑
让经营回归简单 宋新宇　著	战略、客户、产品、员工、成长、经营者的经营法则	**边干边学做老板** 黄中强　著	86个案例讲述中小公司成长过程中遇到的问题和方法
盈利原本就这么简单 高可为　著	跨越业务与财务边界，为企业提高盈利水平提供方法	**战略参谋：写出管用的战略报告** 蔡春华　著	企业对自己、市场、行业其实了解更深，助你高质量完成战略规划
不战全胜：给企业家读的孙子兵法 王吉坤　杨伟霞　著	从《孙子兵法》提炼和总结了帮助企业打造行业龙头品牌的体系	**公司离不开的全栈运营高手：产品运营与推广获客** 王虎　著	涉及运营案例、思维理论、实操复盘、管理方式、推广策略等，是作者八年运营推广经验的浓缩
公域引流　私域经营：这样经营用户关系 王庆云　汪洋　著	为大中型企业提供私域建设的顶层和全景式框架，探索不同业务特性可能适配的不同私域模式	**平台生态：价值创造与价值获取** 彭毫　罗珉　著	厂商之间的竞争已经从产品转到平台，如何创造新的价值创造和获取模式，是企业最想得到的答案
合伙制经营：有效激励，而不丧失控制权 胡八一　著	重点阐述实施合伙制的流程，通过四步为企业家提供一种有效激励而不丧失控制权的工具和方法	**机制创造人才** 彭剑锋　尚艳玲　著	华夏基石专家团著作，为个体赋能，经营人成就人，进行机制创新和价值管理
管理·管理学			
一、企业管理			
让管理回归简单 宋新宇　著	从目标、组织、决策、授权、人才、老板自己等提供方案	**管理的尺度** 刘文瑞　著	西医式的体检化验，又要施加中医式的望闻问切
管理：以规则驾驭人性 王春强　著	人性驾驭角度权度运筹安排的可兑现性，管理有效性	**看电影，学管理** 刘文瑞　著	十六部电影的解读，揭示电影内含的管理之道
好管理　靠修行 曾伟　著	从佛法、道法思想中寻找管理智慧	**公司大了，怎么管** 金国华　著	成长型企业发展中的共性问题，通过案例实录解开
低效会议怎么改 王玉荣　葛新红　著	从梳理公司会议体系的层面改变低效会议的现状	**年初订计划年尾有结果** 郭晓　著	总结七步落地方案让战略计划切实落地实现
分股合心 段磊　周剑　著	围绕股权激励，详细介绍相关知识和实行方法	**员工心理学超级漫画版** 邢磊　著	以漫画形式对组织中个体心理的全面介绍和深入探讨
让投诉客户满意离开 孟广桥　著	投诉法律法规，应对各种投诉技巧等提升客诉能力	**管理就是定计划，抓落实** 张国祥　著	员工“看了就会、拿来就用”的计划制订操作指南
不读韩非子，怎么当老板 王春强　著	通过集中分析有关人性的内容，引导现代管理者更深理解人性是如何影响企业运行，以及管理者应如何因人性而实施管理	**重新想象组织** 彭剑锋　尚艳玲　著	华夏基石专家团著作，通过组织变革逐步进化，找到成长之道，让企业可持续发展

续表

书名	内容	书名	内容
战略管理有方法 和恒咨询 著	结合中国企业实践总结的一套独创性、实操性的战略方法，100+工具轻松做战略	高管如何为公司创造高增长 彭剑锋 尚艳玲 主编	战略驱动着企业成长，企业又该如何突破增长的瓶颈
二、管理思想			
管理学的奠基者 刘文瑞 著	近代以来的管理思想发展揭示管理思想的演化奥秘	巴纳德组织理论研读 郭威 著	深度研读巴纳德《经理人员的职能》，帮你理解和看懂
管理学在中国 刘文瑞 著	科学看待管理学流入中国，对继承发展进行深入的阐述	德鲁克管理学 张远凤 著	以德鲁克管理思想发展为线展示20世纪管理学的发展
德鲁克与他的论敌们 罗珉 著	德鲁克与马斯洛、戴明等诸多管理大师论战的故事	德鲁克管理思想解读 罗珉 著	全面解构德鲁克思想的精髓与实践价值
治论：中国古代管理思想 张再林 著	深入分析中国古代哲学基本精神的基础上，梳理分析了儒法墨三家的管理思想	流程经理10年案例笔记 王焕东 著	用自身工作和生活中的鲜活案例及思考后的心得呈现不一样的流程管理思想
透过决策看组织 李慧才 著	对西蒙管理行为进行贴近企业的通俗化解析和阐释	为什么高管爱读德鲁克 王鹏 著	辅助深读德鲁克、提升管理认知
营销·销售			
一、企业销售			
大客户销售这样说这样做 陆和平 著	大客户销售活动的十大模块，68个典型销售场景	向高层销售 贺兵一 著	销售人员与客户高层打交道需要重点掌握的知识、技巧
资深大客户经理 叶敦明 著	将大客户经理必须具备的规划、策略、执行三种能力运用自如	成为资深的销售经理 陆和平 著	让销售经理成功把握销售管理的6个关键点，并提供工具
销售是个专业活 陆和平 著	据客户采购流程拆分销售过程十阶段，讲解方法技巧	学话术 卖产品 张小虎 著	手机、电动车、家电、食品等消费品的一线销售话术
工程项目大客户销售攻略 陆和平 著	三十八讲循序渐进，全方位透视工程大项目拿单的奥秘，通俗易懂，看了就能用	大客户销售谈判：获得利润的最快途径 陆和平 著	从不会谈判到成为谈判专家，帮助你在与大客户的谈判中轻松说服对方，实现从一次成交、成本价成交到高价成交、持续成交的转变
二、企业营销			
新营销组织力 迪智成 著	适应最新数字化外部环境，系统化协同组织能力建设	营销按钮 老苗 著	讲述存在于人性及各个营销环节中的“按钮”
精品营销战略 杜建君 著	“精品营销战略”核心逻辑与营销组合策略	360°谈营销 王清华 古怀亮 著	营销是立体的，从不同角度观察不同企业的营销精髓
互联网精准营销 蒋军 著	互联网时代整体策划、包装品牌和产品	招招见销量的营销常识 刘文新 著	做好基本的营销动作都可以提高销量、降低成本
用数字解放营销人 黄润霖 著	用数字说话覆盖营销工作的方方面面	用营销计划锁定胜局 黄润霖 著	让营销计划落地，营销人员只需解决两个问题：基数与概率

续表

书名	内容	书名	内容
我们的营销真案例 联纵智达研究院　著	五芳斋粽子、诺贝尔瓷砖、利豪家具、保健品、娃哈哈	**中国营销战实录** 联纵智达研究院　著	51个案例，46家企业，46万字，18年积淀
弱势品牌如何做营销 李政权　著	产品与物流通道、服务通道、促销互动通路，提供方法	**解决方案营销实战案例** 刘祖轲　著	十大工业品作者实操案例解码解决方案营销
升级你的营销组织 程绍珊　吴越舟　著	根据企业的实际情况建立有机性营销组织	**变局下的营销模式升级** 程绍珊　叶宁　著	十年大量案例归纳三种核心驱动要素、三种升级方向
老板如何管营销 史贤龙　著	十六个招式，理论与案例相结合，高段位营销方法	**孙子兵法营销战** 刘文新　著	理解《孙子兵法》原意的同时，还可体悟到营销之用
新营销2.0：从深度分销到立体连接 刘春雄　公方刚 牛恩坤　等著	立体连接打通三度空间，在互联网时代诞生快消品领域的超级巨头		
三、品牌			
中国品牌营销十三战法 朱玉童　著	深度演绎最符合企业品牌营销策划的十三套实战战法	**中小企业如何打造区域强势品牌** 吴之　著	从如何建立强势品牌的角度解析扩张难题
小众战略：小资源打造强势品牌 吴修利　著	从品牌观念、市场调研、竞争机会、内部调整等角度，对产品、渠道、传播等核心原则进行了系统梳理	**把品牌建在顾客心里：4步实现品牌IP化** 张学军　著	让品牌自带话题，自主传播
四、营销策划			
这样写文案，就没有卖不动的产品 秦剑　刘安丽　著	术、法、道三个层面由浅至深培养商业文案创作能力	**洞察人性的营销战术** 沈坤　著	介绍了28个匪夷所思的营销怪招，大部分可以直接运用
双剑破局：沈坤营销策划案例集 沈坤　著	双剑公司8年来的实操案例，每个项目诞生过程、策划角度和方法	**社区团购就这么干：供应商•平台•团长•用户** 陈海超　杨顶刚　著	分享最新实践经验，一看就懂，照着就能做
企业案例			
鲁花：一粒花生撬动的粮油帝国 余盛　著	鲁花如何成长为优秀的带动农业产业发展的品牌，鲁花你一定学得会	**金龙鱼背后的粮油帝国** 余盛　著	以金龙鱼为脉的一部中国粮油行业的史诗
你不知道的加多宝 曲宗恺　牛玮娜　著	以时间为轴线，详细叙述了加多宝品牌的发展历程	**静水流深** 黄治国　著	作者在美的十五年对何享健内部讲话资料的整理
娃哈哈区域标杆 罗宏文　快车君 赵晓萌　寇尚伟　著	讲娃哈哈豫北市场如何成为娃哈哈全国第一大市场、全国增量第一的市场	**借力咨询：德邦成长背后的秘密** 官同良　王祥伍　著	德邦将自己积累的与咨询公司发展共赢的合作逻辑和盘托出
六个核桃凭什么从0过100亿 张学军　著	全视角深度解读养元企业的裂变成长，复盘十年蜕变轨迹	**像六个核桃一样** 王超　著	六个核桃为什么卖得这么好，产品畅销的6大要义36条简明法则

续表

书名	内容	书名	内容
中国首家未来超市 IBMG 集团　著	对乐城超市的掌门人及内部员工的采访详细阐释了乐城的经验	**三四线城市超市如何快速成长：解密甘雨亭** IBMG 集团　著	甘雨亭的许多关键经营指标均高于行业标准，学习其成功的方法
集团化企业阿米巴实战案例 初勇钢　著	作者在某酒厂推行阿米巴经营模式的心得		
经销商			
新经销：新零售时代教你做大商 黄润霖　著	探访近 100 位经销商在传统营销手法上的创新，传统营销微创新和新营销本地化	**商用车经销商运营实战** 杜建君　王朝阳 章晓青　著	对商用车经销商的经营与管理、4S 店运营做了全方面的总结
跟行业老手学经销商开发与管理 黄润霖　著	从管理耐用消费品经销商角度提炼了 48 个代表性问题并给出解决办法	**快消品经销商如何快速做大** 黄润霖　著	经销商如何通过经营实现规模，通过管理实现规模效益
建材家居经销商实战 42 章经 王庆云　著	经营管理的心法和战法，帮助经销商成为“业务妙手”和“管理能手”	**成为最赚钱的家具建材经销商** 李治江　著	针对建材家居行业的经销商，从销售模式、产品、门店、市场等方面给出方法
白酒经销商的第一本书 唐江华　著	对经销商如何选择厂家、合作、运营品牌等问题给出建议	**快消品招商的第一本书** 刘雷　著	从招商理论到招商动作进行系列化分解，化繁为简
大商方法：榜样经销商与厂家的合作之道 唐道明　著	洞察厂商合作的核心，为经销商提供可行的方法，手把手教你做大商	**快消品经销商成功密码** 舟谱商学院　著	通过 8 个真实经销商案例，分享快消品经销商成功经验与方法
中小企业			
中小企业如何打造区域强势品牌 吴之　著	从如何建立强势品牌的角度解析扩张难题	**用流程解放管理者** 张国祥　著	8 个板块构成，共 66 篇文章，14 幅流程管理图
用流程解放管理者 2 张国祥　著	对中小企业规范化流程管理进行系统的阐述	**弱势品牌如何做营销** 李政权　著	产品与物流通道、服务通道、促销互动通路提供方法
本土化人力资源管理 8 大思维 周剑　著	用最贴近中国中小企业现实管理情境的案例讲述周围人的“家事”	**中小农业企业品牌战法** 韩旭　著	农业企业需要全产业链视野，更需要品牌实战方法
门店管理			
门店销售冠军复制系统 王吉坤　著	门店型企业如何打造可复制的销售冠军系统	**新零售动作分解与实操：建材·家居·家具** 盛斌子　著	对泛家居行业趋势、店面管理、团队管理、促销推广、五感营销等提供策略
家具建材促销与引流 薛亮　李永锋　著	对泛家居营销执行模式和工具、关键环节等进行汇总	**建材家居门店 6 力爆破** 贾同领　著	产品力、导购力、形象力、推广力、服务力、组织力
家具行业操盘手 王献永　著	总结家具终端门店发展的现状及问题并给出策略	**手把手教你做专业督导** 熊亚柱　著	系统梳理督导的核心技能，岗位职责、工作流程及技能

续表

书名	内容	书名	内容
手把手帮建材家居导购业绩倍增 熊亚柱　著	针对建材家居门店的业务人员，用案例故事还原场景教你成为好导购	**10 步成为最棒的建材家居门店店长** 徐伟泽　著	梳理店长管理的核心工作职责、店面管理规范，帮助销售人员成长
建材家居门店销量提升 贾同领　著	9 个板块讲述建材门店一个单店如何做到经营的良性循环	**总部有多强大，门店就能走多远** IBMG 集团　著	五大方向综合阐述连锁零售企业总部如何提升管理能力
赚不赚钱靠店长，从懂管理到会经营 孙彩军　著	注重专卖店的经营思路拓展、门店管理细节方面能力的提升	**新医改了，药店就要这样开** 尚锋　著	从药店定位的思考，内部和会员管理等方面探讨中小型药店发展方向
电商来了，实体药店如何突围 尚锋　著	新时代药店经营的三驾马车：药学专业服务、会员贴心服务和精准定向促销	**引爆药店成交率 1：店员导购实战** 范月明　著	药店人的零售工作，怎样接待顾客，完善销售技巧
引爆药店成交率 2：药店经营实战 范月明　著	从药店经营角度建立改善门店现状的实用标准	**引爆药店成交率：专业化销售解决方案** 范月明　著	从简单的拿药服务到提供多角度的专业解决方案
口腔门诊盈利倍增：精益口腔 杨伟霞　王吉坤　著	为口腔门诊定制业绩提升管理系统并落地实施		
互联网			
一、互联网转型			
画出公司的互联网进化路线图 李蓓　著	18 个“可以……吗”的问题作为产品、客户和价值方面的指引牌	**7 个转变，让公司 3 年胜出** 李蓓　著	企业估值、业务模式、营销、生产制造、客户服务、用户黏性、组织管理 7 个转变
重生战略移动互联网和大数据时代的转型法则 沈拓　著	四个重生战略对应四个法则，告知传统企业的转型重生之路	**创造增量市场：传统企业互联网转型之道** 刘红明　著	为读者提供了寻找这些互联网的切入点和接触点的具体方法，带来增量市场
互联网 + 变与不变 本土管理实践与创新论坛　著	61 篇精华文章，聚焦传统行业如何互联网 + 时代转型	**今后这样做品牌** 蒋军　著	顶层设计、营销创新、产品战略、渠道变革、品牌策略
移动互联新玩法 史贤龙　著	立足现实，剖析新时代背景下的移动互联趋势与热点	**互联网时代的成本观** 程翔　著	多维组合成本的互联网精神和大数据特征及应用
正在发生的转型升级实践 本土管理实践与创新论坛　著	100 多位本土管理专家当年对最新一年的思考和实践	**1000 铁杆女粉丝** 张兵武　著	如何让普通女性成为忠实追随的铁杆粉丝，磁力点、情感结、甜蜜区、信任圈
混沌与秩序Ⅰ：变革时代企业领先之道 彭剑锋　施炜　苗兆光 王祥伍　孙波　夏惊鸣	新环境下企业面临变革应如何应对，企业家如何坚守并与企业共同成长	**混沌与秩序Ⅱ：变革时代管理新思维** 彭剑锋　施炜　苗兆光 王祥伍　孙波　夏惊鸣	对处于时代变革下的企业管理新机制、人力资源管理新思维，组织与人的新型关系，结合案例提出优化建议
消费升级：实践·研究 本土管理实践与创新论坛　著	从经营、管理、行业三个方面记录消费升级下的实践	**互联网精准营销** 蒋军　著	互联网时代整体策划、包装品牌和产品
智能推荐：让你的业务千人千面 刘国昊　周波　著	从资讯、电商、文娱行业来详细讲解智能推荐的应用，用户时间的争夺战	**制造业外贸营销网站建设** 宋金亮　著	介绍整个网站从无到有的实现过程，从分析思路、撰写内容到规划页面，列举了大量正反面实例，帮助读者理解和投入实践

续表

二、抖音、微信微商、电商			
书名	内容	书名	内容
抖音营销系统 刘大贺 著	抖音系统的实战营销知识，上百个从0做大的案例	**金牌微商团队长** 罗晓慧 著	微商团队长创业实操的指导工具书
微商生意经：真实再现33个成功案例操作全程 伏泓霖 罗晓慧 著	精心挑选的33个微商成功案例，阐述具体操作过程	**快速见效的企业微信营销方法** 孙巍 著	站在微信生态的立体高度系统讲述企业微信快营销方法论
阿里巴巴实战运营：14招玩转诚信通 聂志新 著	产品定位、阿里巴巴排名因素、数据分析、标题优化等	**阿里巴巴实战运营2：诚信通热卖技巧** 聂志新 著	打开诚信通运营的金钥匙，十大具体运营技巧
三、行业新营销			
餐饮新营销 杨勇 程绍珊 著	聚焦餐饮企业转型，系统的餐饮企业营销管理体系	**新零售进化路径** 李政权 著	预先复盘新零售及商业的未来，找到方向
珠宝黄金新营销 崔德乾 著	珠宝业新营销/新品牌/新产品/新零售/新连接/新场景/新服务/新传播/新管理	**新经销：新零售时代教你做大商** 黄润霖 著	探访近100位经销商在传统营销手法上的创新，传统营销微创新和新营销本地化
新零售动作分解与实操：建材·家居·家具 盛斌子 著	对泛家居行业趋势、店面管理、团队管理、促销推广、五感营销等提供策略	**新营销** 刘春雄 著	让品牌商和渠道商掌握获得独立流量的能力，能够与平台商博弈
快速见效的企业网络营销方法 B2B 大宗 B2C 张进 著	数据和案例90%来自作者服务的中小企业，快速全面地学习企业网络营销方法	**移动互联下的超市升级** 联商网专栏 著	超市未来的发展趋势，对社区超市、生鲜、全渠道建设、O2O等提出观点
百货零售全渠道营销策略 陈继展 著	零售行业的竞争重点、行业本质、战略转型、未来趋势、经验和案例	**互联网时代的银行转型** 韩友诚 著	银行业在互联网金融变革浪潮中所做的积极应对和转型布局
触发需求：互联网新营销样本·水产 何足奇 著	通过鲜誉案例解读阐述水产行业如何进行互联网转型	**新农资如何弯道超车** 刘祖轲 著	从农业产业化、互联网转型、行业营销与经营突破四个方面阐述农资企业转型
新零售 新终端 迪智成 著	将新零售系统打法做梳理并落地在新终端建设上		
医药医疗			
一、药店			
新医改了，药店就要这样开 尚锋 著	从药店定位的思考、内部和会员管理等方面探讨中小型药店发展方向	**电商来了，实体药店如何突围** 尚锋 著	新时代药店经营的三驾马车：药学专业服务、会员贴心服务和精准定向促销
引爆药店成交率1：店员导购实战 范月明 著	药店人的零售工作，怎样接待顾客，完善销售技巧	**引爆药店成交率2：药店经营实战** 范月明 著	从药店经营角度建立改善门店现状的实用标准
引爆药店成交率：专业化销售解决方案 范月明 著	从简单的拿药服务到提供多角度的专业解决方案	**连锁药店新风口：资本 智能 大数据** 动脉网 著	对我国连锁药店的市场环境、行业现状等进行分析，给出对连锁药店未来发展趋势的预判
药店导购关联销售技巧与成交话术 范月明 著	以药店情景案例导入，介绍常见疾病的导购销售话术与顾客心理分析，进而提供关联销售解决方案		

续表

二、药品销售			
书名	内容	书名	内容
医药第三终端：从控销到动销 诊所 基层医疗 王祥君　张芳文　著	用大量案例来梳理药企落地动销的策略、方法和技战术	**医药营销：诊所开发维护与动销** 张江民　著	从六个方面系统阐述基层诊所市场营销攻略
处方药合规推广实战宝典 赵佳震　著	对处方药推广体系搭建、推广人员岗位内容等六个方面进行阐述	**医药代理商经营全指导** 戴文杰　著	从产品选择、价格体系设计、路径管理等维度描述代理商产品操作的基本策略
处方药零售这样做 田军　著	处方药零售的重要性及做市场的具体措施和方法	**OTC 医药代表药店开发与维护** 鄢圣安　著	一位从初级 OTC 医药销售代表成长起来的销售经理的经验分享
OTC 医药代表药店销售 36 计 鄢圣安　著	以《三十六计》为线，阐述 OTC 医药代表向药店销售的技巧与策略	**做医生信赖的医药代表** 邹晓徽　宁剑锋 朱文虎　著	医药代表如何在合规要求下做好药品推广工作的操作工具书
三、药企转型			
药企战略·运营与医药产业重构 杜臣　著	医药产业的深度认知与发展趋势结合，战略思考与经营操作相统一	**医药行业大洗牌与药企创新** 林延君　沈斌　著	围绕创新介绍医药行业，介绍近百家医药企业创新实践案例
医药新营销 史立臣　著	从药企最关心的八个方面阐述制药企业、医药商业企业营销模式转型	**医药企业转型升级战略** 史立臣　著	从商业模式转型、管理转型、定位转型、运营模式转型和跨界转型五方面阐述转型
新医改下的医药营销与团队管理 史立臣　著	立足新医改相关政策的解读，为中小医药企业出谋划策	**在中国，医药营销这样做** 段继东　著	时代方略在医药营销领域思想、方法文章的精选合集
四、新医疗			
成为医疗器械领军者 王强　著	中小医疗器械生产企业和代理商怎样转型	**新型诊所经营与创新** 动脉网　著	对新型诊所从标准化管理、经营方式、团队建设、连锁模式四个方面进行解读
医美新风口：颜值经济下的亿万市场 动脉网　著	详细介绍中国医疗美容行业的发展趋势、现状及医美产业链等	**互联网医院：正在发生的医疗新变革** 动脉网　著	介绍互联网医院的建设与运营、管理，发展模式和市场布局，以及发展规律
快消品			
一、快消案例			
中国快消品营销这些年 史贤龙　著	一本书浓缩快消品营销 15 年的实战历程与前沿思考	**这样打造大单品** 迪智成　著	通过 13 个大案例帮助企业梳理打造大单品的路径
你不知道的加多宝 曲宗恺　牛玮娜　著	以时间为轴线，详细叙述了加多宝品牌的发展历程	**娃哈哈区域标杆** 罗宏文　快车君　赵晓萌 寇尚伟　著	娃哈哈豫北市场如何成为娃哈哈全国第一大市场、全国增量第一的市场
六个核桃凭什么从 0 过 100 亿 张学军　著	全视角深度解读养元企业的裂变成长，复盘十年蜕变轨迹	**像六个核桃一样** 王超　著	六个核桃为什么卖得这么好，产品畅销的 6 大要义 36 条简明法则

续表

书名	内容	书名	内容
5小时读懂快消品营销 陈海超　著	20年快消品市场风云洞察解码，丰富的案例解析		
二、快消品区域经理			
快消品营销团队管理 刘雷　伯建新　著	快消品团队管理相关的20余个工具+20余个案例	这样打造快消品区域标杆 罗宏文　牛玉龙　著	分两篇解决如何成功打造标杆市场和进行持续增量管理两大问题
成为优秀的快消品区域经理（升级版） 伯建新　著	作为区域经理的“速成催化器”，升级版增加11篇内容	快消老手都在这样做：区域经理操盘锦囊 方刚　著	一线成长起来的资深快消品营销人“压箱底”绝活
快消品营销人的第一本书 刘雷　伯建新　著	针对一线厂家业务员工作中常遇到的问题给予建议	销售轨迹：一位快消品营销总监的拼搏之路 秦国伟　著	一个普通营销人的故事，16年背井离乡的职场拼搏之路
快消品营销：一位销售经理的工作心得2 蒋军　著	从市场操作、团队管理、传播推广、营销的具体策略和战略等方面提供方法		
三、快消品动销			
动销：产品是如何畅销起来的 余晓雷　著	从怎么被消费者买走和竞争对手是谁这两个原点解决动销问题	动销操盘：节奏掌控与社群时代新战法 朱志明　著	用七个章节阐述关于动销操盘的要诀，节点、节奏、主次、条件匹配性等问题
动销四维：全程辅导与新品上市 高继中　著	从产品、渠道、促销和新品上市四个方面详细讲解提高动销的具体方法	快消品经销商这样做才赚钱 张宇　著	从全新的角度，解读经销商的经营困境，并提供可实操的解决方法
四、快消品渠道			
深度分销 施炜　著	渠道价值链、模式选择、渠道策略与管理、零售经销商管理、最佳实践、团队建设	通路精耕操作全解 周俊　陈小龙　著	对康师傅的制胜法宝通路精耕进行系统的介绍与说明，图表和完善入微的操作方法
酒水饮料快消品餐饮渠道营销手册 朱伟杰　著	对餐饮渠道深入挖掘，建立适合餐饮渠道发展的服务模式和组织保障措施	快消品经销商如何快速做大 杨永华　著	经销商如何通过经营实现规模，通过管理实现规模效益
快消品营销与渠道管理 谭长春　著	解决日常涉及的渠道管理、市场、产品等营销事务	快消品招商的第一本书 刘雷　著	从招商理论到招商动作进行系列化分解，化繁为简
采纳方法：化解渠道冲突 朱玉童　著	21个最新的渠道冲突案例立体地介绍渠道冲突的现象和方法	快消品促销管理与方案：规划 技能 工具 张荣举　著	涵盖促销规划、打法、具体落地执行的细节和终端人员技能及训练，结合线上线下运作，提供全套方法
五、快消品企业战略			
重构：快消品企业重生之道 杨永华　著	从战略、品牌、市场、产品、营销、系统、管理7个方面进行重构	变局下的快消品实战策略 杨永华　著	从5个角度针对快消品企业如何应对行业变局给出答案
新营销 刘春雄　著	让品牌商和渠道商掌握获得独立流量的能力，能够与平台商博弈	采纳方法：破解本土营销8大难题 朱玉童　著	破解困扰营销人的八大难题，给出解决方法
白酒营销培训宝典：复制高业绩 刘孝鞅　著	总结白酒营销人员系统运作市场的要点，转化为易学可复制的动作和工具表单	酒水饮料快消品餐饮渠道营销手册 朱伟杰　著	对餐饮渠道深入挖掘，建立适合餐饮渠道发展的服务模式和组织保障措施

续表

白酒			
书名	内容	书名	内容
白酒营销的第一本书 唐江华　著	多角度阐释白酒一线市场操作的最新模式和方法	白酒经销商的第一本书 唐江华　著	对经销商如何选择厂家、合作、运营品牌等问题给出建议
白酒到底如何卖 赵海永　著	多角度阐释白酒一线市场操作的最新模式和方法	白酒到底如何卖2：从市场培育到动销 赵海永　著	系统化、标准化、模式化的促成动销的实战操作方式和方法
变局下的白酒企业重构 杨永华　著	白酒企业重构期的营销战略与实操策略6大方法	酒业转型大时代 微酒　著	酒水营销、新闻资讯及行业分析、预测的知识宝典
区域型白酒企业营销必胜法则 朱志明　著	以36条法则从战略、营销、推广、产品线、品牌、市场、战术等方面提供方法	10步成功运作白酒区域市场 朱志明　著	从市场攻守、产品攻略、新品上市、占领渠道、促销等十个层面阐述
白酒营销1：中小酒企操盘与崛起 徐伟　徐涛　著	深入分析品牌与行业、操作方法，提供营销实操宝典	白酒营销2：品类创新策略升级 黑格咨询　著	立足行业现状，建立品类创新、营销模式创新路径，提供市场建设方法、营销策略与工具案例
茶·调味品·油·乳业			
营销中国茶：2小时读懂茶叶营销 史贤龙　著	中国茶营销的“困局”“破局”和“创举”	中国茶叶营销第一书 柏龑　著	纵览中国茶叶市场的全局，并且有针对性地提出问题并阐述解决方法
调味品营销第一书 陈小龙　著	15年监控中国市场50个中外著名调味品品牌市场运作、管理等的经验总结	调味品企业八大必胜法则 张戟　著	提炼了调味品企业八大规律性的关键成功要素
食用油营销的第一本书 余盛　著	从小包装油行业概述到产品的基本知识，从基本执行动作到品牌整体策划等	鲁花：一粒花生撬动的粮油帝国 余盛　著	鲁花如何成长为优秀的带动农业产业发展的品牌
金龙鱼背后的粮油帝国 余盛　著	以金龙鱼为脉的一部中国粮油行业的史诗	乳业营销的第一本书 侯军伟　著	区域型乳品企业如何才能稳健发展
调味品经销商公司化运营 张戟　著	调味品和快消品经销商如何从“个体户”到“公司化”，一步步推进的具体方法		
工业品			
一、工业品销售			
大客户销售这样说这样做 陆和平　著	大客户销售活动的十大模块，68个典型销售场景	销售是个专业活 陆和平　著	据客户采购流程拆分销售过程十阶段、讲解方法技巧
成为资深的销售经理：B2B工业品 陆和平　著	让销售经理成功把握销售管理6个关键点，并提供工具	一切为了订单：订单驱动下的工业品营销实践 唐道明　著	以订单流程的三个环节为主线讲述工业品营销管理新思路
订单是这样拿到的 郑文洲　著	作者近10年销售生涯的回顾，真实销售故事和成功经验分享		
二、工业品营销			
工业品营销管理实务（第4版） 李洪道　著	是信任导向工业品营销体系的深化版、工业品营销管理体系优化咨询的升级版	工业品企业如何做品牌 张东利　著	为当下中国制造的品牌化转型提供经过实践证明的理念、方法和体系

续表

书名	内容	书名	内容
工业品市场部实战全指导 杜忠　著	解决职能不清、市场部五大职能如何运作、职业发展路径等具体问题	**解决方案营销实战案例** 刘祖轲　著	十大工业品作者实操案例解码解决方案营销
资深大客户经理：策略准　执行狠 叶敦明　著	将大客户经理必须具备的规划、策略、执行三种能力运用自如		
三、工业品企业			
变局下的工业品企业7大机遇 叶敦明　著	探索工业品企业成长的新机会，7大战略与战术性机会	**两化融合管理体系贯标流程与方法** 戴勇　著	融合五十多家企业在两化融合贯标过程的经验，总结重点与举措
丁兴良讲工业4.0 丁兴良　著	多角度阐述中国在工业4.0的机遇和挑战		
建材家居			
一、建材家居门店			
家居建材促销与引流 薛亮　李永锋　著	对泛家居营销执行模式和工具、关键环节等进行汇总	**新零售动作分解与实操：建材·家居·家具** 盛斌子　著	对泛家居行业趋势、店面管理、团队管理、促销推广、五感营销等提供策略
家具行业操盘手 王献永　著	总结家具终端门店发展的现状及问题并给出策略	**手把手教你做专业督导** 熊亚柱　著	系统梳理督导的核心技能、岗位职责、工作流程及技能
手把手帮建材家居导购业绩倍增 熊亚柱　著	针对建材家居门店的业务人员、案例故事还原场景，教你成为好导购	**10步成为最棒的建材家居门店店长** 徐伟泽　著	梳理店长管理的核心工作职责、店面管理规范和帮助销售人员成长
建材家居门店销量提升 贾同领　著	9个板块讲述建材一个单店如何做到经营的良性循环	**建材家居门店6力爆破** 贾同领　著	产品力、导购力、形象力、推广力、服务力、组织力
二、建材家居经销商			
新经销：新零售时代教你做大商 黄润霖　著	探访近100位经销商在传统营销手法上的创新，传统营销微创新和新营销本地化	**建材家居经销商42章经** 王庆云　著	经营管理的心法和战法，帮助经销商成为“业务妙手”和“管理能手”
成为最赚钱的家具建材经销商 李治江　著	针对建材家居行业的经销商，从销售模式、产品、门店、市场等方面给出方法		
三、建材家居企业			
定制家居黄金十年 韩锋　翁长华　著	对中国定制家居行业20年发展历程进行深度、系统、专业的解读	**建材家居营销：除了促销还能做什么** 孙嘉晖　著	探索家居建材行业营销的革命，发现行业“营销天花板”的突破口
建材家居营销实务：新环境、新战法 程绍珊　杨鸿贵　著	针对建材家居市场特点提出以客户价值为基础的整体营销价值链	**全屋整装　高利润运营手册** 翁长华　陈平　著	十大维度解决实际问题，是0到1极具操作性的整装指南
零售·餐饮·服装·影院·美容院			
新零售进化路径 李政权　著	预先复盘新零售及商业的未来，找到方向	**新零售　新终端** 迪智成　著	梳理新零售系统打法并落地在新终端建设上

续表

书名	内容	书名	内容
移动互联下的超市升级 联商网　著	超市未来的发展趋势，对社区超市、生鲜、全渠道建设、O2O等提出观点	**百货零售全渠道营销策略** 陈继展　著	零售行业的竞争重点、行业本质、战略转型、未来趋势、经验和案例
超市卖场定价策略与品类管理 IBMG集团　著	零售企业的市场拓展与商品定位、商品结构与商品陈列、毛利分析与库存分析	**连锁零售企业招聘与培训破解之道** IBMG集团　著	围绕零售企业组织架构、培训体系建设等内容进行探讨
总部有多强大，门店就能走多元 IBMG集团　著	五大方向综合阐述连锁零售企业总部如何提升管理能力	**三四线城市超市如何快速成长：解密甘雨亭** IBMG集团　著	甘雨亭的许多关键经营指标均高于行业标准，学习其成功的方法
中国首家未来超市：解密安徽乐城 IBMG集团　著	对乐城超市的掌门人及内部员工的采访详细阐释了乐城的经验	**零售：把客流变成购买力** 丁昀　著	通过大量的实际案例对中国零售业态的升级转型之路提出思考
餐饮新营销 杨勇　程绍珊　著	聚焦餐饮企业转型，系统的餐饮企业营销管理体系	**电影院的下一个黄金十年** 李保煜　著	介绍了中国电影产业的运作模式及电影院的开发、设计思路
餐饮企业经营策略第一书 吴坚　著	阐述餐饮企业产品之道、市场之道、顾客之道及盈利之道	**赚不赚钱靠店长，从懂管理到会经营** 孙彩军　著	注重专卖店的经营思路拓展，门店管理细节方面能力提升
时装买手自学通 范敏娜　编著	从流行趋势调研、商品企划、采购渠道、数据管理到店铺销售等时装买手需要具备的能力与操盘技巧	**美容院/养生馆高盈利经营模式** 陈鹏飞　著	5步实现店铺高盈利方法与策略
农牧业			
一、农资			
饲料营销有方法 陈石平　著	饲料营销的7大核心命题	**农资营销实战全指导** 张博　著	在农资市场行之有效的营销策略和工具
新农资如何弯道超车 刘祖轲　著	农业产业化、互联网转型、行业营销与经营突破		
二、农牧企业			
中国牧场管理实战 黄剑黎　著	对牧场管理标准、管理制度、操作规程做出剖析和指引	**中小农业企业品牌战法** 韩旭　著	农业企业需要全产业链视野，更需要品牌实战方法
变局下的农牧企业9大成长策略 彭志雄　著	为农牧企业量身打造了9个立足现在、展望未来的成长策略	**农产品营销实战第一书** 胡浪球　著	针对33个农产品营销的核心问题提供具体招数
农产品全网营销 吴之　著	帮助全国农业合作社、家庭农场打造农产品品牌		
地产·汽车			
一、地产			
中国城市群房地产投资策略 吕俊博　刘宏　著	挖掘主要城市群的现状特征、发展因子、演化趋势、竞争关系等，给出分析建议	**产业园区/产业地产：规划、招商、实战运营** 阎立忠　著	从认知、规划、招商、运营四方面系统解读产业园区的建设精要和运营技巧
人文商业地产策划 戴欣明　著	“全球化视野（创意）”+“人文+”思维	**产业园区/产业地产2：系统化经营与操盘攻略** 阎立忠　著	全方位系统解析产业园区运营策略
从零开始打造产业园区 刘晓君　著	全流程，系统化，注重细节，多角度教你打造产业园区		

续表

二、汽车			
书名	内容	书名	内容
商用车经销商运营实战 杜建君　著	对商用车经销商的经营与管理、4S店运营做了全方面的系统总结	**汽车配件这样卖** 俞士耀　著	适合轮胎、机油、维修、快保、美容、洗车等汽车服务业态销售实操办法
润滑油销售：这样说，这样做更有效 张金荣　著	总结润滑油销售面对三大客户常遇到的200余个营销问题解决方法	**润滑油品牌营销** 张金荣　著	没有说教，只有方法，适合小微企业、代工品牌、经销商、营销人阅读
投资理财·收购资本			
交易心理分析 马克·道格拉斯 【美】　著	一语道破赢家的思考方式，并提供了具体的训练方法	**财报背后的投资机会** 蒋豹　著	零基础轻松掌握财务报表的相关知识，快速入门
写给企业家的公司与家庭财务规划 周荣辉　著	以企业的发展周期为主线，介绍各阶段企业与企业主家庭的财务规划	**分股合心** 段磊　周剑　著	围绕股权激励，详细介绍相关知识和实行方法
成功并购300问 浩德并购军师联盟　著	系统学习资本运作和企业并购知识的金融工具书	**并购名著阅读指南** 叶兴平　著	从全球5000多本并购图书中精选200本并进行评价
避开股权合伙这些坑 苏雯静　著	根据创始合伙人、外部合伙人、内部合伙人等方面的实际案例做归纳和梳理	**产业并购操盘手** 张军杰　著	15个案例，11个范本，38个图表，拿来即用
科创板IPO上市全流程指导 丁先云　刘海旭　著	不仅有各项制度的深入剖析，更有各种问题和解决方案的详细论述，配合案例，轻松操作		
阿米巴			
阿米巴经营的中国模式 李志华　著	基于阿米巴经典理念提出了适合中国本土的员工自主经营的“1532”模型	**集团化企业阿米巴实战案例** 初勇钢　著	作者在某酒厂推行阿米巴经营模式的心得
中国式阿米巴落地实践之激活组织 胡八一　著	划分原则、裂变与整合、组织管控、重新定位、巴长竞聘和组阁	**中国式阿米巴落地实践之从交付到交易** 胡八一　著	从6个方面阐述经营会计，从交付到交易是成功实施阿米巴的标志
中国式阿米巴落地实践之持续盈利 胡八一　著	企业做成平台、平台做成阿米巴、阿米巴做成合伙制		
人力资源管理			
一、绩效·薪酬			
回归本源看绩效 孙波　著	从目的和概念帮助企业梳理绩效管理与经营的关系	**走出薪酬管理误区** 全怀周　著	从7个常见的薪酬误区入手为企业提供一套系统解决方法
曹子祥教你做绩效管理 曹子祥　著	作者核心授课课程的还原，掌握绩效管理的核心内容	**曹子祥教你做激励性薪酬设计** 曹子祥　著	作者28年咨询经验总结，如何进行科学的薪酬体系设计
把招聘做到极致 远鸣　著	资深招聘经理多年工作心得的提炼	**把招聘做到极致2：灰度招聘全攻略** 黄渊明　李佳倩　著	从实战需求出发，兼容并包各种优秀的招聘理论、方法、经验与工具，并进行创新性的应用

续表

书名	内容	书名	内容
二、招聘·面试·培训			
把面试做到极致 孟广桥　著	一套实用的确定岗位招聘标准，提升面试官技能方法	**世界500强资深培训经理人教你做培训管理** 陈锐　著	构建培训体系、培训组织、培训文化、开发培训资源，教你做培训管理
人才评价中心漫画版 邢雷　著	用漫画形式写成的人才测评专业书籍		
三、HR高管·劳动法			
经营型HRD 黄渊明　著	总结企业HRD如何支撑企业经营，抓好七件关键事情	**人才供应链：实现高绩效均衡的人才管理模式** 许锋　著	打造人才供应链的四大支柱、十项修炼的完整体系
新任HR高管如何从0到1 新海　著	到互联网创业型企业担任HRVP，从0到1建立较完善的HR体系	**人力资源体系与e－HR信息化建设** 刘书生　陈莹　王美佳　著	6大框架、28个关注点、5大目标、6大优势、166个交付物咨询体系和盘托出
集团化人力资源管理实践 李小勇　著	针对集团型企业人力资源管理的问题提出科学建议	**我的人力资源管理笔记** 张伟　著	第三方咨询视角跳出“技术方法”看人力资源管理
人力资源的5分钟劳动法 李皓楠　著	入职管理、在职管理、离职管理中遇到的劳动法问题及应对	**海外人力资源管理：帮企业成功“走出去”** 黄渊明　著	弥补了中国企业海外人力资源管理实践体系建设的空白，具有开创性意义
从零开始学：胜任力模型建模与应用 林丽萍　著	手把手教你做胜任力建模，并通过大量的企业案例拆解介绍模型在各个方面的落地应用	**上市公司总经理助理工作笔记** 黄娜　著	40个案例，教你从小白助理到资深总助
用好任职资格体系 杨序国　著	以某企业为案例，系统地介绍了企业HR如何通过任职资格体系帮助员工成长		
四、HRBP			
HRBP是这样炼成的之菜鸟起飞 黄渊明　著	作者在初步转型HRBP两年时间里摸索实践的亲身经历与总结	**HRBP是这样炼成的之中级修炼** 黄渊明　著	结合作者亲身从事HRBP的工作经历，总结HRBP的作战故事
HRBP高级修炼 黄渊明　著	故事方式，HRD角度深度呈现运用HRBP的思维、方法		
企业文化			
企业文化落地本土实践 王祥伍　著	华夏基石“知信行”模型描绘企业文化落地路线图	**企业文化的逻辑** 王祥伍　著	从文化起源深刻剖析文化、效率、企业、企业文化联系
企业文化定位·落地一本通 王明胤　著	企业文化理念传播和落地聚焦的17种方法，解读了近100个实战案例	**36个拿来就用的企业文化建设工具** 海融心胜　著	汇集整理了36个通用的企业文化实践工具
企业文化激活沟通 宋杼宸　安琪　著	系统阐述沟通与企业文化的关系，给予企业提升沟通效能的企业文化解决方案	**企业文化建设超级漫画版** 邢雷　著	用漫画形式写成的企业文化建设专业书籍，理论体系和29个具体的操作方法
在组织中绽放自我 朱仁建　著	个人与组织之间的关系，文化对组织化形成的影响	**用企业文化提升经营绩效** 彭剑锋　尚艳玲　主编	企业要想在竞争中利于不败之地，就不能没有能打胜仗的企业文化与领导力
流程管理			
营销·研发·供应链业务架构与流程管理 谭勋晖　著	营销、研发、供应链三大业务流程变革实践经验总结	**打造集成供应链** 王春强　著	第一用力在“集成”上，梳理内外部相关模块及其依赖关系
人人都要懂流程 金国华　余雅丽　著	50幅流程管理漫画，内部对流程价值理念的高度共识	**用流程解放管理者** 张国祥　著	8个板块构成，共66篇文章，14幅流程管理图
用流程解放管理者2 张国祥　著	对中小企业规范化流程管理进行系统的阐述	**跟我们学建流程体系** 陈立云　罗均丽　著	在《跟我们做流程管理》的基础上丰富了标杆实践案例

续表

质量管理			
书名	内容	书名	内容
16949 质量管理体系落地与全套文件汇编 谭洪华　著	对 IATF16949 每个条款讲解采用理解、作用、落地、模板、成功案例模块解析	**ISO9001：2015 制造业文件模板全集** 贺红喜　著	五篇内容组成的完整的质量管理体系工具文件
精益质量管理实战工具 贺小林　著	四个方面对精益质量管理进行了全方位介绍和解读，并提供大量的方法工具	**五大质量工具详解及运用案例** 谭洪华　著	APQP、FMEA、MSA、SPC、PPAP 五大质量工具的具体运用
IATF16949 质量管理体系详解与案例文件汇编 谭洪华　著	针对 IATF16949 的标准原文做详细解说，同时提供大量的表单案例	**SA8000：2014 社会责任体系认证实战** 吕林　著	将 SA8000 多版本及 10 多年的体系实战经验汇编成书
ISO9001：2015 新版质量管理体系解读与案例文件汇编 谭洪华　著	对 ISO9001：2015 新版标准理解和运用操作进行详细解读	**ISO14001：2015 新版环境管理体系解读与案例文件汇编** 谭洪华　著	ISO14001：2015 改版后的差别和操作运用进行详细讲解
我在世界 500 强做供应商质量管理 宋华　著	分享汽车行业成熟的供应商质量管理体系和方法，都是作者的亲身经历	**ISO45001 职业健康安全管理体系落地＋全套案例文件** 谭洪华　著	每个条款清晰讲解，内容完全落地，轻松运用
五大质量工具之 FMEA（2019 第五版）详解及运用落地 谭洪华　著	对2019 年6 月修订的第五版 FMEA 标准进行详解，提供落地操作方法和全部案例文件，可直接套用		
精益生产			
一、精益·JIT·IE			
精益思维：超越对手的力量 刘承元　著	以尊重人性的精益思想为切入点，分别从管理者的精益理念、精益思维、精益实践、精益中国制造等方面进行独到的分析	**比日本工厂更高效** 刘承元　著	管理提升无极限＋超强经营力＋精益改善里的成功实践
计划与物流精益改善之道 于晓光　著	围绕“计划与物流战略咨询的方法论”进行解析，提供方法论和案例	**300 张现场图看懂精益 5S** 乐涛　著	通过日本丰田、上市企业案例，用 300 张现场图系统讲解5S 管理
3A 顾问精益实践 1：IE 与效率提升 党新民　苏迎斌 蓝旭日　著	系统、全面地介绍 IE 工厂管理技术，提高效率创造价值	**3A 顾问精益实践 2：JIT 与精益改善** 肖智军　党新民　著	系统、全面地介绍 JIT 生产方式，并加入实践案例
高员工流失率下的精益生产 余伟辉　著	从三方面论述推行精益管理时如何应对员工流失	**让员工爱上 6S 管理** 肖智军　著	提供了众多企业的原版资料、案例，还汇集了一些企业骨干的推行感想、感悟及反思
200 张图表学精益管理：IE 工厂效率提升方法 刘秀堂　著	IE 工程师视角，全是一线经验。精益落地的实操方法，大量图表工具让你上手就能做		
二、生产管理			
化工企业工艺安全管理实操 黄娜　著	围绕化工工艺安全 14 要素来展开分析	**手把手教你做专业生产经理** 黄娜　著	生产经理如何在信息流、物流、资金流三大流中开展工作

续表

书名	内容	书名	内容
欧博心法：好工厂 靠管理 曾伟 著	从管人篇和管事篇帮助读者解决人难管、事难控	欧博工厂案例 1：生产计划管控对话录 曾伟 曾子豪 著	工厂管理生产计划管控模块的 8 个全景细节大案例
欧博工厂案例 2：品质技术改善对话录 曾伟 曾子豪 著	工厂管理品质、技术、效率管理模块的 10 个全景细节大案例	欧博工厂案例 3：员工执行力提升对话录 曾伟 曾子豪 著	工厂管理人员管控模块的 5 个全景细节大案例
工厂管理实战工具 曾伟 著	中国传统文化指导下的工厂管理工具	制造业成本倍减 42 法 王天江 著	42 种经过实际验证有效的成本降低方法，用 61 个真实案例说明
制造企业上 10 亿其实并不难 杨小林 著	年产值 1 亿 ~10 亿元中小制造企业在工厂经营和管理上的业务指导		
三、班组长			
全能型班组：城市能源互联网与电力班组升级 国网天津电力公司 著	从互联网时期的班组转型升级出发，对新型班组组织模式和运行机制进行设想	国网天津电力全能型班组建设实务 国网天津电力公司 著	聚焦天津电力公司在探索全能型班组转型升级时的优秀实践
车间人员管理那些事儿 岑立聪 著	从小事入手把基层车间管理者头疼的事务打包解决		
咨询·培训师			
培训师事业长青之道 廖信琳 著	培训师自我管理的“洋葱模型”、十项内容与五个层级	管理咨询师的第一本书 熊亚柱 著	深度剖析初级入行咨询师在工作中遇到的问题
资深管理咨询顾问工作心得 张国祥 著	使用手册讲述咨询师如何操作项目、老板如何选择咨询师、企业如何自主落地	手把手教你做顶尖企业内训师 熊亚柱 著	从开、控、收、编、制、用的角度去履行培训师的职责
TTT 培训师精进三部曲上 廖信林 著	手把手教你“深度改善现场培训效果”的一招一式	TTT 培训师精进三部曲中 廖信林 著	建构一整套培训课程设计与开发的认知架构和方法体系
TTT 培训师精进三部曲下 廖信林 著	通过“沉淀职业功力的六度模型”，帮助培训师在职业技能上持续精进		
产品·研发			
研发体系改进之道 靖爽 陈年根 马鸣明 著	取材数十家企业研发改进的咨询实践，提炼一套实操的改进步骤与工具	新产品开发管理，就用 IPD（升级版） 郭富才 著	把产品经营的思想凝结在新产品开发管理机制中，升级版更丰富
产品开发管理：方法·流程·工具 任彭枞 著	结合超过 300 家企业的实际研发管理方法，总结问题和方法，大量表格	资深项目经理这样做新产品开发管理 秦海林 著	采用过程管理方法，对新产品开发的四大过程进行分析，主要针对小电器产品
产品炼金术 I：如何打造畅销产品 史贤龙 著	打造畅销产品的四个方法	产品炼金术 II：如何用产品驱动企业成长 史贤龙 著	从经营者视角重新认识产品，快速诊断产品现状
快消品产品开发方法：打造快消爆品 张荣举 著	提供整套实战性的思维、方法、技能和工具，直接带有表格及公式，一看就能上手		